인공지능 데이터 리터러시,
데이터 과학 속으로

일러두기

- 이 책의 저본은 『AI & Data Literacy: Empowering Citizens of Data Science』(Packct Publishing, 2023)입니다.
- 외래어 표기는 현행 어문규정의 외래어표기법을 따랐습니다. 다만 딥엘, 딥러닝, 딥페이크는 관용을 따랐습니다.
- 이 책에는 두 가지 주석이 있습니다. 역자의 주석과 저자의 주석입니다. 역자의 주석은 모두 각주로 처리했습니다. 본문에 '**1**'의 형태로 표시했습니다. 저자의 주석은 각 장의 끝에 '참고문헌' 형태의 미주로 처리했습니다. 본문에 '1)'의 형태로 표시했습니다.
- 2024년 구글의 생성형 AI '바드'가 '제미나이'로 이름을 변경함에 따라 원문의 '바드'는 '제미나이'로 수정했습니다.

인공지능 데이터 리터러시,
데이터 과학 속으로

빌 슈마르조 지음
김익현 옮김
김지원·이지영 감수

한국언론진흥재단
Korea Press Foundation

인공지능 데이터 리터러시, 데이터 과학 속으로

지은이 빌 슈마르조
옮긴이 김익현
발행인 김효재
편집인 남정호

초판 1쇄 2024년 8월 30일

한국언론진흥재단
04520 서울특별시 중구 세종대로 124 프레스센터 12~15층
04518 서울특별시 중구 정동길 21-15 정동빌딩 2층 미디어교육원
전화 (02) 2001-7243 / 팩스 (02) 2001-7740
www.kpf.or.kr / www.meca.or.kr

커뮤니케이션북스(주) / 편집 · 유통 대행
출판 등록 2007년 8월 17일 제313-2007-000166호
02880 서울시 성북구 성북로 5-11 (성북동1가 35-38)
전화 (02) 7474 001, 팩스 (02) 736 5047
commbooks@eeel.net
www.commbooks.com

ISBN 978-89-5711-733-0 93300

책값은 뒤표지에 표시돼 있습니다.

옮긴이 서문

챗GPT가 촉발한 인공지능(AI) 바람이 갈수록 거세지고 있다. 공학이나 과학 분야뿐 아니라 인문사회학 영역에서도 AI와의 접점 찾기에 여념이 없을 정도다. 온 사회가 AI와 함께 살아가기 위해 준비를 하는 것 같다.

AI가 관심의 대상으로 떠오른 것은 이번이 처음은 아니다. 8년 전이던 지난 2016년에도 알파고 충격으로 온 사회가 AI를 향해 달려갔다. 하지만 알파고가 촉발한 AI 붐은 오래가지 못했다. 곧바로 가상현실(VR)이나 메타버스 같은 새로운 기술들로 관심이 쏠렸다.

이런 분위기를 단번에 바꿔 놓은 것이 2022년 11월 등장한 챗GPT다. 챗GPT는 서비스 공개 두 달 만에 월 사용자 1억 명을 돌파할 정도로 빠르게 보급됐다. 알파고와는 비교도 할 수 없을 정도로 뜨거운 열기를 몰고 왔다.

AI 바람을 타고 관련 서적들도 엄청나게 많이 쏟아졌다. AI의 기본 원리를 다룬 책부터 빅테크들의 주도권 전쟁을 다룬 책까지 종류도 다양했다. "우리 사회가 이렇게 많은 AI 서적이 필요한가?"라는 의구심이 들 정도였다.

빌 슈마르조의 『인공지능 데이터 리터러시, 데이터 과학 속으로』를 번역하는 내내 이런 상황을 되뇌었다. 그러면서 이렇게 반문해 봤다. "과연 이런 상황에서 또 다른 AI 관련 책을 번역 출간하는 게 무슨 의미가 있을까?"

책을 읽고, 또 번역해 나가면서 이런 의구심은 '꼭 필요한 책'이란 확신으로 바뀌었다. 지나치게 기술적으로 다루지 않으면서도, AI를 지탱하는 핵심을 잘 짚어주고 있기 때문이다. 제목에서 짐작할 수 있는 것처럼 이 책은 데이터를 중심으로 AI가 몰고 온 새로운 현상을 진단하고 있다.

인류 역사상 AI만큼 많은 오해를 받는 단어도 흔치 않을 것이다. 많은 사람들은 AI에서 프랑켄슈타인이나 터미네이터를 연상하기도 한다. 인간을 지배하는 '무서운 AI'를 떠올리는 사람도 생각보다 많다. 왜 이런 오해가 생겼을까? 나는 크게 두 가지 때문이라고 생각한다. 하나는 '인공지능'이란 번역어, 그리고 또 하나는 AI를 (잘못) 묘사한 수많은 SF 영화들. 인간적인 냄새가 짙게 배어 있는 번역어와, 기술에 자율적인 인간의 모습을 입혀 버린 상상력이 결합하면서 많은 사람들은 AI를 '감정과 판단 능력을 가진 전지전능한 존재'라고 오해하게 됐다.

하지만 이 책 저자의 말처럼 "AI는 훈련받은 대로 작동한다." 인간이 정의한 대로 학습하고, 성장하는 존재다. 당연한 얘기지만, AI는 인간이 공급한 데이터로 훈련한다. 데이터가 많으면 많을수록 AI의 능력은 더 빠른 속도로 향상된다.

따라서 AI를 제대로 이해하고 활용하기 위해선 '데이터'를 이해하고 활용할 줄 알아야 한다. 이 책에서 AI와 함께 '데이터 리터러시'를 전면에 내세운 것은 이런 점 때문이다. 저자는 AI를 제대로 이해하기 위해서는 '데이터 과학 시민'이 되어야 한다고 주장한다. 데이터 과학 시민이란, 데이터 리터러시를 기반으로 '정보에 근거한 결정'을 할 줄 아는 사람이다.

『인공지능 데이터 리터러시, 데이터 과학 속으로』는 '21세기의 석유'로 통하는 데이터를 중심으로 AI가 몰고 온, 그리고 앞으로 몰고 올 변화를 생생하게 보여 주고 있다. AI 윤리와 개인정보 보호, 예측과 통계 같은 중요한 쟁점들도 압축적으로 다루고 있다. 델(Dell)의 고객 데이터 혁신 최고책임자로 재직 중인 저자는 현장 경험을 토대로 AI가 우리의 삶과 사회를 어떻게 변화시키는지 생생하게 묘사해 준다.

옮긴이 서문에서 책 내용을 자세하게 소개할 필요는 없을 것 같다. 목차나 지은이 서문에 일목요연하게 담겨 있기 때문이다. 그 부분이 궁금한 독자들은 지은이 서문을 찬찬히 읽어 보기를 권한다.

그보다는 이 책 번역 작업 과정을 함께 나누는 것이 독자들에게는 더 유용할 것 같다. 한국언론진흥재단은 이 책 번역을 의뢰하면서 "AI를 활용해 보면 어떻겠냐"라고 제안했다. 처음엔 "말도 안 된다"고 거절했다. 하지만 곰곰 따져 보니, 한번 시도해 볼 만하겠다는 생각이 들었다. 그래서 초벌 번역을 AI에 맡겨 보기로 했다.

고민 끝에 많은 이들이 사용하고 있는 딥엘(DeepL)을 활용해 봤다. 각 단락을 딥엘에 입력해서 초벌 번역을 한 뒤, 원문과 대조하면서 꼼꼼하게 수정하는 방식으로 번역 작업을 진행했다.

이 작업을 하기 전까지만 해도 AI의 영한 번역 품질에 대해선 큰 기대를 하지 않았다. 영어권 번역과 달리 영한, 한영 번역은 데이터가 부족해서 AI에 맡길 경우 굉장히 어색한 번역문을 쏟아 낸다는 것이 대체적인 인식이었다.

하지만 딥엘의 번역 품질은 생각했던 것보다 훨씬 훌륭했다. 특히 일상적인 영어보다는 AI 기술이나 통계 전문 용어 관련 번역처럼 생소한 영역을 번역하는 능력이 뛰어났다. 관련 데이터를 학습할 기회가 많았기 때문일 것이다. 덕분에 번역 시간을 많이 단축할 수 있었다. 원서 분량만 200쪽에 이르는 책을 두 달이 채 안 되는 기간에 번역하는 데는 AI 번역기가 큰 도움이 됐다.

AI 초벌 번역 덕분에 시간은 크게 줄일 수 있었지만 작업 강도나 집중도는 결코 덜하지 않았다. 오히려 혼자 번역할 때보다 더 집중해야만 했다. 꼼꼼하게 원문 대조 작업을 하지 않을 경우엔 엉뚱한 오역이나 비문 범벅이 될 수도 있기 때문이다.

그럼에도 앞으로 AI는 번역가의 작업도 상당 부분 대체할 수 있을 것이란 확신을 갖게 됐다. 기술이 좀 더 발전할 경우엔, 전자책에 번역 소프트웨어를 넣어 놓고, 원하는 언어를 선택해서 읽게 될 수도 있겠다는 생각이 들 정도였다. 물론 번역의 품질이나 오역을 걸러 낼 방법이 없기 때문에 쉽게 할 수 있는 일은 아니다. 하지만 실용서적이라면 충분히 시도해 볼 수도 있을 것 같았다. (그렇게 하기 위해선, 지금보다 번역 능력이 비약적으로 향상해야만 한다.)

저자는 이 책 결론 부분에서 "생성형 AI 지원 제품은 열심히 일하긴 하지만 결점이 많은 연구 보조원으로 취급하라"고 주장한다. 또 "작업 내용을 이중 확인하고,

출처에 의문을 제기하며, 프롬프트 공학을 통해 2차, 3차로 탐색적 질문을 던지고, 결과의 효과와 정확성을 측정할 지표를 결정해야 한다"고 권고한다. AI를 활용해서 번역 작업을 하면서 저자의 이런 충고에 깊이 공감하게 됐다.

번역을 하면서 원서 읽는 맛을 느끼기는 쉽지 않다. 그런데 이 책 번역 과정에선 그런 흔치 않은 경험을 했다. AI와 데이터 리터러시가 왜 중요하며, 우리 삶에 어떤 영향을 미치는지 배울 수 있었던 것도 소중한 경험이다. 흔치 않은 경험을 하고, 또 좋은 책을 번역할 기회를 준 한국언론진흥재단에 감사한다.

추천사

생성형 AI는 굉장한 약속과 엄청난 과장 속에 무대에 등장했다. 그리고 상당한 걱정도 불러일으켰다. 빌은 AI가 작동하는 방법, 할 수 있는 일과 할 수 없는 일, 그리고 사람들이 실제로 모델 작동 방식을 어떻게 제어해서 결과물을 산출하는지에 대해 실용적이면서도 명확하게 설명하고 있다. 이 주제를 다루는 데 매우 필요했던 방식이다. 나는 새로운 기술과 트렌드에 대한 쉬운 설명이 필요할 때는 늘 빌을 찾는다. AI를 다룬 이 책에서 빌은 AI에 대해 새롭게 알게 된 많은 사람들이 쉽게 이해할 수 있도록 개괄하고 설명해 준다.

– 존 톰슨(John Thompson) EY AI 글로벌 총괄

막 AI를 탐색하기 시작한 사람이든, 기업의 가치를 한 단계 더 높이려는 노련한 데이터 과학자이든, 슈마르조는 명확하면서도 효과적인 프레임워크를 제공해 AI를 이해하고 붙들고 씨름할 수 있도록 해 준다. 하지만 가장 중요한 것은 AI를 적용함으로써 잠재력을 최대한 발휘하고 비즈니스를 위해 좀 더 나은 의사 결정을 할 수 있도록 지원해 준다는 점이다. 슈마르조는 최첨단 학술 연구와 현실 세계 경험을 결합하는 보기 드문 재능을 갖고 있다. 그는 기술 개념을 어떤 분야나 기업에 이해하기 쉽고 수월하게 적용할 수 있도록 해 주는 재능 있는 교육자다. 빅데이터 혁명 때문에 뒤처질지 걱정되는가? 이 책은 데이터 과학 시민이 되어서 AI를 자신에게 맞는 도구로 만드는 방법을 정확하게 보여 준다.

– 데이비드 헤이스(David Hayes) 코(Coe) 대학 총장

빌 슈마르조의 최신 저서인 이 책은 데이터 과학과 AI의 접점과 교차점에 대한 지식과 교양을 쌓으려는 사람들을 위한 훌륭한 안내서다. 슈마르조는 명확하고 간결한 교육 프레임워크를 활용해 독자들에게 데이터 프라이버시와 분석 리터러시부터 의사 결정과 AI 윤리까지 모든 것을 안내해 준다. 이 책은 능숙한 데이터 과학 시민이 되려는 모든 사람들의 필독서다.

– 더그 레이니(Doug Laney)
『인포노믹스와 데이터 주스(Infonomics and Data Juice)』 저자

AI와 데이터에 투자한 사람, 관심이 있는 사람 모두에게 필요한 책이다. 빌 슈마르조의 이 책은 AI 기술과 애플리케이션을 도구로 사용하는 데 필요한 방법과 역량을 갖추도록 도와준다. 이 책에는 AI와 함께 성공하기 위해 '더 인간적'으로 되는 방법도 담겨 있다. 또 AI 도구를 비판적으로 평가하고, AI 도구의 맥락과 그 속에 담겨 있는 원칙을 이해하며, 설계와 구현에 의문을 제기하는 능력을 강화할 수 있게 해 준다. 이와 함께 AI가 무엇이며, 어떻게 작동하는지, 장점과 한계는 무엇인지 이해할 수 있도록 해 준다.

– 마크 나실라(Mark Nasila) 교수,
남아공은행(FNB) 리스크 최고 데이터 및 분석 책임자

그는 데이터 분석과 디지털 전환의 경제학을 가르쳤다. 여러분이 빅데이터 MBA를 취득할 수 있도록 도와줬다. 덕분에 여러분은 데이터 과학자처럼 생각하는 기술을 익힐 수 있었다. 이제 '빅데이터 학장'인 빌 슈마르조와 함께 AI 정글의 한가운데로 떠나자. 그는 의미의 칼을 휘두르면서 AI 덤불을 뚫고 영구적인 데이터 리터러시의

길을 만들면서 여러분을 안내해 준다. 그가 개척한 경로는 어떤 직업에 종사하는 사람이든 관계없이, 인류를 위해 AI를 전문적으로 활용하고 관리할 능력이 있는 정통한 데이터 과학 시민으로 탈바꿈시켜 줄 것이다.

– 브라이언 루돌프(Brian A. Rudolph) 아이오와 주립대학교 교수

AI가 사회 전체에 혜택을 줄 수 있도록 만들기 원하는가? 그렇다면 AI를 더 정확하면서, 이해하기 쉽고, 안전하게 만들 수 있는 공유된 정책, 규칙, 척도 및 측정 방법을 개발해야 한다. 『인공지능 데이터 리터러시, 데이터 과학 속으로』는 AI에 대한 기초적인 이해를 바탕으로 기술 산업 이외 분야의 정책 입안자와 전문가들에게 AI가 사회에 미치는 영향과 윤리적 이용에 대해 생산적인 대화를 할 수 있는 능력을 함양할 수 있도록 해 준다.

– 댄 에버렛(Dan Everett)
인사이트풀 리서치(Insightful Research LLC) 소유주

저명한 데이터 과학자이자 저술가인 빌 슈마르조가 이 책 서문에서 언급한 것처럼, AI의 출현은 사람들이 데이터를 소비하고 사용하는 방법을 변화시킬 것이다. 따라서 모든 직업에 종사하는 사람들이 데이터 수집, 저장, 사용 방법에 익숙해져야 한다. '데이터 활용 능력(data literate)'을 익히는 것은 우리 모두에게 매우 중요하다. 우리는 모두 AI와 AI의 데이터 사용에 영향을 받기 때문이다.

– 앤마리 스미스 박사(Dr. Ann-Marie Smith)
카펠라 대학 박사 과정 교수진

챗GPT의 등장은 AI와 데이터 과학에 대해 많은 흥분과 경계, 의구심을 몰고 왔다. 지금이 대중에게 이 어려운 기술의 방법, 가정, 이점, 위험에 대해 교육할 절호의 기회다. 빌 슈마르조의『인공지능 데이터 리터러시, 데이터 과학 속으로』는 우리 사회가 AI 비즈니스와 그것이 환경, 사회, 경제에 미칠 잠재력에 대해 이해하는 데 도움이 되는 중요한 책이다. 복잡한 주제를 직관적인 설명으로 풀어내는 빌의 능력은 이 분야 다른 전문가들과 확연히 구별된다. 이렇게 소중한 통찰을 우리 공동체의 이익을 위해 공유하려는 그의 관대하고 헌신적인 자세는 정말로 감동적이다. 빌은 데이터 리더와 교육자의 포부를 갖고 있는 모든 사람들의 진정한 롤 모델이다.

– 데이비드 헨드라위라완(David Hendrawirawan)
데이터 인테그러티 퍼스트(Data Integrity First) 설립자

AI와 데이터 리터러시를 다룬 빌의 책은 매우 시의적절하다. 모든 사람들이 AI가 우리의 일을 거의 모두 대체할 것이라고 말한다. AI와 데이터의 기초를 굳건하게 하는 것이 중요하다. 그리고 그 둘을 결합하면 개인적, 직업적인 의사 결정을 하는 데 어떻게 도움이 되는지 이해하는 것도 중요하다. 이 책은 현재와 미래를 향한 대화를 탐색하는 데 필요한 기본, 심층, 핵심 내용들을 포괄하고 있다.

– 하워드 밀러(Howard Miller) UCLA 앤더슨 경영대학원
최고기술책임자(CIO)

데이터 과학과 인공지능 분야에 대한 빌 슈마르조의 전문 지식은 타의 추종을 불허한다. 지식 공유에 대한 그의 열정도 정말 감동적이다. 이 책을 통해 그는 독자들에게 복잡한 데이터 세계를 탐색하는 데 필요한 기술과 통찰을 제공하겠다는 확고한

의지를 보여 준다. 나는 데이터 과학과 그것이 세상에 미칠 영향에 대한 이해를 넓히려는 모든 사람들에게『인공지능 데이터 리터러시, 데이터 과학 속으로』를 기꺼이 추천한다. 빌 슈마르조의 전문성과 열정, 그리고 다른 사람들에게 도움을 주겠다는 진정한 열망이 어우러진 이 책은 의심할 여지 없이 데이터 리터러시의 미래를 형성할 소중한 자료가 됐다.

– 무와팍 시다우이(Mouwafac Sidaoui) 박사
멘로대학교 경영대학 최고학술책임자 겸 학장

챗봇과 가상 비서부터 자율주행 자동차, 판매 예측 분석에 이르기까지 AI는 사람들의 삶을 변화시키고 있다. 개인과 조직이 AI와 데이터를 활용할 줄 아는 것이 무슨 의미인지 이해하는 것이 그 어느 때보다 중요하다. 이제 경쟁력을 유지하고, 윤리적인 의사 결정을 하며, 데이터와 개인정보를 보호하기 위해선 반드시 데이터 과학 시민이 되어야 한다. 이 책은 우리로 하여금 감성, 유머, 그리고 공감할 수 있는 이야기로 무장한 데이터 과학 시민이 될 수 있도록 도와준다. 이와 함께 더 나은 인간이 되어야 할 의무도 깨우쳐 준다.

– 르네 B. 라티(Renée B. Lahti) 최고혁신책임자,
이사회 고문 겸 평생 학습자

빌 슈마르조는 진정한 교육자다. 그는 지난 수십 년 동안 여러 대륙의 대학에서 수많은 강의와 초청 강연을 하고, 학술서와 비즈니스 실용서, 어린이용 만화 같은 여러 저술을 출간하며, 링크드인에서 가장 활발한 데이터 커뮤니티 중 하나를 육성하는 등 다양한 플랫폼을 통해 수천 명의 데이터 경쟁력과 디자인 사고 리터러시를

높이는 데 주력해 왔다. 최신 저술인 『인공지능 데이터 리터러시, 데이터 과학 속으로』에서 빌은 급속한 속도로 성장하고 있는 인공지능 세계로 초점을 옮긴다. 이 분야는 틀림없이 인터넷 이후 컴퓨팅 분야에서 가장 중요한 발전이라고 할 수 있다.

– 제프 프릭(Jeff Frick), 멘로 크리크 미디어(Menlo Creek Media) 대표 겸 설립자, '더 데이터 치프(The Data Chief)' 팟캐스트 운영자

나는 빌과 수년 동안 알고 지냈다. 그 기간 동안 그는 아일랜드에서 기업 의사 결정권자 대상 워크숍과 대학원 학생 대상 강의에서 이 책에 있는 개념들을 이용했다. 빌은 이 책에서 실무와 학계의 간극을 연결하는 놀라운 능력을 보여 준다. 그는 고급 분석 기법을 이용해 역동적인 비즈니스 환경에서 경제적 가치를 창출하려는 비즈니스 및 관리 팀들이 직면하는 복잡한 비즈니스 과제를 해결하는 데 현대의 학문적 지식을 적용한다. 이 책은 전문성을 계속 발전시키고자 하는 현업 종사자들의 흥미를 끌 것이다. 이와 함께 학생들에게 분석 기반 의사 결정 문제를 풀도록 하는 대학원 프로그램이나, 산업 모든 분야에서 분석 도구와 기법을 적용할 준비가 되어 있는 조직들의 경영 프로그램을 보완하는 데도 매력적일 것이다.

– 데니스 데너히 박사(Dr. Denis Dennehy) 웨일스 스완지 대학교 부교수

인공지능, 네트워크, 플랫폼, 디지털 생태계 시대에 모든 사람을 위한 필독서다.

– 그레고리 에서(Gregory D Esau), 스마트스웜스 퍼포먼스 디지털 에코시스템즈(SmartSwarms Performance Digital Ecosystems)

『인공지능 데이터 리터러시, 데이터 과학 속으로』는 오늘날 데이터와 AI 환경의 모든 중요한 주제와 미묘한 차이를 일반인들이 이해할 수 있는 일상 언어로 단순 명쾌하게 설명한 훌륭한 책이다. 데이터와 AI가 발전하면서 기업과 일반인 모두의 삶에서 더 큰 부분을 차지하게 됨에 따라 핵심 주제에 대한 지식이나 이해와, 그것들이 우리 세계를 변화시키고 두려움과 저항을 만들어 내는 현실 간에는 큰 간극이 있다. 이 책은 그 간극을 정면으로 해소한다. 데이터 및 기술 공동체를 위한 흥미로운 책일 뿐 아니라, 비즈니스 공동체를 위한 필독서다.

– 카일 윈터바텀(Kyle Winterbottom)
오비티온 그룹(Orbition Group) 최고경영자 겸 창업자

빌은 데이터, 분석 및 AI에 대한 교육을 계속했다. 이를 통해 데이터와 분석, AI의 개념, 그것들이 할 수 있는 것들, 작동 방식, 그리고 그것들을 어떻게 다뤄야 할지 모든 사람들이 이해할 수 있도록 노력하고 있다. 신간인 『인공지능 데이터 리터러시, 데이터 과학 속으로』는 AI 전문가나 실무자들만을 위한 책이 아니다. 매우 포괄적이면서도 언제나 그랬듯이 흥미로울 뿐 아니라 읽기 쉽게 서술돼 있어 광범위한 시민 독자들을 교육할 수 있는 교훈적이면서 실용적인 내용을 담고 있다. 모든 데이터 및 AI 담당자들이 동료와 친구, 가족에게 적극 추천하는 책이다. 다가오는 우리 사회의 변화에 대응하기 위해서는 이 주제에 대한 교육이 매우 중요하기 때문이다.

– 니콜라스 애버셍(Nicolas Averseng) YOOI 창립자 겸 최고경영자

빌의 책은 중요한 시기에 적절하게 잘 나왔다. 이제 데이터와 AI가 모든 사람의 업무와 사회 조직의 한 부분이 됐다는 사실을 사람들이 깨닫고 있기 때문이다. 그는 데이터 리터러시가 왜 중요하며, 데이터가 어떻게 이용되거나 악용될 수 있는지, 그리고 AI 윤리라는 중요한 주제에 대해 친근하면서도 실용적인 방식으로 설명해 준다.

– 신디 호슨(Cindi Howson) AI분석 회사 소트스팟(ThoughtSpot)
최고데이터전략책임자, 수상 경력이 있는 데이터 치프 팟캐스트
(Data Chief Podcast) 운영자

빌 슈마르조는 데이터, 분석, AI 분야에서 뛰어난 혁신을 이끈 공로로 노벨상이나 그에 상응하는 상을 받아 마땅하다. 그는 지난 30년 동안 고객과 함께 실질적인 혁신을 이끌어 왔다. 그리고 엄청난 양의 지침, 모델, 처방, 모범 사례, 사고 리더십을 생산했다. 게다가 이 모든 것들을 무료로 공유하고 있다. 수년에 걸친 그의 가르침은 일일이 열거하기 어려울 정도로 많으며, 오늘날에도 여전히 유효하다. 그 결과 최고 데이터 및 분석책임자(CDAO)들의 도구를 성숙시키면서 성공적으로 만들어 줬다. 그가 1998년 내놓은 '비즈니스 혜택 분석(Business Benefit Analysis)' 백서는 오늘날 우리가 이니셔티브의 우선순위를 정하는 토대가 됐다. 그리고 빅데이터 MBA 비디오 교육 시리즈와 최근 두 저서인 『데이터 과학자처럼 생각하기』, 『데이터, 분석, 디지털 변형의 경제학』도 있다. 중동과 아프리카의 CDAO 공동체는 그의 연구 방법을 필수적인 것으로 생각한다. 그리고 우리는 빌과 좋은 관계를 맺은 것을 감사한다.

이 책 『인공지능 데이터 리터러시, 데이터 과학 속으로』는 모든 CDAO와 수하 팀들

의 사무실에서 필독서다. 그뿐 아니라 최고경영자, 이사회 구성원, 사업부서 관리자, 일선 직원, 그리고 비즈니스와 기술 영역의 모든 사람들이 이용하게 될 것이다. 요즘 아주 널리 알려진 말이 있다. "AI는 여러분의 일자리를 대신하지 않는다. AI를 사용하는 누군가가 당신의 일자리를 대신할 것이다." 비즈니스맨들이 데이터에서 비즈니스 가치를 창출하려고 열망함에 따라 데이터 리터러시는 여전히 매우 뜨거운 주제다. 빌은 또다시 자신이 교육한 것들 중에서 훌륭한 부분을 발췌해 우리 모두가 데이터와 AI를 책임 있게 이용하고, 데이터와 AI에서 최대한 많은 가치를 끌어낼 수 있도록 해 주는 프레임워크를 만들었다. 이 책 전반에 걸쳐 사용된 AI와 데이터 리터러시 교육 프레임워크는 다시 한번 기업들의 AI 및 데이터 리터러시 프로그램에서 필수 과목이 될 것이다.

– 데비 보타(Debbie Botha) 우먼 인 AI 글로벌(Women in AI Global) 최고파트너십책임자, 데일브룩 미디어(Dalebrook Media) 중동 관리 이사

이 책이 사람들에게 AI의 중심을 깊이 경험할 수 있도록 하는 방식이 정말로 마음에 든다. AI의 중심에선 사람들이 필사적으로 모든 사람을 자동화하려고 애쓰고 있다. 빌은 도처에 AI가 있는 새로운 세계를 살아가는 데 필요한 사항을 이해할 수 있게 해 준다. 그리고 그것은 바로 우리가 모든 사람을 발전시키는 방법이다.

– 존 쿡(Jon Cooke) AI와 데이터 제품 전문가

지은이 서문

이 책의 표지를 주목하라. 단순하고 직관적이다. 인류의 멸망을 과장하지도 않는다. 무더기 실업에 대한 터무니없는 주장도 없다. **인공지능(AI)**의 단순한 개념을 반영한 단순한 제목과 수수한 표지 디자인만 눈에 들어온다.

AI는 훈련받은 대로 작동한다. 이게 AI에 대한 간단한 진리다. 그렇다. AI는 인간이 최소한으로 개입해도 지속적으로 학습하고 적응할 수 있다. 그 점이 인간을 두렵게 만든다. 하지만 AI는 이용자가 정의한 결과물과, 그 결과물이 얼마나 효과적인지 측정하는 수단이 인도하는 대로 행동한다. 이런 것들은 모두 여러분이 정의한다.

AI를 효과적으로 설계, 개발, 관리하려면 포괄적으로 접근하는 것이 가장 중요하다. 이를 위해선 모든 사람들이 적극 참여해야만 한다. AI에 대한 논의를 단순화해서 모든 사람들이 AI가 우리의 이익을 위해 작동한다는 확신을 갖도록 하는 것이 이 책의 목표다. 모든 사람에게 데이터 과학 시민으로서 권한을 부여하고 AI와 데이터 리터러시의 기초를 다짐으로써, 우리는 모든 사람이 AI의 혜택을 받을 수 있도록 하는 일에 적극 참여하게 만들 수 있다.

내가 연구하고, 실험하고, 배우고, 또 배우며, 이 책을 집필한 만큼이나 여러분들도 이 책을 읽고 배우는 즐거움을 누리기 바란다. 데이터 과학 시민이 되는 AI와 데이터 리터러시 여정을 즐기기 바란다!

누구를 위해 이 책을 썼나

이 책은 다음 세 부류의 현대 시민들을 위해 썼다.

- 첫 번째 부류: AI와 데이터가 미치는 영향, 특히 일상생활에 미치는 영향을 좀 더 깊이 이해하려는 사람들이다. 이들은 다양한 관점이나 의견을 가진 사람들과 사려 깊고 정중하게 소통하기 위해 AI와 데이터에 대한 충분한 지식을 습득하기를 갈망한다. 그렇게 하면 AI와 데이터의 이점과 위험 요인을 독자적으로 평가할 수 있기 때문이다.

- 두 번째 부류: AI와 데이터가 어떻게 개인 생활과 전문 경력을 향상할 수 있는지 적극적으로 이해하려는 사람들이다. 이 부류에 속한 사람들은 자신의 경력에 초점을 맞추고 있으며, 교육적으로나 개인적으로 성장하기 위해선 어떤 것들이 필요한지 알고 싶어 한다. 이들은 AI와 데이터가 자신들의 삶에 어떻게 직접 적용되는지 더 깊이 이해함으로써 개인적인 성장과 직업적인 발전의 발판으로 삼겠다는 문제의식을 갖고 있다.

- 세 번째 부류: 윤리적이면서 책임감 있고 의미 있는 AI를 설계하고 활용하는 데 필요한 규칙과 규약을 규정하고 감독하는 데 적극적으로 참여하려는 사람들이다. 이들은 AI를 사회에 부주의하고 악의적으로 적용하지 못하도록 하기 위해 모든 목소리와 관점을 적극적으로 고려해 행동한다. 안전하고 포용적인 환경을 조성하는 것이 이들의 목표다. 그래야만 모든 사람들의 혜택을 극대화하는 동시에 AI의 위험과 악영향을 완화할 수 있기 때문이다.

이 책은 몇몇 기술적인 부분에 대해 깊이 파고든다. 하지만 이 책의 목표는 이런 주제를 실용적으로 설명하는 것이다. 모든 사람이 핵심 기술과 개념을 이해하도록 함으로써 앞으로 이런 기술과 개념이 어떻게 응용되며, 어떤 파급효과를 몰고 올지 토론할 수 있도록 도움을 주려 한다. 이 책은 콘텐츠에 참여하는 다양한 방법을 제시한다. 그렇게 함으로써 데이터 과학 시민이 되려는 사람이라면 누구나 적절하고 자신 있게 참여할 방법을 찾을 수 있을 것이다.

이 책에서 다루는 내용

1장 '왜 인공지능과 데이터 리터러시인가'에서는 AI와 데이터 리터러시에 대한 대화에 모든 사람들이 참여해야 하는 이유를 이해하는 토대를 마련한다. 이 장에서는 일상생활에서 AI가 빠르게 발전하면서 사회에 충격을 안겨 주고 있다는 사실을 강조한다. 이와 함께 이 책을 통해 AI와 데이터 리터러시 교육을 안내할 'AI와 데이터 리터러시 교육 프레임워크(AI and Data Literacy Educational Framework)'를 소개한다.

2장 '데이터와 개인정보 보호 인식'에서는 모든 사람들이 빅데이터란 용어가 무엇을 의미하는지와 함께, 그것이 일반적인 데이터보다 더 가치 있는(그리고 위험한) 이유에 대한 공유된 이해(shared understanding)[1]를 갖도록 한다. 또 **사물인터넷(IoT)**과 결합된 새로운 기술 발전에 대해 간략하게 설명한다. 이 과정에서 여러분의 데이터가 어떻게 수집되며, 여러분의 의사 결정 과정을 어떻게 실시간으로 모니터링하고 결정에 영향을 미치는지 알아본다. 데이터를 보호하고, 사생활을 지

1 '공유된 이해'란 의논하지 않아도 사람들이 암묵적으로 같이 알고 있는 것을 의미한다. 특히 문화에서는 생각, 가치, 규범이나 행동에 대해 구성원 간에 암묵적 합의가 존재하는 것이 중요하다.

키기 위한 규제 노력에 대해 논의하고, 조직들이 자신의 이익을 위해 개인정보로 어떻게 수익을 올리는지에 대해서도 배우게 된다.

3장 '분석 리터러시'는 이 책에서 가장 전문적인 내용을 다룬 장 중 하나다. 하지만 모든 사람들은 다양한 수준의 분석에 대해 이해하고, 그 분석 방법을 이용해 시장이나 사회, 환경 및 경제적인 통찰을 얻는 방법까지 알고 있어야만 한다. 이런 통찰을 갖고 있으면 좀 더 현명하게 정보에 근거한 결정(informed decision)을 내릴 수 있게 된다. 데이터가 새로운 석유라면 분석은 탐사·채굴·추출이며, 원유를 가치 있는 상품으로 탈바꿈시킬 때 사용하는 생산도구다.

4장 'AI 작동 방식 이해하기'는 제목 그대로 AI와 그 작동 방식에 대해 깊이 파고든다. AI 모델 개발의 틀을 잡기 위해 사용자의 의도를 확인하거나 결정하는 것의 중요성에 대해 논의하고, AI 모델이 끊임없는 최적화 노력을 안내하는 데 사용할 변수 및 메트릭의 가중치 포트폴리오(weighted portfolio)인 AI 효용함수에 대한 개념을 이해할 수 있도록 한다.

5장 '정보를 토대로 의사 결정하기'에서는 차선책이나 나쁜 선택, 심지어 위험한 선택에 빠지게 만드는 의사 결정의 함정에 대해 살펴본다. 그 해결책으로 모든 사람들이 AI와 데이터를 활용해 정보에 근거한 의사 결정을 할 때 사용하는 의사 결정 매트릭스, OODA[2] 같은 전략들을 소개한다.

6장 '예측과 통계'에서는 독자들이 통계, 확률, 예측, 신뢰 수준에 입문할 수 있도록 간단한 설명을 해 준다. 경제, 환경, 정치, 사회, 의료 분야가 끊임없이 파괴되

---

2 미국 공군의 존 보이드(John Boyd) 대령이 군사 전략으로 개발한 의사 결정 모델이다. OODA는 관찰(Observation), 원인 규명(Orient), 의사 결정(Decide), 실행(Act)이라는 네 가지 요소를 표현하는 단어의 앞 철자를 딴 말이다.

고 있는 세상에서 통계를 활용해 좀 더 효과적이고 안전한 의사 결정을 내릴 확률을 높일 방법에 대해 논의한다.

7장 '가치공학 역량'에서는 모든 크고 작은 조직들이 AI와 데이터를 활용해 어떻게 '가치'를 만들어 낼 수 있는지 살펴본다. 조직이 어떻게 가치를 규정하는지 이해하는 틀을 제공한다. 그런 다음엔 가치 창출 효과를 측정하는 데 사용할 성과지표(KPI)를 확인한다. 또 디지털 중심 세계에서는 왜 '학습의 경제'가 '규모의 경제'보다 더 강력한지에 대해 논의하게 된다.

8장 'AI 도입 윤리'에서는 조직이나 사회가 경제 개념을 활용해 윤리를 투명하게 측정하고 AI 기반 기계들이 인간을 위해 일할 수 있도록 해 주는 몇 가지 첨단 아이디어에 대해 설명한다.

9장 '권한 부여 문화'에서는 개인적인 관점에서 AI와 데이터를 제대로 활용하는 방법을 결정하고 명확하게 규정할 때 사람들에게 자기 목소리를 낼 수 있도록 힘과 권한을 부여해 주는 것이 얼마나 중요한지 탐구한다. AI와 함께 번영하기 위해서 우리가 어떻게 '좀 더 인간다워져야 하는지'에 대해서도 토론하게 된다.

10장 '챗GPT가 모든 것을 바꾼다'에서는 오픈AI의 챗GPT를 비롯해 마이크로소프트 빙(Bing), 구글 제미나이(Gemini) 같은 **생성형 AI(Gen AI)**에 대해 간략하게 소개한다. 또 생성형 AI 제품의 작동 방식과 함께 생성형 AI가 인간의 지능을 효과적으로 복제할 수 있도록 해 주는 기반 기술에 대해 논의한다. 마지막으로 생성형 AI를 활용해 좀 더 관련 있고, 의미 있으며, 책임 있고 윤리적인 결과를 이끌어 내기 위해 사용하는 AI 및 데이터 리터러시의 여섯 가지 구성 요소를 평가한다.

이 책을 가장 잘 활용하는 방법

이 책을 읽기 위해선 어떤 조건이 필요할까? 간단하다. 열린 마음, 배움에 대한 끝없는 열망, AI 대화에 참여하려는 열정과 용기다. 이렇게 중요한 AI 대화에서 여러분과 다른 사람들의 목소리가 들릴 수 있도록 기꺼이 힘을 실어 주어야 한다.

사용된 규칙

이 책은 텍스트에 몇 가지 규칙을 적용했다.

볼드체: 새로운 용어, 중요한 단어 또는 화면에 표시되는 단어를 나타낸다. 메뉴나 대화 상자 속의 단어도 다음과 같이 표시된다. 예를 들어 "화면 하단의 **로그인 완료** 버튼을 누르세요."

경고나 중요한 메모 표시.

목차

1장

왜 인공지능과 데이터 리터러시인가?

인공지능(AI)은 일상생활 전 분야에 빠르게 스며들고 있다. AI는 이미 고용, 신용, 금융, 주거, 의료, 교육, 세금, 법 집행, 사법 절차, 여행, 엔터테인먼트, 디지털 마케팅, 소셜 미디어, 뉴스 유포와 콘텐츠 유통, 가격 책정을 비롯한 많은 의사 결정에 영향을 미치고 있다. AI는 위성항법장치(GPS) 지도를 작동시키고, 스마트폰에서 얼굴을 인식하게 해 주며, 로봇 청소기가 우리의 집을 청소할 수 있게 하고, 자율주행 자동차와 트랙터를 작동시킬 뿐 아니라 웹에서 관련 정보를 찾는 것을 도와준다. 영화, 책, 노래뿐 아니라 심지어 데이트 상대까지 모든 것들을 추천해 준다!

그것만으로는 충분하지 않은가? 그렇다면 오픈AI의 챗GPT와 구글 제미나이 같은 AI 기반 챗봇이 초래한 엄청난 혼란으로 여러분을 초대한다. AI의 능력을 활용해 방대한 데이터 세트에 묻혀 있는 가치 있는 통찰을 수집한다. 이용자들이 정보를 요청하면, 관련도가 높을 뿐 아니라 대부분 정확하기까지 한 정보를 마치 사람처럼 제공해 준다. 이런 능력 때문에 AI는 인간의 미래에 대해 이전에 우리가 경험하지 못했던 두려움과 불확실성, 의구심을 불러일으켰다. 게다가 AI 기반 도구들은 학습을 하기 때문에 사용하면 할수록 더 똑똑해진다는 사실을 기억하라.

그렇다. 챗GPT는 모든 것을 변화시키고 있다!

전 세계 거의 모든 초중등 교육기관들은 몰려오는 AI 쓰나미에 대비할 수 있도록 학생들에게 **STEM(과학, 기술, 공학, 수학)** 교육을 장려하고 있다. 대학들이 당장 데이터 과학과 머신러닝 커리큘럼, 강의, 졸업생을 쏟아 낼 수는 없다. 하지만 AI와 데이터 리터러시는 젊은이들에게 단순한 필수과목 이상이다. 1950년생인 돈 바이어(Don Beyer) 미 버지니아주 민주당 하원의원은 법안 작성과 지원 업무 과정에서 AI의 역할과 영향을 고찰할 준비를 좀 더 잘하기 위해 의원 업무를 수행하면서 동시에 머신러닝 석사 학위 과정을 밟고 있다.

토머스 H. 대븐포트(Thomas H. Davenport)와 DJ 파틸(DJ Patil)은 ≪하버드 비즈니스 리뷰≫ 2012년 10월 호에서 데이터 과학이 21세기에 가장 매력적인 직업 분야라고 선언했다.[1] 그리고 ≪이코노미스트≫는 2017년 5월 데이터를 세계에서 가장 가치 있는 자원으로 선정했다.[2] 요즘 조직들은 "데이터는 새로운 석유"라고 외치고 있다. 20세기에 석유가 경제 성장을 주도했던 것처럼 21세기에는 데이터가 경제 성장의 촉매제가 될 것이기 때문이다.

그러나 개인 정보가 촘촘하게 수집됨에 따라 AI(신경망과 데이터 마이닝, 딥러닝과 머신러닝, 강화 학습과 연합 학습 등) 사용이 끔찍한 악몽이 될 것이란 걱정이 현실화하고 있다. AI 모델을 잘못 구축하거나, 부적절하게 정의할 경우엔 AI가 미치광이처럼 인류를 위협할 것이라는 경고가 곳곳에서 눈에 띈다.

> AI가 특정 분야 역량을 인간보다 훨씬 빠르고 확실하게 습득함에 따라 시간이 지날수록 인간의 역량과 조건을 더 악화시킬 수 있다. 인간의 역량과 조건 자체를 데이터로 바꿔 버리기 때문이다. AI의 부상에 인간 사회는 철학적, 지적인 모든 면에서 아직 준비가 되어 있지 않다.
>
> —헨리 키신저, MIT 연설, 2019년 2월 28일

> 완전한 AI의 개발은 인류의 종말을 초래할 수 있다. AI는 스스로 진화하며, 점점 더 빠른 속도로 스스로를 재설계할 것이다. 생물학적 진화가 느린 한계를 지닌 인간은 경쟁할 수 없으며, 결국 AI로 대체될 것이다.
>
> —스티븐 호킹, BBC 인터뷰, 2014년 12월 2일

> 강력한 AI 시스템은 효과가 긍정적일 뿐 아니라 사람이 위험을 관리할 수 있다는 확신이 있을 때만 개발되어야 한다.
>
> —생명의 미래 연구소(Future of Life Institute, 일론 머스크와 스티브 워즈니악이 회원으로 활동하고 있다.), 2023년 3월 29일

AI가 아무런 제한도 받지 않고 무분별하게 성장하면 굉장히 위험하다. 하지만 적절하고 윤리적으로 사용할 경우 AI를 통해 달성할 수 있는 좋은 점도 많다. 우리는 AI와 함께 계속 존재감이 커지고 있는 빅데이터를 활용해 편견 없고 윤리적인 행동을 취할 기회를 갖고 있다. 한 세대에 한 번 있을 이런 기회를 잘 활용하면 의

료, 교육, 환경, 고용, 주거, 엔터테인먼트, 교통, 제조, 소매, 에너지 생산, 법 집행 및 사법 시스템을 개선해 모든 사람의 일상 삶의 질을 향상할 수 있다. 이를 위해서는 모든 사람에게 AI와 데이터 리터러시 교육을 해야 한다. 즉, 모든 사람을 **데이터 과학 시민**으로 변화시켜야만 한다.

AI와 데이터 리터러시가 데이터 과학자, 데이터 엔지니어, 머신러닝 엔지니어들만의 성스러운 전유물이 될 수는 없다. 모든 사람이 데이터 과학 시민이 될 수 있도록 준비해야 한다. AI가 어떻게 산업, 기업, 사회적 관행을 재창조하고 우리의 생활인으로서의 삶과 직업인으로서의 삶을 변화시켜 궁극적으로는 모든 이의 삶의 질을 높일 수 있는지, 그리고 어떤 분야가 그런 영향을 받을 수 있을지 이해해야만 한다.

1장에서는 아래 주제에 대해 살펴본다.

- 리터러시의 역사
- AI 이해하기
- 데이터+AI: 대량 살상 수학 무기
- AI와 데이터 리터러시의 중요성
- 윤리란 무엇인가?
- AI와 데이터 리터러시 문제 해결하기

리터러시의 역사

리터러시는 일상생활의 모든 부문에서 의미를 습득하고, 구축하며, 전달하기 위해 언어를 활용하는 능력, 자신감, 의지를 가리킨다. 리터러시의 기능은 효과적으로 의사소통하는 것부터, 직접 쓰거나 인쇄된 문서를 이해하는 능력까지 망라한다. 비판적 사고 능력과 다양한 맥락에서 복잡한 정보를 이해하는 능력도 리터러시에 포함된다. 리터러시 프로그램이 모든 인간 삶의 조건을 향상하는 데 중요한 역할을 했다는 사실은 역사를 통해 입증됐다. 그 사례로는 다음과 같은 것들을 꼽을 수 있다.

- 15세기 요하네스 구텐베르크(Johannes Gutenberg)가 발명한 인쇄기는 리터러시의 가장 중요한 변곡점이었다. 인쇄기 덕분에 책을 대량생산 할 수 있게 돼 엘리트층뿐 아니라 모든 사람들이 책을 접할 수 있게 됐다.
- 19세기에 설립된 공공 도서관은 모든 계층의 사람들이 책을 비롯한 여러 독서 자료들을 저렴한 비용으로 접할 수 있게 해 주면서 리터러시를 높이는 데 중요한 역할을 했다.
- 19세기와 20세기 초에 의무교육 제도가 도입되면서 더 많은 사람들이 읽고 쓰는 데 필요한 교육을 받을 수 있게 됐다.
- 20세기 중반 텔레비전과 라디오가 등장하면서 교육 방법을 개선하고 대중의 리터러시를 증진할 수 있는 새로운 방법이 생기게 됐다.
- 20세기 후반의 컴퓨터 기술과 인터넷의 도입은 온라인 자료와 인터랙티브 학습 도구를 통해 새로운 기술을 배우는 데 필요한 정보에 대한 접근성을 민주화했다.

리터러시 프로그램은 개인과 사회에도 다음과 같은 광범위한 혜택을 가져다줬다.

- **경제적 기회 확대**: 리터러시는 경제 발전의 핵심 요소다. 사람들이 경제 활동에 참여하고, 보수가 더 많은 일자리를 찾는 데 필요한 기술과 지식을 습득할 수 있도록 해 준다.
- **건강 성과 개선**: 리터러시는 건강 개선과도 관련이 있다. 글을 읽을 줄 아는 사람은 건강 정보를 더 쉽게 이해할 수 있다. 따라서 건강과 복지에 대한 정보를 바탕으로 좀 더 현명한 결정을 할 수 있다.
- **시민 참여 증진**: 리터러시는 투표, 공동체 참여, 권익 옹호 같은 시민사회 생활을 이해하고 사회적 참여를 할 수 있도록 해 준다.
- **빈곤 감소**: 리터러시는 보수가 더 많은 일자리를 찾고, 경제적인 전망을 개선하는 데 도움을 주기 때문에 빈곤을 개선하는 중요한 역할을 한다.

- **사회적 이동성[3] 증가**: 리터러시는 사회적 상승 이동(upward social mobility)을 위한 중요한 요소가 될 수 있다. 교육과 직업 훈련을 비롯해 개인적, 직업적 발전 기회를 모색하는 데 필요한 기술과 지식을 제공해 주기 때문이다.

리터러시의 다음 단계로 나아가 보자. 즉 AI와 빅데이터가 우리 삶과 사회에 어떻게 영향을 미치는지 탐구하고, 그에 대한 자료를 읽고, 이해하고, 그에 대해 지적으로 토론하고 논쟁하는 능력과 자신감을 지원할 수 있는 AI와 데이터 리터러시에 초점을 맞춰 보자.

AI 이해하기

더 깊이 들어가기 전에 AI의 표준적인 정의를 정립해 보자.

AI 모델은 의사 결정과 행동을 최적화하는 일련의 알고리즘이다. 이를 위해 인간의 개입을 최소화한 상태에서 확률로 표현된 결과를 지속적으로 변하는 환경 내의 효용 가치와 대응시켜 준다.

복잡한 것을 단순화해서 핵심적인 사항 몇 가지로 요약해 보자.

- 이용자가 원하는 결과를 얻기 위해 의사 결정과 행동을 최적화하는 방법 찾기
- 끊임없이 변화하는 운영 환경 내에서 상호작용하고 참여하기
- 입력 변수 및 측정 기준과 그것들의 상대적 가중치를 평가해 특정 의사 결정과 행동에 효용가치 할당하기(AI 효용함수)
- 의사 결정과 행동의 효과를 측정하고 정량화하기(예측했던 결과 대비 실제

3 사회적 이동성(social mobility)이란 사회구조나 체제 속에서 개인이나 집단이 어떤 사회적 위치에서 다른 사회적 위치로 움직이는 과정을 의미한다. 사회적 이동성은 수평 이동과 수직 이동으로 나눌 수 있으며, 수직 이동은 다시 상승 이동(upward mobility)과 하강 이동(downward mobility)으로 나눌 수 있다.

결과 측정)

- 의사 결정의 효과에 대한 피드백을 바탕으로 한 AI 효용함수에서 가중치와 효용값을 지속적으로 학습하고 업데이트하기

이 모든 것은 인간의 간섭을 최소화한 가운데 진행한다. 3장과 4장에서는 AI와 다른 고급 분석 알고리즘에 대해 자세히 살펴본다.

AI의 위험성과 우려

조지 오웰(George Orwell)이 1949년에 출간한 『1984』는 사회 내 감시와 시민 조작이 횡행하는 세상을 예견한 책이다. 이 책에서 세계의 지도자들은 선전 활동과 수정주의 역사를 이용해 사람들이 생각하고, 믿고, 행동하는 방식에 영향력을 행사한다. 『1984』는 전체주의, 대중 감시, 억압적 통제, 선전선동 뉴스 그리고 사회적으로 용인되는 행동과 규범을 끊임없이 재규정할 경우 어떤 결과가 초래되는지에 대해 탐구한다.

이 책에 묘사된 세계는, 선전 활동을 무기로 모든 국민들로 하여금 미치광이 지도자와 범죄적이고 부도덕한 독일의 미래 목표를 지지하도록 설득하려 노력했던 나치 독일과 요제프 괴벨스(Joseph Goebbels)를 모델로 삼았다. 그들은 특정 대의나 관점을 널리 전파하기 위해 편향되었을 뿐만 아니라 현실을 호도하는 잘못된 정보를 사용했다.

흘러간 옛날 문제라고 치부할 일이 아니다. 애플은 2021년 8월, 아동 음란물을 탐지하기 위해 아이폰으로 캡처한 방대한 사진들에 AI를 적용하겠다고 선언했다.[3)]

애플은 강력하게 이용자 정보를 보호했던 역사를 갖고 있다. 애플은 2016년 법무부, 2019년 법무부 장관으로부터 두 차례에 걸쳐 아이폰의 개인정보 보호 기능을 깨뜨릴 소프트웨어 패치를 개발해 달라는 요청을 받았다. 하지만 두 번 모두 거절했다. 그런 행동을 할 경우 그동안 지켜 온 이용자 정보 보호와 신뢰를 허물어뜨릴 수 있다는 신념 때문이었다.

이용자 개인정보 보호에 대한 강경한 입장이 있었기에 개인정보를 이용해 아동 포르노물을 차단하겠다는 애플의 제안은 많은 사람들을 깜짝 놀라게 했다. 아동 포르노를 단속하는 것이 사회적으로 다른 어떤 것보다 중요한 과제인 건 분명하다.

하지만 이를 위해 어떤 대가를 지불해야 할까? 이것은 결코 흑백이 분명한 문제가 아니다.

다음과 같은 몇 가지 이용자 정보 보호 문제가 제기된다.

- 이런 혐오스러운 행동에 맞서기 위해 개인 사생활을 어느 정도까지 희생할 용의가 있는가?
- 어떤 조직(이 경우엔 애플)이 이런 데이터를 아동 포르노 퇴치 목적으로만 사용할 것이란 사실을 얼마나 확신할 수 있는가?
- 비윤리적인 사람이나 단체의 손에 분석 결과가 들어가 사악한 목적을 위해 악용되지 않을 것이라고 얼마나 확신할 수 있는가?
- AI 모델의 긍정 오류(무고한 사람을 아동 포르노로 잘못 고발) 및 부정 오류(아동 포르노에 관련된 개인을 식별하지 못함)는 개인과 사회에 어떤 결과를 가져올까?

이런 질문, 선택, 결정 유형들은 모든 사람에게 영향을 미친다. 그리고 이런 유형의 질문에 적절하게 대비하기 위해서는 모든 사람들이 AI와 데이터 리터러시의 기초에 대해 배우도록 해야만 한다.

AI 권리장전

백악관 **과학기술정책실(OSTP, Office of Science and Technology Policy)**은 2022년 10월 4일 'AI 권리장전을 위한 청사진'이라는 문서를 발표했다.[4] 이 청사진은 AI 기술 사용과 실행이 늘고 있는 상황에서 미국 국민들의 권리를 보호할 수 있도록 AI 기술을 어떻게 설계, 이용, 배치할지 안내하는 데 도움이 되는 다섯 가지 원칙과 실행 방안을 담고 있다.

방대한 문서의 서문을 인용하면 다음과 같다.

> 오늘날 민주주의가 직면한 가장 큰 도전 중 하나는 기술, 데이터, 자동화된 시스템이 미국 국민들의 권리를 위협하는 방식으로 사용되고 있다는 점

이다. 이런 도구가 우리의 기회를 제한하고, 중요한 자원이나 서비스에 접근하는 것을 방해하는 데 쓰이는 경우가 너무도 많다. 이런 문제들은 문서로 잘 정리되어 있다. 미국과 전 세계에서 환자 치료에 도움을 주어야 할 시스템이 안전하지 않거나 비효율적이고, 심지어 편향되어 있다는 사실이 드러났다. 채용이나 신용도를 결정하는 데 사용되는 알고리즘이 현재 존재하고 있는 원치 않는 불평등을 반영하고 재생산하거나, 새로운 유해 편견과 차별을 담고 있다는 사실이 확인됐다. 소셜 미디어들이 아무런 제한을 받지 않고 수집한 데이터들은 사람들의 기회를 위협하고, 사생활을 침해하며, 종종 당사자들이 알지 못하거나 동의하지 않은 상황에서 그들의 행동 전반을 추적하는 데 사용됐다.

이 문서에서는 AI를 사용하는 시스템이나 응용 프로그램과 상호작용할 때 여러분에게 어떤 권리가 보장되어야 하는지 설명해 준다(그림 1.1).

- 안전하지 않거나 비효율적인 시스템으로부터 보호받아야 한다.
- 알고리즘에 의해 차별받지 않아야 한다. 시스템은 공정하게 사용되고 설계되어야 한다.
- 자동 시스템이 사용되고 있다는 사실을 알 수 있어야 한다. 그리고 자동 시스템이 여러분에게 영향을 미치는 결과에 무슨 이유로 그리고 어떠한 방식으로 기여하는지 이해할 수 있어야만 한다.
- 악의적인 데이터 남용 관행으로부터 보호받을 수 있도록 관련 기능을 기본 탑재해야만 한다. 이와 함께 여러분에 관한 정보가 어떻게 사용될지 선택할 권한을 갖고 있어야 한다.

AI 권리장전은 AI 관련 문제를 자각하는 좋은 출발점이다. 하지만 AI 권리장전만으로는 충분하지 않다. 권리장전이 조직들의 AI 모델 설계, 개발, 배치 및 관리를 안내하는 실용적인 행동 지침을 제공하지 않기 때문이다. 다음 단계로는 비즈니스, 교육, 사회, 정부 조직 및 기관들의 협업과 채택을 촉진해 AI 권리장전을 측정할 수

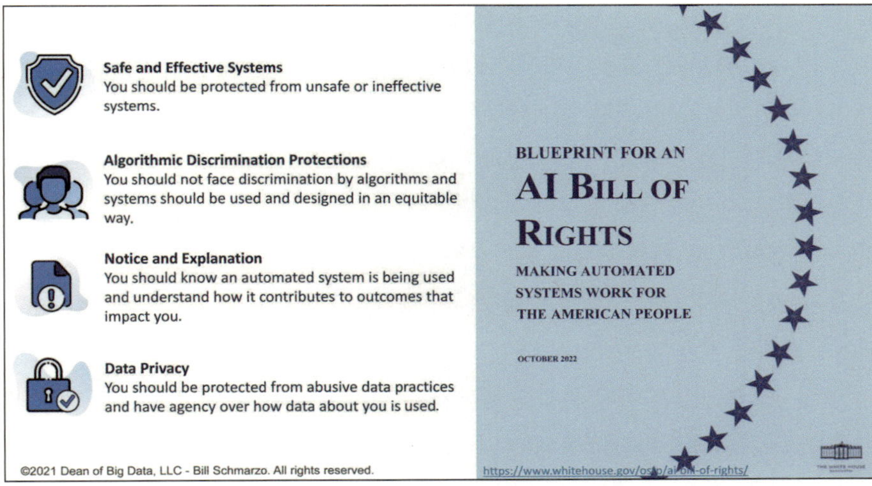

〈그림 1.1〉 AI 권리장전 청사진

있는 척도를 확인할 수 있도록 해야 한다. 이런 협업을 통해 AI 관련 법률과 규정을 정의해 – 적절한 인센티브와 벌칙을 구비해 – AI 권리장전을 엄수하도록 해야 한다.

데이터 + AI: 대량 살상 수학 무기

AI 모델로 구동되는 부분이 점점 더 많아지는 세상에서, 데이터 과학자들은 긍정 오류와 부정 오류로 발생하는 의도치 않은 결과의 비용을 효과적으로 감지하기 어렵다. 의도하지 않은 결과를 줄이려면 다양한 이해관계자들이 힘을 합해서 AI 효용함수가 최적화할 수 있는 지표를 확인해야 한다.

캐시 오닐(Cathy O'Neil)이 『대량 살상 수학 무기(Weapons of Math Destruction)』에서 상세히 기술한 것처럼, 대출과 모기지 승인, 구직자 채용 결정, 대학 합격자 발표 등에서 사용되는 많은 AI 모델에 내재된 편향은 의도하지 않은 결과를 초래할 수 있으며, 이는 개인과 사회에 심각한 영향을 미칠 수 있다.

예를 들어 보자. AI는 구직자를 채용할 때 사용되는 중요한 의사 결정 요소가 되었다.[5)] 2018년에는 채용 관리자와 담당자의 약 67%가 AI를 활용해 자격 미달자나 부적합한 입사 지원자를 걸러냈다.[6)] 2020년에는 그 비율이 88%로 늘어났다.[7)] AI 모델이 편견을 조장하고, 신뢰성과 투명성이 부족해 정확한 채용 과정을 담보하지 못한다는 사실에 대해 누구나 우려할 수밖에 없다. 능력 있는 지원자의 이력서와 직무 경험이 AI 채용 모델을 훈련시킬 때 사용한 자격, 행동 특성, 운영상의 가정 등과 일치하지 않을 경우에는 굉장히 우수한 지원자라도 이런 AI 기반 채용 모델에게 퇴짜를 맞을 가능성이 있다.

좋은 소식도 있다. 이런 문제를 해결할 수 있다는 것이다. 데이터 과학 팀은 피드백 루프(feedback loop)[4]를 구축해 AI 모델의 예측이 얼마나 효과가 있는지 측정할 수 있다. 여기에는 긍정 오류 – 성공적이라고 생각했지만 실제로는 그렇지 않은 지원자 고용 – 뿐 아니라 부정 오류 – 성공하지 못할 것이라고 판단했지만, 결국 성공하는 사람을 채용하지 않은 오류 – 도 포함된다.

6장에서는 데이터 과학 팀이 AI 모델의 긍정 오류와 부정 오류를 바탕으로 AI 모델의 효과를 학습하고 조정할 수 있는 피드백 루프를 어떻게 만들 수 있는지 좀 더 깊이 살펴본다.

지금까지 우리는 AI가 무엇인지 간단하게 설명하고, AI를 설계, 개발, 배포 및 관리할 때 생길 수 있는 많은 과제와 위험 요인에 대해 살펴봤다. 또 미국 정부가 AI 권리장전 도입을 통해 어떻게 책임 있고 윤리적인 AI 배포를 의무화하려고 하는지에 대해서도 논의했다. 하지만 AI 사용이 기하급수적으로 늘어남에 따라 우리 시민들은 엄청난 AI 기술 진보를 따라잡기 위해 정부만 바라보고 있을 수는 없다. AI를 책임감 있고 윤리적으로 사용하기 위해 감당해야만 하는 시민의 역할을 이해하는 것이 그 어느 때보다 중요하다. 그 첫걸음은 AI와 데이터 리터러시에서 출발한다.

---

4 제품이나 서비스를 출시한 이후에도 소비자나 이용자의 반응을 지속적으로 수집하고 해당 정보를 기반으로 품질을 개선하는 것을 의미한다. 수집된 정보를 기반으로 제품이나 서비스를 개선하기 때문에 소비자의 만족도를 높일 수 있다.

AI와 데이터 리터러시의 중요성

AI와 데이터 리터러시는 데이터 및 분석 평가를 통해 우리에게 제시된 것을 바탕으로 우리가 무언가를 소비하고 어떤 일을 처리하며 행동하는 데 영향을 미치는 데이터, 분석 및 행동 개념을 총체적으로 이해하는 것을 의미한다.

AI보다 인류를 두려움에 떨게 만든 것은 없는 것 같다. AI 모델의 도전과 위험에 대해 우리가 이미 알고 있는 것만 해도 상당히 걱정스럽다. 아직 제대로 알려지지 않은 무지(unknown unknowns)[5]는 훨씬 더 두렵다. 부적절하게 정의하거나 관리했을 때 AI가 초래할 수 있는 의도하지 않은 파괴적인 결과에 대한 두려움도 훨씬 더 크다.

할리우드는 AI가 인류를 무차별적으로 지배하는 이야기로 우리의 두려움을 자극하는 것을 즐긴다. (영화 〈2001: 스페이스 오디세이〉에 나오는 "안녕, 데이브. 오늘 아주 좋아 보여요"란 대사를 기억하는가?) AI가 인간보다 더 강력하고 지능적인 존재로 진화해서 인류의 지구 지배가 종지부를 찍을 것이라는 두려움이다.

AI의 인간 지배를 다룬 영화 중 내가 좋아하는 것들을 소개한다. AI와 함께하는 우리의 소름 끼치는 미래를 묘사하고 있는 이 영화들은 헨리 키신저와 스티븐 호킹의 우려와도 일치한다.

- 〈이글 아이(Eagle Eye)〉: 아리아(ARIA)라는 AI 슈퍼 브레인이 빅데이터와 사물인터넷(IoT)을 이용해 인간의 결정과 행동에 사악하게 영향을 미친다.
- 〈아이, 로봇(I, Robot)〉: 멋지게 생긴 자율 로봇들이 클라우드 기반 AI 대군주 비키(VIKI)의 힘을 받아 지속적으로 학습하고 진화한다.
- 〈터미네이터(Terminator)〉: 자율적으로 행동하는 살인 기계는 의도하지 않은 결과에도 불구하고, 특정한 인간 목표물을 찾아서 죽이는 AI 효용함수를 충실하게 수행한다.

---

5 자신이 무엇을 모르는지도 모르는 상태를 의미하는 말이다. 도널드 럼즈펠드 미국 전(前) 국방장관이 이라크 전쟁 당시 전쟁의 당위성을 묻는 기자들의 질문에 답변하면서 처음 사용했다. 당시 럼즈펠드는 앎을 세 가지 유형으로 구분했다. 즉, 우리가 잘 알고 있는 지식을 의미하는 '알려진 앎(known knowns)', 어떤 문제에 대해 무지하다는 것을 아는 '알려진 무지(known unknowns)', 그리고 자신이 무엇을 모르는지조차 모르는 '알려지지 않은 무지(unknown unknowns)'로 나눴다.

- 〈콜로서스(Colossus: The Forbin Project)〉: 미국의 AI 슈퍼컴퓨터가 러시아 AI 슈퍼컴퓨터와 협력해 자살하려는 인간을 보호하는 방법을 배우게 된다. 이는 자살할 의도가 있는 것으로 보이는 인간들에겐 많이 억울한 일이다.
- 〈위험한 게임(War Game)〉: 전쟁 수행 계획 반응(WOPR: War Operation Plan Response) AI 시스템은 게임 플레이를 통해 유일하게 현명한 핵전쟁 전략은 "플레이하지 않는 것"임을 학습한다(틱택토6가 굉장히 지루한 게임이라는 사실도 함께 학습한다).
- 〈2001: 스페이스 오디세이(2001: A Space Odyssey)〉: AI로 구동되는 슈퍼컴퓨터 할(HAL)은 의도하지 않은 결과에도 불구하고 주요 지시를 달성할 수 있도록 AI 효용함수를 최적화한다.

그렇다. AI는 망치, 톱, 백호(backhoe)[7]처럼 강력한 도구다(생각건대, 할리우드에서는 전 세계를 돌아다니는 사악한 백호가 나오는 영화 시장을 찾지 못한 것 같다). 선과 악을 위해 사용될 수 있는 도구다. 그러나 AI가 날뛰는 것을 방치해 스티븐 호킹의 우려대로 AI가 인류를 멸종시킬지(터미네이터를 생각해 보라) 혹은 우리가 AI를 완벽하게 파악해 AI가 불완전한 세상에서 정보를 기반으로 한 현명한 결정을 내리도록 안내해 줄 수 있는 소중한 동반자가 될지(요다를 생각해 보라)는 전적으로 우리의 결정에 달려 있다.

AI가 우리에게 던지는 가장 큰 과제는 잘못 구축되었거나 의도적으로 사악한 AI 모델의 의도하지 않은 잠재적 결과에 대해 숙고할 때 우리가 고려할 생각조차 하지 않는 결과나 행동, 즉 알려지지 않은 무지일 것이다. 우리는 부주의한 AI 응용, 부실하게 구축한 법과 규정으로 인해 발생할지도 모를 의도하지 않은 파멸적 결과를 어떻게 피할 수 있을까? 어떻게 하면 AI가 거물들만을 위한 것이 아니라, 모든 인류가 접근할 수 있는 유익한 도구가 되도록 확실하게 보증할 수 있을까? AI와 엄청나게 성장하는 빅데이터가 주도적으로 좋은 일을 하는 데 쓰이도록 하려면

---

6 틱택토(Tic-Tac-Toe)는 두 명이 번갈아 가며 3X3 판에 O와 X를 써서 가로, 세로, 혹은 대각선에 같은 글자가 놓이도록 하는 놀이다.

7 굴착 장비 또는 굴착기의 일종으로 리어 액터(rear actor) 혹은 백 액터(back actor)라고도 부른다. 두 부분으로 연결된 팔과 그 끝에 있는 굴착용 버킷으로 구성돼 있다.

어떻게 해야 할까? (이것은 해를 끼치지 않는 소극적 행위와는 다른 것이다.)

좋다. 그건 우리에게 달려 있다. 그리고 그게 바로 이 책의 달성 목표다.

이 책은 '좋은 것'을 선택하는 일에 관해 다룬다. AI로 좋은 결과를 얻으려면 AI와 데이터 리터러시의 기본을 익히는 것부터 시작해야 한다. 하지만 AI와 데이터 리터러시의 기본적인 기법의 토대는 윤리다. 우리가 AI 모델을 설계, 개발, 배포, 관리하는 방법은 의미 있고, 책임감 있으며 윤리적인 결과를 제공한다는 토대에 근거를 두고 있어야 한다. 그렇다면 윤리는 무엇을 필요로 할까? 다음 섹션에서 이 질문에 대한 답을 찾으려고 노력했다.

윤리란 무엇인가?

윤리는 사람의 행동이나 행위를 지배하는 일련의 도덕적 원칙이다. 이는 개인이나 사회 집단이 일반적으로 받아들이는 옳고 그름의 원칙이다. 혹은 나의 어머니가 말씀하시곤 했던 것처럼, "윤리는 아무도 보지 않을 때 하는 행동이다."

윤리는 인간관계, 작업 환경, 사회 생활 같은 다른 맥락에서 우리 행동을 이끄는 원칙과 가치를 의미한다. 윤리는 사회에서 도덕적으로 옳거나 그르다고 여기며, 그에 맞도록 적절하게 행동하라고 지시하는 것을 포괄하는 개념이다.

AI 분야에서 윤리는 AI 기반 제품과 서비스 개발, 배포 및 관리를 안내하는 원칙과 가치를 의미한다. AI가 우리 일상에 좀 더 많이 통합됨에 따라 AI 기술이 공정하고 투명하고, 책임감 있도록 보장되기 위해서는 윤리적인 고려가 갈수록 더 중요해지고 있다.

8장에서는 AI 윤리에 대해 좀 더 깊이 있게 다룬다.

AI와 데이터 리터러시 문제 해결하기

데이터와 수학 모델이 지배하는 세상에서 생존하고 번창하기 위해 무엇을 할 수 있을까? 그렇다. 사회 전반에 스며들 AI 모델을 설계, 구축, 관리하기 위해서는 데이터 과학자, 데이터 엔지니어, 머신러닝 엔지니어가 더 많이 필요하다. 하지만 나머지 사람들은 어떨까? 우리는 모든 사람을 데이터 과학 시민으로 훈련시켜야 한다.

데이터 과학이란 무엇일까? 데이터 과학은 성과를 더 세밀하게 예측할 수 있는 변수와 척도를 식별하고 검증함으로써 더 관련성 있고 의미 있으며 윤리적인 결과를 도출하고자 한다.

데이터 과학이 성과를 더 세밀하게 예측할 수 있는 다른 변수와 지표를 적절하게 식별하고 검증하려면 데이터 과학의 힘을 민주화해야 한다. 그래야만 AI와 빅데이터를 활용해 좀 더 관련 있고 의미 있으며, 윤리적인 결과를 이끌어 낼 수 있기 때문이다. AI와 데이터가 사회적 격차를 조장해 데이터 과학자, 데이터 엔지니어, 머신러닝 엔지니어 같은 AI 시대의 일부 특권층만 번영하는 일이 생기지 않도록 해야 한다. 세 글자로 된 정부 기관(three-letter government agencies)[8]과 대기업들만 혜택을 누리는 일이 생기지 않도록 해야 한다.

우리는 모든 사람이 AI 비즈니스, 운영, 사회적 혜택에 참여하고 혜택을 누릴 수 있도록 준비시키고 권한을 부여해 줘야 한다. 데이터 과학 시민의 의무를 지킴으로써 AI 권리장전이 제시한 비전을 확대해야만 한다.

하지만 데이터 과학 시민의 의무를 제대로 이해하고 있는가? 나의 좋은 친구 존 몰리(John Morley)가 시민과 시민권에 대해 한 말을 여기서 인용한다.

> 시민권은 외부의 선의에 의해 주어지는 것이 아니다. 시민권은 행동을 요구한다. 시민권은 한 걸음 더 나아가야 한다. 시민권은 개인과 집단의 책임을 요구한다. 즉 지속적인 인식과 학습, 적응을 위한 책임이 필요하다. 시민권은 좀 더 나은 세상을 만들기 위해 능동적이고 의미 있는 이해관계

8 미국 정부 기관들은 일반적으로 세 글자로 된 약어로 불리는 경우가 많다. 이를테면 법무부는 DOJ(Department of Justice), 국무부는 DOS(Department of State) 등으로 불린다. 하지만 '세 글자로 된 정부 기관(three-letter government agencies)'은 주로 CIA, FBI 같은 정보 관련 기관들을 지칭할 때 사용하는 말이다.

를 설정하는 것이다.

시민권의 적극적인 참여 요건에 대한 이해를 바탕으로 AI와 데이터 리터러시 여정을 구축할 데이터 과학 시민 명령(Citizens of Data Science Mandate)을 정의해 보자.

데이터 과학 시민 명령

AI와 데이터가 경제 성장과 개인의 발전 기회를 주도하는 시대에, 모든 사람들이 나이와 배경에 관계없이 번영하기 위해 필요한 교육을 받을 수 있도록 보장해야 한다.

데이터 과학 시민 명령은 모든 사람이 AI와 데이터의 힘과 잠재력에 접근하고 그것을 활용할 수 있도록 훈련과 실용적인 프레임워크를 제공하고, 사람들이 관련 위험을 이해하며, AI와 데이터가 지배하는 세상에서 단순히 생존에 그치지 않고 번영할 수 있도록 보장해 준다.

AI와 데이터 리터러시 프레임워크

데이터 과학 시민이 되려면 AI와 데이터가 지배하는 세상에서 성공하는 방법을 이해할 수 있도록 개인과 조직의 발전을 안내하는 일련의 지침, 즉 프레임워크가 있어야 한다.

프레임워크는 특정 문제를 해결하거나 특정 작업을 완수하기 위한 지침, 규칙, 원칙, 개념을 제공하는 구조적 접근 방식이다. 철로에 가드레일을 제공하는 것이라고 생각하면 된다. 우리의 개인적, 직업적 발전을 사전에 안내하고 벤치마킹하는 역할을 한다.

AI와 데이터 리터러시 프레임워크는 책임 있고 윤리적인 AI 모델의 개념 규정, 설계, 개발 및 관리 작업에서 모든 사람이 자신의 역할을 인식하고 교육받을 수 있도록 해 주는 가드레일 – 그리고 관련 지침, 법칙, 규칙, 개념 – 을 제공해 준다. 이는 모든 사람이 똑같이 접근하고 이해할 수 있도록 설계된 프레임워크다.

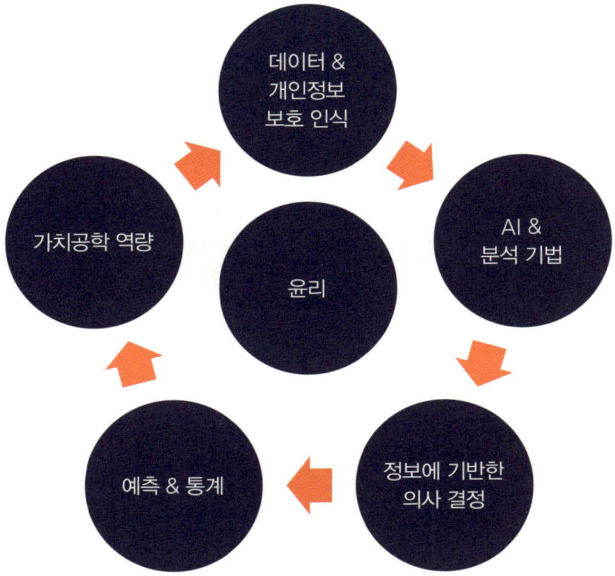

〈그림 1.2〉 AI와 데이터 리터러시 프레임워크

우리는 〈그림 1.2〉에서 볼 수 있는 AI와 데이터 리터러시 프레임워크를 이 책에서 계속 사용할 것이다. 이 프레임워크는 독자들이 데이터 과학 시민이 되는 데 필요한 다양한 요소들을 이해할 수 있게 해 주고, AI와 데이터가 지배하는 세상에서 성공할 수 있도록 기술을 갖추고 훈련을 받도록 해 줄 것이다.

AI와 데이터 리터러시 프레임워크는 여섯 개 요소로 구성되어 있다.

1. **데이터와 개인정보 보호 인식**에서는 데이터가 어떻게 수집되며, 그렇게 수집된 데이터가 생각이나 믿음, 후속 결정을 조작하는 데 어떻게 영향을 미치는지 논의한다. 이 부분에서는 개인정보 보호에 대해 다루며, 데이터 오남용을 막기 위해 전 세계 정부와 조직들이 어떤 일을 하는지도 살펴본다.
2. **AI와 분석 기법**은 오늘날 사용할 수 있는 광범위한 분석 알고리즘과 그 알고리즘으로 해결하는 문제들을 이해하는 데 초점을 맞춘다. 이 장에서는 최적화 중심의 전통적인 분석 알고리즘과 기법들에 대해 탐구한다. 그렇게 함으로써 데이터 과학 시민들은 각 알고리즘이 어떤 일을 하며, 언제 어떤 알

고리즘을 사용하는 것이 가장 좋은지 이해할 수 있게 된다. 그리고 AI의 중요성을 감안해 학습 중심 AI에 별도 장(4장)을 할애할 것이다. 우리는 AI 작동 방식, 이용자 의도 파악의 중요성, 그리고 AI 모델이 지속적으로 배우고 적응할 수 있도록 해 주는 AI 효용함수의 중요한 역할에 대해서도 살펴본다. AI에 할당된 이 별도 장에서는 또 확증 편향, 의도하지 않은 결과, AI 모델의 긍정 오류와 부정 오류 같은 AI의 위기와 기회에 대해서도 탐구한다.

3. **정보에 기반한 의사 결정** 혹은 의사 결정 리터러시는 기본적인 문제 해결 기법을 활용해 고질적인 의사 결정 함정과 편견을 피하는 간단한 모델을 만드는 방법에 대해 탐구한다. 불완전한 세상에서 더 많은 정보를 바탕으로 위험 회피 의사 결정 확률을 향상해 주는 간단하지만 효과적인 의사 결정 모델과 도구를 제공한다.
4. **예측과 통계**에서는 누구나 알아야 할 기본적인 통계 개념(확률, 평균, 분산, 신뢰 수준)에 대해 설명한다(스포츠를 시청한다면 이미 이런 통계 개념을 많이 접했을 것이다). 그런 다음 간단한 통계만으로 좀 더 많은 정보를 기반으로 덜 위험한 결정을 내릴 수 있는 확률을 어떻게 발생시킬 수 있는지 살펴본다.
5. **가치공학 역량**은 조직들이 자신들의 데이터와 AI 및 고급 분석 기법을 활용해 가치를 만들어 낼 수 있는 실용적인 프레임워크를 제공한다. 또한 조직이 가치를 창출하는 방법과 다양한 이해관계자 및 구성원을 대상으로 가치 창출 효과를 측정하는 방법을 식별하고 체계화할 수 있는 도구도 제공한다.
6. **AI 윤리**는 AI와 데이터 리터러시 프레임워크의 토대다. 이 책에서는 AI 모델에 윤리를 통합해 편향되지 않으며, 책임감 있고 윤리적인 결과를 제공하는 방법을 탐구한다. 경제학을 활용해 AI 효용함수에 통합할 수 있는 윤리를 체계화하는 디자인 템플릿을 살펴본다. 여기서 AI 효용함수는 AI 모델의 성능을 안내하는 역할을 한다.

이 책은 각 주제들을 설명하면서 서술해 나가는데, 마지막에 보너스 장이 있다! 하지만 여행을 시작하기에 앞서 약간의 숙제가 있다.

AI와 데이터 리터러시 평가하기

어떤 책이든 독자들의 참여를 요구하지 않는다면 제값을 하지 못한다.

AI와 데이터 리터러시를 개선하기 위해선 먼저 AI와 데이터 리터러시 교육 프레임워크의 여섯 가지 구성 요소와 관련해 우리가 어떤 위치에 있는지 이해하는 것부터 시작해야 한다. 그 분석 작업을 쉽게 하기 위해 AI와 데이터 리터러시 레이더 차트(radar chart)를 만들었다. 이 차트로 AI와 데이터 리터러시를 평가하거나 따라 배울 수 있으며, 추가 훈련이 필요한 영역은 어떤 부분인지 파악할 수도 있다.

레이더 차트는 2차원 그래프에 여러 차원의 정보를 담고, 배치하고 평가하는 그래픽 방법이다. 레이더 차트는 개념이 간단하지만 무언가의 강점과 약점을 좀 더 광범위하게 평가하는 데 굉장히 효과적이다. 이 책에서는 아래 AI 및 데이터 리터러시 레이더 차트를 활용해 토론, 자료 및 학습 전반을 안내한다.

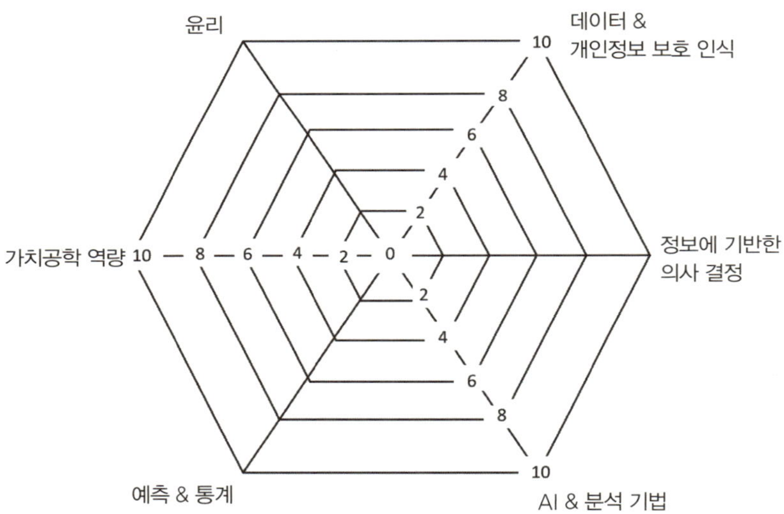

〈그림 1.3〉 AI와 데이터 리터러시 레이더 차트

> 이 책 끝에서 다시 여러분들에게 AI와 데이터 리터러시 레이더 차트를 채워 넣으라고 할 것이다. 그 작업을 통해 개인적으로 탐구와 학습이 더 필요한 영역은 어떤 곳인지 통찰할 수 있도록 하기 위한 것이다.

〈표 1.1〉 AI와 데이터 리터러시 벤치마크

범주	낮은 수준	중간 수준	높은 수준
데이터와 개인정보 보호 인식	웹사이트와 모바일 앱의 이용 약관과 조건을 읽지 않고 클릭해서 수용한다.	이용 약관을 받아들이고 다운로드하기 전에 웹사이트나 앱이 얼마나 믿을 만한지 판단하려고 시도한다.	웹사이트와 모바일 앱으로 소통하기 전에 개인정보 보호 약관과 조건을 읽고 앱이나 사이트의 신뢰성을 확인한다.
정보에 기반한 의사 결정	어떤 생각을 할 때 좋아하는 TV 채널, 유명 인사, 혹은 웹사이트가 말하는 내용에 의존한다. 음모론에 잘 속는다.	결정을 내리기 전에 쟁점에 대해 조사를 하긴 하지만, 여전히 "나와 비슷하게 생각"하는 사람들의 의견에 지나치게 많은 무게를 둔다.	결정을 내리기 전에 긍정 오류나 부정 오류를 고려하는 모델을 만든다. 비판적 사고 실험을 한다.
AI와 분석 기법	AI는 대형 조직이나 세 글자로 된 정부 기구에만 적용할 수 있다고 믿는다.	AI가 어떻게 분석 스펙트럼의 한 부분인지 이해한다. 하지만 각 분석 기법이 어떤 일을 할 수 있는지에 대해선 잘 알지 못한다.	AI 효용함수를 구성하는 다양한 차원의 성과지표(KPI) 및 측정 기준을 식별하려면 어떻게 협업해야 하는지 이해한다.
예측과 함수	사건의 발생 확률을 이해하려고 애쓰지 않는다. 의사 결정의 의도하지 않은 결과에 대해 알지 못한다.	의사 결정을 할 때는 확률을 고려한다. 하지만 의도하지 않은 결과에 대해 철저하게 평가한다.	정보를 기반으로 한 의사 결정의 성공 확률을 높이기 위해 믿을 만한 정보원으로부터 적극적으로 정보를 구한다.
가치공학 역량	'가치'의 차원들을 이해하지 못한다.	가치 차원에 대해서는 알고 있지만, 가치 창출 효과를 측정하는 성과지표와 측정 기준을 분간하지 못한다.	가치 차원을 이해하고 가치 창출 효과를 측정하는 성과지표와 측정 기준을 분간한다.
윤리	윤리는 '다른 사람들'에게만 적용되는 것이라고 생각한다.	윤리가 중요하다는 사실은 잘 알고 있다. 하지만 윤리 문제를 가장 잘 다루려면 어떻게 해야 하는지에 대해서는 자신이 없다.	윤리적 결정과 행동을 확실하게 보증해 주는 다른 관점들에 대해 사전에 계획한다.

이 과제는 그룹 활동 방식으로 할 수도 있다. 관리자나 비즈니스 임원은 이 활동을 통해 자기가 속한 그룹의 AI와 데이터 리터러시를 확인하고, 그 결과를 활용해 앞으로 어떤 훈련이나 교육을 할지 파악할 수도 있다.

앞의 〈표 1.1〉에는 AI와 데이터 리터러시 레이더 차트를 완성하는 데 도움이 되는 몇 가지 안내가 있다.

우리는 이미 정보를 기반으로 한 결정을 좀 더 많이 하는 데 도움이 되도록 데이터를 활용하고 있다.

요약

1장에서는 AI와 데이터가 부상하면서 AI와 빅데이터가 사회에 미치는 영향을 이해하고 지적으로 논의하기 위해서는 AI와 데이터 리터러시가 필요하다는 사실을 살펴봤다. AI의 도전과 위기 요인에는 감시, 조작, 의도하지 않은 결과에 대한 우려들이 있다. 이런 요인들은 AI 윤리가 왜 중요하며, 왜 책임 있고 윤리적인 AI를 배치할 필요가 있는지 잘 보여 준다.

이는 AI 모델이 지배하는 데이터 기반 세계에서 번성하기 위해선 데이터 과학 시민을 양성할 필요가 있다는 것을 잘 보여 준다. 이에 따라 여기서는 정보 보호, AI 기술, 정보를 기반으로 한 의사 결정, 통계, 가치공학, AI 윤리 등 여섯 가지 요소로 구성된 AI와 데이터 리터러시 프레임워크를 제안한다. 이를 통해 AI 및 데이터와 책임 있고 윤리적으로 소통하기 위한 지침과 교육을 제공하고자 한다.

이 장은 우리의 AI와 데이터 리터러시 수준을 측정하는 숙제로 마무리했다. 마지막 부분에서 이 과제를 다시 하면서 이 책의 여정을 통해 얼마나 학습했는지 측정할 것이다. 따라서 선택한 주제 영역을 복습하기 위해 다시 돌아가야 할 수도 있다.

이어지는 몇 개 장에서는 AI와 데이터 리터러시 프레임워크의 각 요소를 다룬다. 다만 AI와 분석 기법 요소는 예외적으로 두 부분으로 나눈다. 3장에서는 다양한 분석군에 대해 개괄적으로 살펴보고, 각 분석 기법은 어떤 문제를 해결할 때 주로 사용되는지에 초점을 맞출 것이다. 그리고 4장에서는 AI에 대해 좀 더 자세하게 알아본다. 즉 AI의 작동 방식과 AI 효용함수의 중요성, 그리고 책임 있고 윤리적인 AI 모델을 구축하는 방법 등에 대해 살펴보게 된다.

계속 학습하고 적응하기. 우리는 잘 구축된 AI 모델처럼 행동하기 시작한 것이다!

참고문헌

1) Davenport, T. & Patil, D.(2012. 10). Data scientist: The sexiest job of the 21st century. *Harvard Business Review*. https://hbr.org/2012/10/data-scientist-the-sexiest-job-of-the-21st-century

2) The Economist(2017.5.6). The world's most valuable resource is no longer oil, but data. https://www.economist.com/leaders/2017/05/06/the-worlds-most-valuable-resource-is-no-longer-oil-but-data

3) Wall Street Journal(2021.8.5). Apple plans to have iPhones detect child pornography, fueling privacy debate. *Wall Street Journal*. https://www.wsj.com/articles/apple-plans-to-have-iphones-detect-child-pornography-fueling-privacy-debate-11628190971?mod=hp_lead_pos6

4) Blueprint for an AI Bill of Rights. https://www.whitehouse.gov/ostp/ai-bill-of-rights/

5) Heilweil, R.(2019.12.12). Artificial intelligence will help determine if you get your next job. *Vox*. https://www.vox.com/recode/2019/12/12/20993665/artificial-intelligence-ai-job-screen

6) LinkedIn(2018.1.10). LinkedIn 2018 report highlights top global trends in recruiting. https://news.linkedin.com/2018/1/global-recruiting-trends-2018.

7) Employers Embrace Artificial Intelligence for HR. https://www.shrm.org/ResourcesAndTools/ hr-topics/global-hr/Pages/Employers-Embrace-Artificial-Intelligence-for-HR.aspx

2장
데이터와 개인정보 보호 인식

데이터는 숨을 쉬거나 음식을 먹는 것만큼이나 일상생활에서 흔히 볼 수 있다. 말하고 행동하는 모든 것들이 데이터가 된다. **데이터와 개인정보 보호 인식**에 대해 제대로 파악하기 위해선 조직이 어떻게 이런 개인정보를 수집, 분석, 이용해서 여러분의 행동과 태도, 신념에 영향을 미치는지 이해해야 한다.

당신이 스마트폰을 갖고 있거나, 웹에서 어떤 행동을 하고, 신용카드를 사용하며, 마일리지 프로그램에 가입되어 있다면 어떤 행위를 하거나, 글을 올리고 말을 하는 모든 것들이 추적, 수집되고 있다는 사실을 이미 알고 있을 것이다. 기업들이 우리의 관심사, 열정, 경향과 성향을 좀 더 잘 이해하기 위해 이런 데이터를 이용하여 더 나은 서비스를 제공하고, 더 많은 물건을 판매할 뿐 아니라 우리의 생각과 행동에까지 영향을 미친다는 사실을 잘 알고 있을 것이다. 불행하게도 이런 관계는 기업에게 유리하게 작용할 확률이 더 높다.

2장에서는 조직들이 어떻게 데이터를 수집하는지뿐 아니라 조직이 이용자를 설득하기 위해 어떤 방식으로 데이터를 사용하는지 다루게 된다. 빅데이터가 등장하면서 어떻게 데이터 분석에 정통한 조직으로 더 많은 힘이 쏠리게 되는지 살펴본다. 또 현재 제기되고 있는 데이터 개인정보 보호 의제에 대해서도 논의할 예정이다.

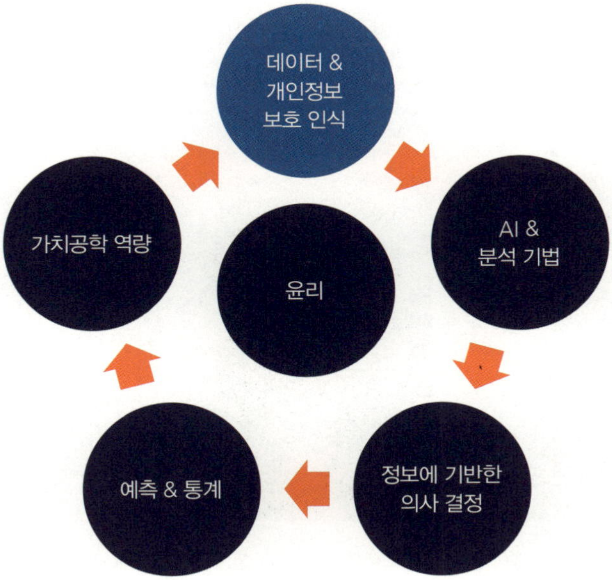

이번 장에서 다룰 주요 주제를 간단하게 요약하면 다음과 같다.

- 데이터와 그 유형 이해하기
- 데이터는 어떻게 수집되는가?
- 데이터 개인정보 보호 이해하기
- 조직은 어떻게 데이터로 돈을 버는가?

AI와 데이터 리터러시는 데이터가 무엇인지 이해하는 것부터 출발한다.

데이터 이해하기

데이터는 우리가 수행하는 모든 것들을 기록한 자연스러운 부산물이다. 따라서 우리의 행동과 중요한 사건들에 대해 포괄적으로 설명해 준다. 데이터는 관찰과 측정을 통해 수집된 개별적인 사실, 통계, 혹은 정보 조각들이다. 데이터는 또 어떤 실체에 대해 묘사하기 위해 수집한 사실과 통계(키, 몸무게, 나이, 위치, 출신지 등)이다.

데이터는 질적인 자료와 양적인 자료로 나눌 수 있다. **질적인** 데이터는 무언가

〈그림 2.1〉 어밀리아의 개 뷰(Beau)에 관한 데이터

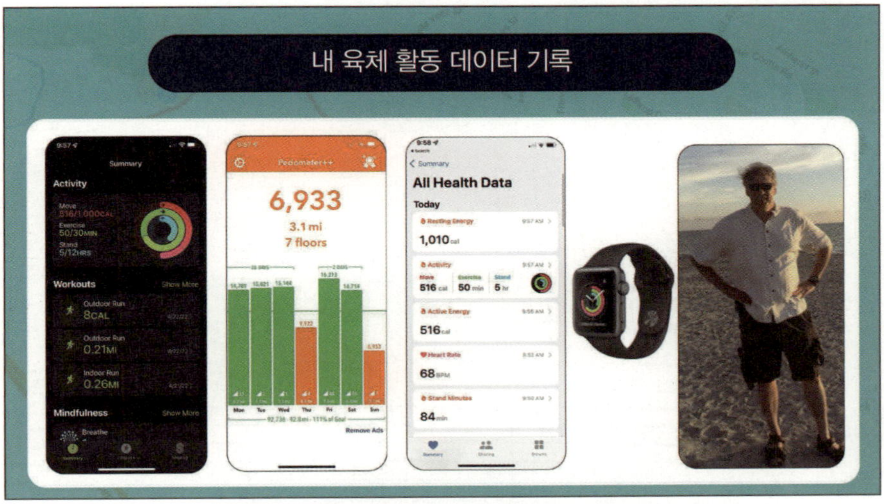

〈그림 2.2〉 내 육체 활동 데이터 기록

에 대해 설명하는 것이며, **양적인** 데이터는 무언가를 측정하는 것이다. 양적인 데이터는 다시 연속적 데이터와 불연속 데이터로 나눌 수 있다. **불연속** 데이터는 특정 값(정수 또는 연령, 성별, 우편번호처럼 사전에 정의된 변수)만 취할 수 있다. **연속** 데이터는 모든 값(이를테면, 25.5 또는 98.6과 같은 소수)을 나타낼 수 있다. 또한, 데이터는 **사실**적일 수 있고(체중과 키), **의견**일 수도 있다(좋아하는 것이나 선호도).

제품 구매, 여행지 이동, 텔레비전 프로그램 시청, 전화 통화, 소셜 미디어 포스트 게시, 이메일 전송, 위젯 제작, 박스 운송, 고장 난 부품 수리, 자동차 주유 같은 모든 행동에는 데이터가 생성된다.

예를 들어, 개인 피트니스 기기들은 〈그림 2.2〉에서 볼 수 있는 것처럼 걸음 수, 칼로리 소모량, 올라간 계단 수, 심박 수, 분당 호흡 수, 휴식 시간, 수면 시간 등에 대한 데이터를 생성하고 포착한다.

스포츠 경기 도중의 모든 행위와 결과에서는 엄청난 데이터가 쏟아져 나온다. 야구를 예로 들어 보자. 〈그림 2.3〉에서 볼 수 있는 것처럼, 볼과 스트라이크, 파울볼, 안타, 2루타, 그라운드 땅볼 아웃, 더블플레이, 타점, 도루 같은 것들이 기록된다.

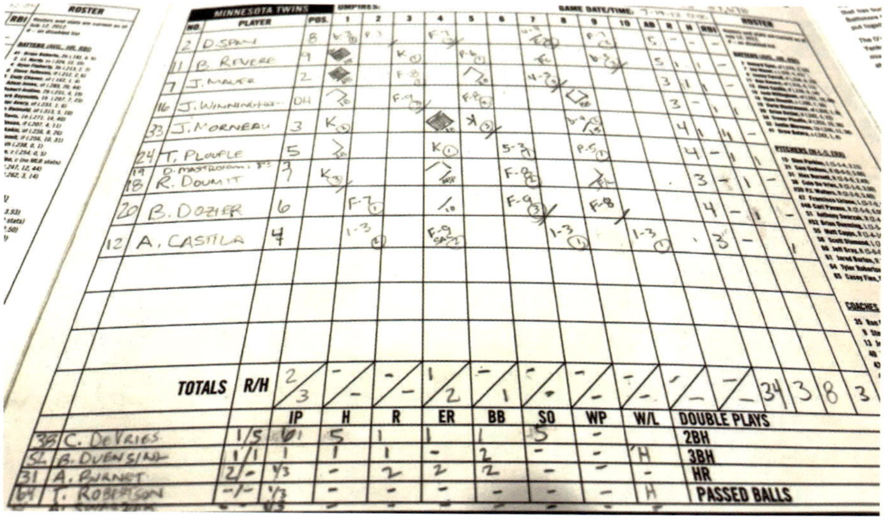

〈그림 2.3〉 야구 경기 도중 생성된 데이터

생활하면서 데이터가 만들어지는 것을 피할 수는 없다. 여러분의 모든 행동은 데이터로 포착된다. 예를 들어 식료품점에서 제품을 구매하게 되면 **판매시점정보관리(POS, point-of-sales)** 시스템이 데이터를 생성한다. 〈그림 2.4〉의 영수증에서 그 사례를 볼 수 있다.

데이터는 항상 우리 일상생활의 한 부분이었다. 하지만 역사적으로 사람들은 대부분의 데이터를 통합적으로 집계한 뒤 평균을 이용해 분석했다. 하지만 평균을 이용해 의사 결정을 하면 기껏해야 평균적인 결과만 얻을 수 있을 따름이다. 빅데이터의 등장으로 이 모든 것들이 달라졌다.

빅데이터란 무엇인가?

빅데이터가 등장하면서 데이터가 갑자기 흥미로운 존재로 떠올랐다.

빅데이터는 세부적인 거래와 활동 같은 대규모 데이터 묶음으로 구성된다. 그렇기 때문에 고급 분석 알고리즘과 기법을 활용해 사람의 행동과 성향, 혹은 기기 이용 유형, 추세, 관계 같은 것들을 알아낼 수 있다.

빅데이터 혁명은 데이터의 크기와는 큰 관계가 없다. 오히려 데이터 세분화와

소매점 POS 영수증 데이터

영수증에서 볼 수 있는 데이터
- 가게 이름
- 가게 전화번호
- 가게 관리자
- 가게 주소
- 제품 설명
- 구입한 제품 수량
- 구입한 제품 가격
- 할인 적용
- 쿠폰 사용
- 지불한 세금
- 신용카드 데이터
- 신용카드 승인
- 단말기 번호/위치
- 시간과 날짜
- UPC 바코드

WALL-MART-SUPERSTORE
(888) 888 - 8888
MANAGER TOD LINGA
888 WALL STORE ST
WALL ST CITY, LA 88888
ST# 2323 OP# 23432435 TE# 51 TR# 4354
HAND TOWEL 075953630184 2.97 X
GATORADE 068949055223 2.00 X
T-SHIRT 036231552452 16.88 X
PUSH PINS 088348997350 1.24 X
SUBTOTAL 23.09
TAX 1 7.89% 2.90
TAX 2 4.90% 1.28
TOTAL 27.27
CREDIT TEND 27.27
CHANGE DUE 0.00
ACCOUNT # **** **** ***9999
APPROVAL # 77W166
REF # 307171075528
TERMINAL # 5419885359
ITEMS SOLD 4
TC# 1752 5627 3145 9811 0000
Get Free Holiday Savings by Cell!
Thank You for Shopping With Us!
10/17/2020 16:12
*** CUSTOMER COPY ***

〈그림 2.4〉 식료품점 방문 때 생성된 POS 데이터

밀접한 관련이 있다. 선도적인 조직이 가치 창출 역량을 강화하는 것은 데이터 규모가 아니라 데이터의 세부사항에 달려 있다. 조직들은 고객 수억 명의 상세한 거래 내역, 참여, 활동을 관찰하고 포착할 수 있을 것이다. 그렇다. 빅데이터는 빅브라더(조지 오웰의 『1984』에 나오는 인물)다.

빅데이터가 등장하기 전에는 특정 영화를 관람한 인원이나, 특정 제품을 구매한 사람의 수, 혹은 테마파크를 방문한 인원이나 특정 레스토랑에서 식사한 사람 수 정도만 알 수 있었다. 하지만 빅데이터를 활용하면서 조직들은 여러분이 어떤 영화를 관람했으며, 그 영화에 대해 어떤 반응을 보였는지 정확하게 알 수 있다. 어떤 개별 제품을 구매했는지, 그때 함께 산 제품은 무엇인지도 파악할 수 있다. 어디서 휴가를 보냈으며, 휴가 기간 중 어떤 활동을 했는지도 알 수 있다. 그런가 하면 여러분이 어떤 식당을 방문해서 무슨 음식을 주문했으며, 방문 경험은 어땠는지도 정확하게 알아낼 수 있다.

빅데이터는 바로 **여러분**에 대한 정보다. 그리고 여러분의 거래 내역과 참여 활동을 포착하고 분석해서 개인적인 선호도와 행동 경향을 파악하는 것이다!

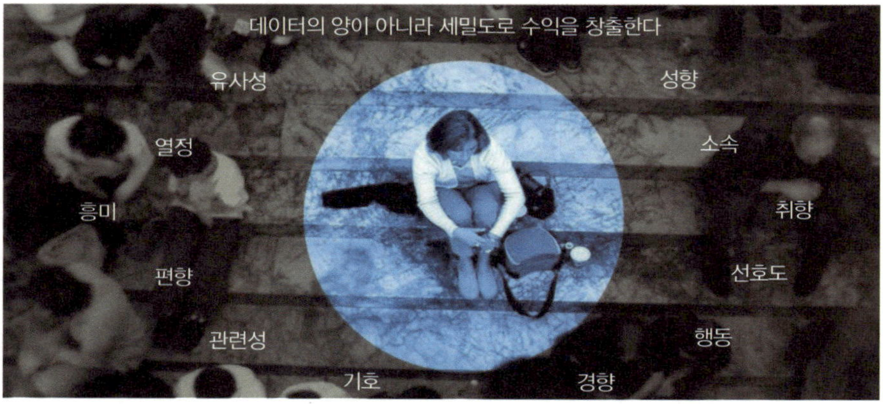

〈그림 2.5〉 빅데이터는 바로 여러분, 그리고 여러분의 개인적인 행동과 성향에 대한 정보다

빅데이터는 단순히 숫자 정보가 아니다. 빅데이터에는 (유튜브, 인스타그램, 틱톡 같은) 소셜 미디어 사진과 동영상, 문자 메시지, 이메일, 로그 파일, 전화 대화, 회의 기록, 감시 영상, 교통 카메라 영상, 구글 검색, 챗봇 대화 등 상상할 수 있는 것보다 훨씬 더 많은 것들이 담겨 있다.

아래에 제시한 것은 여러분의 개인 빅데이터가 수집되고 분석되는 몇 가지 사례다.

- 신용카드와 디지털 결제 앱은 사용자가 어떤 상품이나 서비스를 얼마에, 어디서 구매했는지 추적한다. 또 얼마나 최근에, 얼마나 자주 이런 구매 행위를 했는지도 추적한다.
- 제휴 카드는 개인의 인구통계학적 정보 및 사회 인구통계 정보를 구매 이력과 연결해 어떤 제품과 서비스를 소비할 가능성이 큰지, 쇼핑을 가장 최근에 언제, 얼마나 자주 했는지에 대해 통찰할 수 있도록 해 준다.
- 웹사이트는 여러분이 언제 어떤 것들을 읽었는지, 어떤 광고는 클릭하고 어떤 광고는 누르지 않는지, 어떤 키워드를 검색했는지 등에 대해 추적한다.
- 전자 의료 기록을 비롯한 **고객관계관리(CRM, customer relationship management)** 시스템은 모든 거래와 소통 현황뿐 아니라 당신이 조직 내 사람들과 나눈 대화까지 추적한다.

- 커피숍이나 공항, 호텔 로비 같은 곳에서 와이파이를 사용하게 되면, 접속한 웹사이트, 사용한 모바일 앱, 해당 사이트나 앱 사용 시간, 그리고 시설이나 건물 내에서 했던 모든 물리적 움직임이 추적된다.

이것만으로 충분하지 않은가? 기업들은 고객 참여 순간 포착한 추가 데이터 – 이 중 많은 부분은 제3의 판매업자로부터 얻게 된다 – 를 결합해 구매나 참여 행위, 성향, 경향에 대해 더 깊이 있는 통찰을 제공할 수 있다.

예를 들어 소매점의 판매시점정보관리(POS)로 돌아가 보자. 소매업체는 〈그림 2.6〉에서 볼 수 있는 것 같은 구매 내역, 소셜 미디어 활동 정보, 웹사이트 방문 정보 및 고객 제휴카드 정보를 통합해 추가적인 파생 데이터를 생성할 수 있다.

원시 데이터와 파생 데이터의 조합은 조직이 고급 분석을 적용하여 개인의 행동 및 성과 성향(특정 방식으로 행동하려는 성향 또는 자연스러운 경향)을 파악할 수 있는 기반을 제공한다. 이를테면 다음과 같은 사례들이 있다.

소매점 POS 영수증 수정 혹은 가공된 데이터

영수증에서 볼 수 있는 데이터
- 가게 이름
- 가게 전화번호
- 가게 관리자
- 가게 주소
- 제품 설명
- 구입한 제품 수량
- 구입한 제품 가격
- 할인 적용
- 쿠폰 사용
- 지불한 세금
- 신용카드 데이터
- 신용카드 승인
- 단말기 번호/위치
- 시간과 날짜
- UPC 바코드

수정 혹은 생성 데이터
- 고객 충성도 데이터
- 고객 인구 통계 데이터
- 고객의 구매 빈도
- 고객의 평균 구매 규모
- 계산원 이름
- 각 품목 스캔 시간
- 수동 스캔 표시기
- 거래 완료 시간
- 매장 체류 시간
- 장바구니 수익성
- 고객 신용 점수
- 고객 위험 점수
- 날씨 조건
- 지역 행사

〈그림 2.6〉 소매점의 수정 혹은 생성 데이터

- 어떤 제품을 선호하는가? 그리고 어떤 제품들을 함께 구매하는가?
- 언제 어디서 쇼핑을 즐기는가?
- 쿠폰을 얼마나 자주 사용하는가? 또 어떤 제품을 살 때 쿠폰을 활용하는가?
- 가격이 구매 습관에 미치는 영향은 어느 정도인가?
- 어떤 마케팅 캠페인과 프로모션에 반응하는가?
- 제품 조합이 여러분의 현재 삶을 반영하는가?
- 휴일이나 계절에 맞게 구매 패턴을 바꾸는가?

구매 정보와 다른 정보원을 결합해 소비자들의 선호도, 경향, 추세, 관계, 성향, 연관성을 파악하고 체계화하는 것은 불법이 아니다. 조직들이 수집하는 이런 데이터는 법의 보호를 받는 영역 안에 있지 않다. 소비자들이 이런 참여 데이터에 대한 독점적 권리를 포기한다고 서명(혹은 '체크 박스'를 선택)했기 때문에 가능한 일이다.

합성 데이터란 무엇인가?

비교적 최근에 개발된 것으로 합성 데이터가 있다. 합성 데이터는 실제 데이터에서 뽑아내 인위적으로 생성한 데이터다. 머신러닝 모델을 훈련시킬 때 실제 세계의 데이터를 입수할 수 없거나, 개인정보 보호 우려 때문에 민감하거나 사적인 데이터에 접근할 수 없을 때 합성 데이터를 이용할 수 있다. 합성 데이터는 또 실제 데이터 세트를 좀 더 다양하게 하고, AI 모델의 확증 편향과 윤리적 AI 문제를 바로잡는 데 활용할 수 있다.

또 합성 데이터는 실제 데이터가 부족하거나, 구입 비용이 많이 들거나, 아예 구하기 어려운 경우에도 연구 분석용으로 사용할 수 있다. 합성 데이터는 다양한 비즈니스 및 운영 사례 분석 속도를 높이고, 모델 예측 정확성을 개선하며, 비용을 절감할 수도 있다.

그리고 사물인터넷이 있다.

데이터는 어떻게 수집/포착하나?

충분한 데이터를 수집하지 못한 조직들은 **사물인터넷(IoT)**을 활용해 더욱 세부적이고 지연시간이 짧은(low-latency) 고객 및 운영데이터를 수집한다. 조직들이 IoT 데이터에 제3의 데이터 수집 업체들로부터 고객 데이터를 추가로 구매하는 기능을 덧붙이게 되면 자신들의 고객은 어떤 사람들인지, 그들이 조직과 어떻게 소통하는지에 대해 완벽에 가까운 그림을 그릴 수 있게 된다.

이런 엄청난 발전이 데이터 수집 전체에 어떤 영향을 미치는지 한번 살펴보자.

센서, 감시, 그리고 IoT

IoT는 물체에 센서, 처리 능력, 소프트웨어 및 다양한 기술을 장착·활용하는 것이다. 이런 물체들은 서로 연결되어 있으며, 인터넷이나 다른 통신망을 통해 다른 기기, 시스템과 데이터를 공유한다.

스마트폰은 사용자가 어디 있으며, 무엇을 하고, 어떤 말을 하는지 등에 대한 데이터를 스마트폰 앱 공급 업체에 지속적으로 보내 준다. 커넥티드카는 위치, 속도, 차량 작동 및 운전 습관 관련 데이터를 지속적으로 전송한다. 스포츠 경기장,

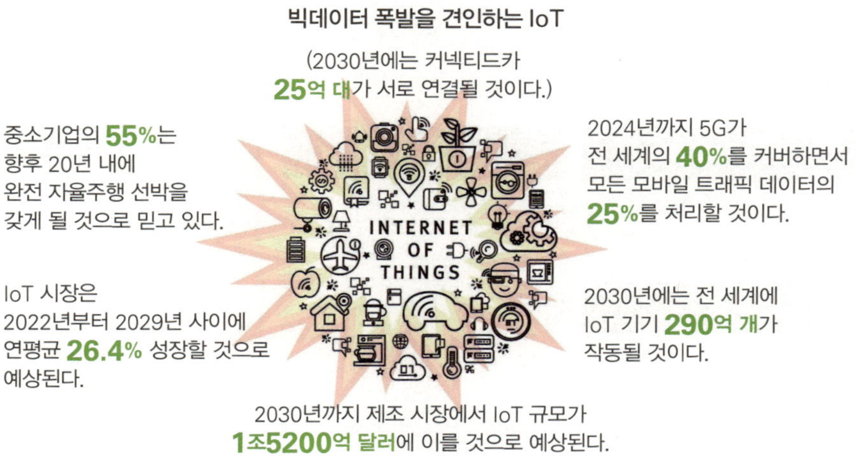

〈그림 2.7〉 빅데이터 폭발을 만들어 내는 IoT

테마파크, 카지노, 쇼핑몰, 상점, 병원, 공항을 비롯한 여러 시설에서는 수많은 영상 감시 카메라를 활용해 사람들의 움직임과 활동을 포착한다. 고객 지원 서비스를 이용하거나, 제품을 구매하고 식품을 주문하며, 일정을 예약하게 되면 챗봇이 여러분의 모든 발언을 듣고 기록한다.

그렇다. IoT는 조직의 경계(edge)에서 고객 참여와 운영 활동을 **포착, 추적, 분석**함으로써 조직의 존재감을 확장한다. 즉, 조직의 가장 외부와 초기 고객 접점 및 운영 실행 지점에서 데이터를 수집한다.

IoT 에지(edge)는 데이터 생성 지점에서 처리와 분석이 이뤄질 수 있도록 하는 IoT 컴퓨팅 인프라를 의미한다. 에지의 비즈니스 및 운영 가치는 데이터가 생성될 때 그 데이터를 수집하고 분석하며 행동에 옮김으로써 실현된다.

예를 들어 자율주행차가 시속 70마일로 고속도로를 주행하고 있는데 앞에서 달리던 차의 타이어가 갑자기 펑크가 났다고 가정해 보자. 이렇게 관측한 정보를 클라우드나 데이터 센터로 전송해서 처리 및 분석한 다음 적절한 조치(정지나 방향 전환)를 취하라는 명령을 자율주행 차량에 다시 보낼 여유가 없다. 이런 과정이 진

〈그림 2.8〉 에지로 여러 산업에서 수행할 수 있는 이용 사례

행되는 동안 자율주행 차량은 앞차와 추돌할 것이다.

에지는 〈그림 2.8〉에서 묘사한 것과 같은 비즈니스 이용 및 작동 사례를 실시간으로 할 수 있다. 그림에서 보이는 것들처럼, 스마트 팩토리, 스마트 시티부터 예측 유지 보수, **로봇 처리 자동화(RPA, robotic process automation)**, 위치 기반 마케팅에 이르기까지 다양한 활동을 가능하게 한다.

이제 우리는 IoT가 데이터에 얼마나 광범위한 영향을 미치는지 알게 됐다. 그런 만큼 IoT 센서, 기기, 카메라가 우리에 대한 데이터를 어떻게 수집하며, 조직들이 그렇게 수집한 데이터를 비즈니스와 운영 목적으로 어떻게 사용하는지 인식하고 경계해야만 한다.

제3의 데이터 수집자들

사용자의 데이터를 수집, 선별, 분석, 포장 그리고 판매를 중심으로 한 비즈니스 모델을 구축한 회사가 100개가 넘는다. 그중 대표적인 곳은 닐슨(Nielsen), 액시엄(Acxiom), 익스피리언(Experian), 에퀴팩스(Equifax), 코어로직(CoreLogic) 같은 곳을 꼽을 수 있다. 안타깝게도 많은 사람들은 이런 데이터 수집 업체들이 자신에 관한 데이터를 얼마나 많이 수집하고 있는지 모른다.

제3의 데이터 수집 업체들은 여러분의 거래, 활동, 관계, 관심사와 관련된 약 3000개의 행동 속성과 계산된 점수를 수집하고 이를 집계하여 판매한다. 다음과 같은 것들이 대표적인 데이터다.

- 사회경제적 지위
- 경제적 안정성
- 인종
- 종교
- 건강 상태(예: 관절염, 심장 건강, 당뇨병, 장애)
- 술과 담배 소비
- 게임과 도박에 대한 관심
- 소셜 미디어 활동과 관계
- 집 주소

- 주거 형태
- 주거 연한
- 주택 가격
- 주택세
- 전화번호
- 이메일 주소
- 생애 주기와 라이프 스타일
- 가족 상황
- 은행 계좌와 보험 증권
- 보유 자산
- 소유 혹은 대여 자동차
- 대출(모기지, 자동차, 신용 한도)
- 수입과 순자산액
- 신용카드 결제 이력
- 자녀 수와 연령
- 정치관
- 신문, 잡지 구독 현황
- 좋아하는 영화와 텔레비전 장르
- 클럽 멤버십
- 나이
- 성별
- 교육 수준
- 고용 상태

그렇다. 제3자 데이터 제공 업체들이 여러분에 대해 수집하는 정보는 충격적일 수 있다. 하지만 분명하게 하자. 이건 불법은 아니다. 여러분은 신용카드, 마일리지 서비스, 휴대폰 서비스에 가입하거나 이메일, 소셜 미디어, 와이파이, 뉴스레터, 팟캐스트, 웨비나(webinar), 모바일 앱 같은 무료 서비스에 등록하면서 (때로는 자신도 모르는 사이에) 개인정보 공유에 동의한다.

기업들은 제3의 업체가 제공한 데이터를 (구매, 반품, 마케팅 캠페인 응답, 이메일 송수신, 콜센터 대화, 품질보증서, 지원 사이트, 소셜 미디어 게시물 등을 통해 수집한) 자체 데이터와 결합해 이용자의 관심사, 경향, 선호도, 성향, 관계, 연관성을 파악한다. 이런 정보로 이후 여러분의 구매, 행동 및 신념에 영향력을 행사하기 위함이다.

조직들이 개인정보에 무단으로 접근할 경우 발생할 수 있는 심각한 결과를 고려할 때, 우리의 보호 조치를 잘 이해하는 것이 매우 중요하다. 우리 데이터를 보호하기 위해 실행할 수 있는 다양한 보호 조치에 대해 좀 더 깊이 살펴보자. 그리고 이런 규정이 개인정보를 보호하기에 충분한지에 대해서도 한번 따져 보자.

개인정보 보호 노력과 그 효과

앞부분에서 설명한 것처럼 조직이나 대행사, 제3의 공급업체들은 우리가 일상 활동을 하면서 방출하는 데이터를 수집, 통합하고 있다. 그들은 이런 데이터 보고를 활용해 우리의 의사 결정, 행동, 신념에 영향을 미치고 있다. 일반 시민에게는 불리한 상황인 것 같다. 하지만 전 세계 정부 기관들은 경쟁의 장을 평평하게 만들고, 우리의 개인정보를 보호하기 위해 노력하고 있다.

데이터 보호 및 개인정보보호법

전 세계 각국 정부는 개인정보 보호 쟁점이 눈사태처럼 커지는 것을 피하기 위해 안간힘을 다하고 있다. 그렇기에 개인정보를 보호하기 위한 몇 가지 규제 노력이 진행되고 있다. 다음과 같은 것들이 대표적인 사례다.

- **일반개인정보보호법(GDPR, General Data Protection Regulation)**: 유럽연합(EU)이 2018년 유럽연합 및 유럽경제지역의 데이터 보호 및 개인정보 보호에 관한 규정으로 도입한 것이다. GDPR은 유럽연합 개인정보보호법과 인권법의 핵심이다.
- **2018년 캘리포니아 소비자개인정보보호법(CCPA, California Consumer**

Privacy Act): 기업들이 수집하는 개인정보에 대해 소비자들에게 통제권을 더 많이 부여하는 것이 골자다. CCPA 규정(CCPA Regulations)은 이 법의 시행을 안내한다.[9] CCPA는 콜로라도, 버지니아 같은 다른 주의 소비자 개인정보보호규정의 모델이 됐다.

- **개인정보 보호 및 전자문서법(PIPEDA, Personal Information Protection and Electronic Documents Act)**: 캐나다의 개인정보보호법으로 민간 개인정보 수집, 사용 및 공개 문제를 규율한다.
- **아시아태평양경제협력체(APEC, Asia-Pacific Economic Cooperation) 개인정보보호프레임워크**: 에이펙(APEC) 포럼에서 개발한 데이터 보호를 위한 원칙과 관행이다.

불행하게도 이런 단편적인 노력만으로는 소비자들의 데이터 프라이버시를 충분히 보호하기 힘들다. 이러한 노력으로는 독특하고 창의적인 방식으로 여러분에 관한 데이터를 마구 수집해 가는 챗GPT와 생성형 AI처럼 새로운 기술들의 꽁무니를 위험하게 뒤쫓아가고 있을 따름이다. 정부가 데이터 프라이버시를 보호해 줄 때까지 기다리고 있어서는 안 된다. 정부는 더 많은 데이터를 가져가려는 기술과 분석 능력의 발전 속도를 따라잡기 위해 버둥거리고 있다. 우리는 스스로를 보호할 준비를 해야만 한다.

데이터 프라이버시 처리 방침

데이터 프라이버시 처리 방침은 웹사이트나 모바일 앱이 개인 정보를 어떻게 수집하고 사용하는지 자세히 열거해 놓은 법률 문서다.

조직의 개인정보 처리 방침은 현행 데이터 보호 규정을 준수하는 데 도움이 된다. 안타깝게도 개인정보 보호 정책은 소비자들에게 보호에 대한 잘못된 인식을 심어 줄 수 있다. 기업 변호사들은 소비자가 아니라 기업을 보호하기 위해 이런 개인

---

9 미국 캘리포니아주는 2018년 CCPA를 제정한 뒤 2020년부터 본격 시행하고 있다. 그 뒤 캘리포니아주는 CCPA의 세부 사항을 정하고 있는 CCPA 규정(Regulations)을 2023년 3월 29일부터 시행하고 있다.

정보 보호 정책을 작성한다는 사실을 기억하라. 개인정보 보호 정책이 모호하고 지나치게 복잡하게 작성돼 있는 것을 통해 이런 사실을 확인할 수 있다.

"150개 개인정보 보호 정책을 읽었다. 이해하기 힘든 재앙이었다(We read 150 privacy policies. They were incomprehensible disaster)"[1]란 제목의 ≪뉴욕타임스≫ 기사를 인용한다.

> 대부분의 개인정보 보호 정책은 장황하고 법률 용어로 가득 차 있다. 그리고 기업들의 데이터 수집 및 판매 행위를 눈에 띄지 않게 정당화하고 있다. 데이터 시장은 인터넷의 성장 엔진이 됐다. 그리고 우리가 완전히 이해하지 못한 채 동의한 이런 개인정보 보호 정책이 성장을 촉진하는 데 도움이 됐다.

≪뉴욕타임스≫는 개인정보 보호 정책이 모호할 뿐 아니라 지나치게 복잡하다는 사실을 입증하기 위해 150개 개인정보 보호 정책의 가독성을 평가하는 창의적인 인포그래픽을 만들었다. 이 인포그래픽은 150개 개인정보 보호 정책을 규정한 문서를 중학생부터 전문가까지 읽는 데 걸리는 시간과 복잡성 수준을 비교해 지도처럼 그렸다. https://www.nytimes.com/interactive/2019/06/12/opinion/facebook-google-privacy-policies.html에서 기사를 확인할 수 있다. 이래도 『오만과 편견』이 읽기 어렵다고 생각하는가!

데이터 프라이버시를 더욱 어렵게 만드는 문제는 또 있다. 악의적인 조직들이 개인정보보호법과 정책의 경계를 넘나들면서 더 많은 데이터를 불법적으로 수집하고 있다는 것을 알고 있어야 한다. 예를 들어 보자. 아이핸디(iHandy)는 설치 건수가 1000만 건이 넘는 '브라이티스트 플래시라이트 LED(Brightest Flashlight LED)' 안드로이드 앱을 배포했다. 이 앱을 다운로드한 소비자들에게는 안타깝게도 아이핸디는 미국, 유럽, 호주, 일본 등에 비해 개인정보 보호법이 매우 느슨한 국가에 본사를 두고 있다.[2] 아이핸디는 안드로이드 폰에 있는 다른 앱에서 보호 대상인 개인정보를 불법적으로 빼냈다.

(아이핸디가 만들어 1000만 회 이상 설치된) '브라이티스트 플래시라이트 LED' 안드로이드 앱은 다음과 같은 데이터를 수집한다.

- 이용자의 정확한 위치
- 이용자의 연락처 접속
- 송신 문자 메시지 접속
- 전화번호로 직접 통화할 수 있는 권한 허용
- 발신 통화 경로 재지정 권한
- 카메라 접속
- 마이크로폰 통해 오디오 녹음 접속
- 유에스비(USB)에 저장된 내용 읽기/쓰기 허용
- 전화 상태와 신원을 확인할 수 있는 권한 허용

하지만 잠깐만. 이게 전부가 아니다. 아마존 알렉사나 구글 어시스턴트와 같은 디지털 가정 비서는 상시 청취 기능을 활용해 집 안에서 오고 가는 모든 대화를 항상 수집한다!

집 안에서 오가는 대화는 알려지지 않을 것이라고 생각했는가? 다시 맞혀 보라! 개인정보보호법이 있더라도 사법기관이나 정부 기관은 합당한 사유가 있을 경우엔 우회할 수 있다. 예를 들어 보자. 뉴햄프셔 판사는 2018년 이중 살인 사건을 다루면서 아마존에 아마존 에코 녹음 내용을 제출하라고 명령했다. 검찰은 부부의 아마존 에코 녹음이 2017년 1월에 두 여성을 살해한 범인에 대한 단서를 찾는 데 도움이 될 것으로 기대했다.

의심하지 않는(혹은 순진한) 사람들에게는 놀랍게도 아마존은 자사의 대규모 아마존 클라우드에 모든 녹음을 저장한다. 수색 영장에 따르면, 아마존 에코가 "공격을 녹음한 오디오"와 "공격 이전 또는 이후에 발생한 모든 사건"을 포착했다고 믿을 만한 "합당한 이유"가 있었다.[3] 그 결과, 어떤 사람들은 아예 알지도 못하는 사이에 자신의 집에서 포착되고 있었던 데이터가 법 집행기관에 넘겨지게 됐다.

그렇다. 영화 〈이글 아이(Eagle Eye)〉가 인공지능 슈퍼컴퓨터 아리아(ARIIA)를 통해 그리고 있는 세계는 우리가 생각하는 것보다 훨씬 더 현실적이다. 디지털 미디어(그리고 클라우드)는 기억력이 엄청나게 좋다는 점을 기억하라. 한번 게시하거나 말한 내용은 디지털 생태계에 영원히 남아 있다고 생각하라.

조직은 어떻게 데이터로 돈을 버는가?

앞에서 "데이터는 새로운 석유"라고 언급했다. 석유가 20세기 경제 성장을 견인한 것처럼 21세기에는 데이터가 경제 성장을 이끄는 연료가 될 것이다.

기업들은 관점, 의사 결정, 행동에 영향을 미칠 목적으로 개인 데이터를 수집하고 분석한다. 페이스북, 구글, 아마존, 넷플릭스, 스포티파이 같은 기업은 데이터에 감춰져 있는 개인의 성향과 버릇을 파악한다. 그런 다음 이런 데이터를 활용해 이용자들의 구매와 사용 결정, 때로는 의견에까지 영향을 미치는 방식으로 수익을 창

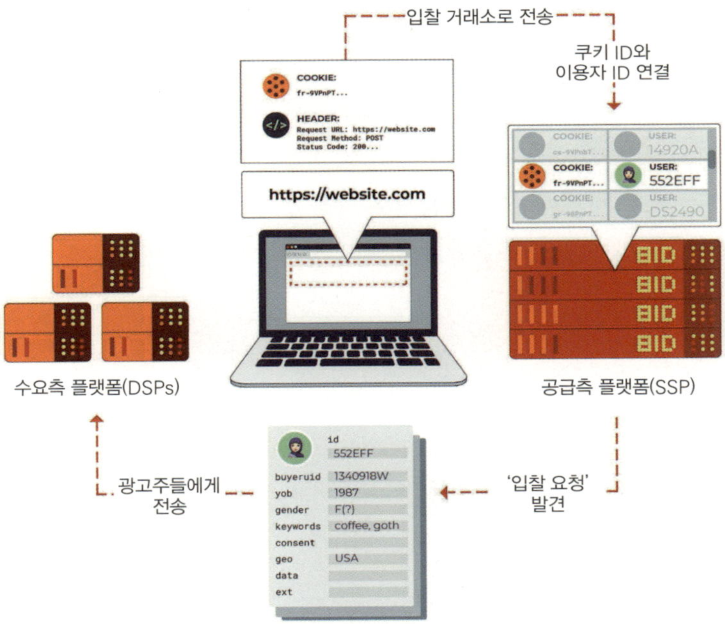

〈그림 2.9〉 전형적인 실시간 결제 시스템의 데이터 흐름

출처: eff.org/deeplinks/2020/03/google-says-it-doesnt-sell-your-data-heres-how-company-shares-monetizesand

출한다.

〈그림 2.9〉는 구글이 여러분의 무료 검색 요청을 활용해, 검색 결과 상단에 제품과 메시지를 게재하기 위해 기꺼이 비용을 지불하는 광고주를 위한 시장을 창출하는 방법을 잘 보여 준다.

구글이 데이터로 돈을 버는 몇 가지 다른 방법도 있다.

- **구글 광고**: 구글은 AI를 활용해 관심 분야를 중심으로 온라인 제품 및 서비스 타깃 광고를 개선한다.
- **지메일**: 구글은 지메일 서비스에 AI를 통합해 고객 경험을 향상한다. 그중 하나인 '스마트 답장'은 전체 이메일을 분석해 적절한 답변을 제안하는 기능이다.
- **구글 어시스턴트** : 구글의 음성 어시스턴트가 사용자의 관심 분야를 학습한 뒤 그 결과를 토대로 제품과 서비스를 추천한다.
- **구글 지도**: 지도는 내가 가장 좋아하는 구글 서비스 중 하나다. 구글 지도는 AI를 활용해 원하는 목적지로 가는 좀 더 빠른 경로를 추천한다. 특히 구글 지도는 사용자의 관심 영역을 토대로 주변 식당, 주유소, 커피숍 같은 것들도 추천해 준다.
- **구글 포토**: 구글은 AI를 사용해 사진을 분석한 뒤 친구나 가족들과 공유할 만한 사진과 영상을 제안해 준다.

그렇다. 여러분의 개인 데이터는 구글이 2021년 디지털 미디어 매출 1890억 달러를 달성하는 데 도움이 됐다. 무료 고객 서비스로는 나쁘지 않은 재무적 이익이다. 하지만 이 모든 것들이 나쁘기만 한 것은 아니다.

여러분이 향유하는 고도로 개인화된 서비스와 관련성 높은 추천의 많은 부분은 뛰어난 데이터 수집과 관리, 그리고 데이터 과학 기술 덕분이다. 그 결과 이런 서비스는 가장 효율적인 귀가 경로, 여러분이 원할 만한 시중의 상품, 좋아할 만한 영화와 노래를 추천해 준다. 심지어 삶의 경험을 공유할 수 있을 만한 상대까지 추천해 주는 등 소비자들의 경험을 향상해 준다.

많은 조직이 데이터 제공 대가로 여러분에게 가치 있는 무언가를 제공한다. 이를테면 무료 이메일, 소셜 미디어 플랫폼, 개인화된 웹 경험, 공짜 온라인 게임, 무료 내비게이션 서비스, 제품 및 서비스 할인(마일리지 프로그램) 같은 것들이 대표적이다. 가치를 제공하는 무료 서비스의 또 다른 사례로 챗GPT를 꼽을 수 있다. 챗GPT는 여러분의 조사 작업을 엄청나게 빠르게 할 수 있도록 해 준다. 그 대신 챗GPT는 사람의 소통과 반응을 토대로 지식을 꾸준히 확대하면서 궁극적으로는 응답의 관련성과 정확성을 더 높이게 된다.

핵심은, 무료 서비스에도 대가를 지불하고 있다는 사실을 이용자들이 알고 있어야만 한다는 점이다. 비록 그 대가라는 것이 월 구독료처럼 명확하지는 않더라도 말이다.

요약

2장에서는 데이터와 빅데이터의 차이에 대해 살펴보고, 조직들이 이용자 개인정보를 활용해 성향과 취향을 파악하는 방법에 대해 알아봤다. 또 IoT 같은 기술이나 제3자 데이터 수집 업체들이 여러분의 거래 내역이나 활동을 수집, 분석해서 개인의 성향과 취향에 대해 어떻게 더 많이 알아내는지도 살펴봤다. 그런 다음 연방 정부나 주 정부 차원에서 개인정보를 보호하기 위해 어떤 데이터 프라이버시 보호 노력을 하고 있는지 탐구했다. 일부 조직들이 사악한 목적을 위해 이런 보호 노력을 간단하게 무시하는 방법도 알아봤다. 마지막으로 데이터로 수익을 올리는 대표적인 기업인 구글이 데이터 수집 대가로 무료 서비스를 제공하면서 완벽하게 합법적인 여러 방법으로 수익을 올리는 방법을 살펴보면서 2장을 마무리했다.

자신의 데이터가 악용되지 않도록 스스로를 보호하려면 어떻게 해야 할까? 첫 번째 단계는 인식하고 경계하는 것이다. 우리는 조직들이 자신들의 목적을 위해 우리 데이터를 수집하고 이용하는 방법을 늘 인지하고 있어야만 한다. 휴대폰에 깔려 있는 앱이나 가입해 있는 마일리지 프로그램, 혹은 웹사이트나 소셜 미디어에 올린 게시물을 통해 어떤 데이터가 공유되는지 항상 경계해야 한다. 하지만 우리가 그런 노력을 하더라도 신뢰하기 어려운 조직들은 악의적인 행위(스팸, 피싱, 신원 도용, 랜섬웨어 등)를 통해 더 많은 데이터를 수집하기 위해 데이터 보호법을 교묘하게 피해 갈 것이다.

역사를 살펴보면 각국은 석유 같은 소중한 경제 자산을 소유하고 통제하기 위해 전쟁을 벌여 왔다. 우리는 이미 상대방의 데이터를 훔치기 위해 디지털 전쟁을 벌이는 나라들을 목격하기 시작했다. 이런 데이터 전쟁과 불화, 공격이 무력 충돌로 이어지는 것은 시간문제일까? 이것은 우리 사회가 반드시 대비해야만 하는 문제다. 다음 장에서는 조금 기술적으로 접근하게 된다. 비즈니스 인텔리전스부터 시작해 지도 및 비지도 머신러닝, 딥러닝, 그리고 강화 학습까지 광범위한 영역을 살펴볼 것이다. 인공지능에 대한 논의와 탐구는 별도 장으로 남겨 둔다. 인공지능은 그럴 만한 가치가 있다!

참고문헌

1) Litman-Navarro, K.(2019.6.12). We read 150 privacy policies. They were incomprehensible disaster, *New York Times*. https://www.nytimes.com/interactive/2019/06/12/opinion/facebook-google-privacy-policies.html

2) Cleary, G.(2018.8.16). Mobile privacy: what do your apps know about you, Symantic *Enterprise Blog*, https://symantec-enterprise-blogs.security.com/blogs/threat-intelligence/mobile-privacy-apps

3) Whittaker, Z.(2018.11.14). Judge orders Amazon to turn over Echo recordings in double murder case. *Tech Crunch*, https://techcrunch.com/2018/11/14/amazon-echo-recordings-judge-murder-case/

3장
분석 리터러시

이번 장을 읽기 전에 몇 가지 조언할 것이 있다. 신경망이나 비지도 머신러닝 알고리즘을 프로그래밍하라고 하지는 않겠지만, 이런 알고리즘이 어떻게 작동하는지, 그리고 어떤 작업을 잘하는지에 대해 개략적으로는 알고 있어야 한다. 모든 연령대의 사람들이 일상생활에서 분석에 대한 대화를 나눌 수 있도록 데이터 과학과 서로 다른 알고리즘의 신비를 벗겨 내는 것이 다음 몇 페이지의 목표다.

AI와 분석 리터러시는 머신러닝, 강화 학습, 딥러닝을 비롯한 고급 분석 알고리즘과 개념의 작동 방식과 함께 어떤 유형의 문제에 이런 분석 알고리즘을 적용할 수 있는지 이해하는 것이다.

이번 장은 고급 분석 알고리즘과 개념의 다양한 유형에 대해 폭넓게 살펴본다. 따라서 이 책에서는 가장 어려운 장이다. 단일 도구에 대해 추가적인 분석 기능을 갖고 있는 제품군이라고 생각하면 된다. 그리고 다음 장에서는 AI에 대해 좀 더 깊이 살펴보게 된다.

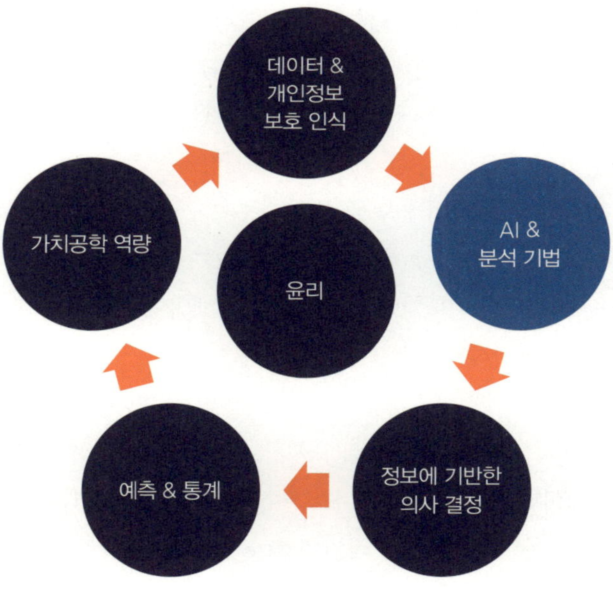

> 이번 장에 사용된 데이터 모델, 스키마 온 로드(schema on load), 읽기 스키마(schema on read) 같은 몇몇 용어의 개념이 궁금한 사람은 '인공지능에서 꼭 알아야 할 용어'를 확인하도록 하라.

하지만 고급 분석의 여러 범주를 설명하기 전에 먼저 **비즈니스 인텔리전스(BI)**와 데이터 과학의 차이점을 살펴본다. 분석의 토대로 BI를 사용하는 기업이 압도적으로 많아지고 있는 추세를 감안하면 이 문제는 특히 중요하다.

3장에서는 다음 주제에 대해 간단히 설명한다.

- BI와 데이터 과학의 차이
- 데이터 과학 개발 과정
- 분석 성숙도 지수와 탐색 방법

BI vs. 데이터 과학

BI는 수십 년 동안 조직들의 분석 작업 토대 역할을 했다. 조직들은 지속적으로 BI 환경을 구축, 관리 및 업데이트했다. 또 비즈니스 사용자들이 BI 도구를 사용하는 데 필요한 훈련과 지원을 위해 상당히 많은 자금과 시간을 투자했다. BI는 비즈니스 성과를 검토하고 보고할 때 중요한 역할을 했다. 하지만 어떤 일이 일어날지 예측하고, 적절한 추천을 해 주는 기능이나 프레임워크는 제공하지 못했다. 그 부분은 데이터 과학이 분석 작업에 덧붙여 준 기능이다.

하지만 데이터 과학이 BI를 대체한다고 생각하지는 마라. 데이터 과학은 데이터로 가치를 창출하는 조직의 역량을 강화하고 확장해 주지만, 완전히 새로운 분석적 사고방식을 필요로 한다.

BI는 무엇인가?

BI는 과거 데이터를 해석해 비즈니스 변화를 좀 더 쉽게 이해할 수 있게 해 준다. BI는 수십 년 동안 조직 분석 작업의 토대 역할을 했다. 비즈니스나 조직 운영자들에게 그들의 비즈니스에 어떤 일이 일어나고 있는지 알려 주는 보고서, 차트, 대시보드를 생성하는 데 초점을 맞췄던 것이다. 한마디로 비즈니스나 운영 성과를 평가하는 성적표라고 생각하면 된다. 거의 모든 조직은 마이크로소프트 엑셀, 구글 시트 같은 스프레드시트 도구나, 마이크로소프트 파워 BI, 소트스팟

(ThoughtSpot), 세일즈포스 태블로(Salesforce Tableau) 같은 고급 도구를 통해 쉽게 사용할 수 있는 BI 기능을 갖고 있다.

BI는 비즈니스를 역사적 또는 회고적 시각으로 바라보게 해 주는 소프트웨어다. 과거 데이터를 해석해서 비즈니스나 운영상의 변화를 더 직관적으로 이해하도록 해 준다. BI 소프트웨어는 일반적으로 구조화된 운영 데이터(행과 열로 구성된 테이블에 저장된 숫자 데이터)를 분석한다. 관리자들이 비즈니스를 평가할 때 바탕이 되는 보고서, 대시보드, 차트, 그래프를 통해 사용자들이 쉽게 볼 수 있도록 데이터를 생성해 준다.

비즈니스 분석가들은 BI를 활용해 데이터를 다양한 측면으로 조작하고 분석해서 실적 이상 징후를 포착하고, 시장 점유율을 계산하며, 영업 실적의 추이를 파악하며, 현재 성과를 다른 기간과 비교(현재 실적과 지난주, 지난달, 지난 분기 또는 지난해 실적을 비교)할 수 있다.

예를 들어, BI 분석가는 제품 판매 실적을 탐지하는 보고서와 대시보드를 만들 수 있다. 여기에는 제품 판매 경로(판매 관리 시스템에서)를 제품 주문(주문 입력 시스템에서), 제품 발송(발송 시스템에서), 결제(계정 수취 시스템에서), 반품(반품 관리 시스템에서)과 통합한다. 이 보고서와 대시보드에는 현재 기간의 판매 실적을 이전 기간(일주일 전, 한 달 전, 한 분기 전, 혹은 1년 전)의 판매 실적과 비교한 뒤 실적이 초과하거나 못 미치는 영역을 표시할 수 있다. 이 데이터는 **온라인 분석 처리(OLAP, online analytic processing)** 큐브에 저장되어, 비즈니스 분석가들이 이를 자세히 분석하여 성과가 미달되거나 초과된 영역을 더 잘 이해할 수 있도록 한다.

데이터 과학은 무엇인가?

데이터 과학은 성과를 더 정확하게 예측할 수 있는 변수와 척도를 식별하는 것이다.

데이터 과학은 과거 데이터를 많이 활용해 어떤 일이 일어날지 예측하고, 그 예측을 바탕으로 다음에 어떤 행동을 해야 할지 추천해 준다. 지난 15년 동안 데이터 과학은 어떤 일이 일어날지 예측하고, 그 예측을 토대로 어떤 행동을 해야만 할지 추천해 주는 고급 분석 기술로 떠올랐다.

데이터 과학은 지도 및 비지도 머신러닝, 딥러닝/신경망, 강화 학습, 연합 학습 같은 완전히 새로운 고급 분석 기능을 도입했다. 그리고 오늘날에도 오픈AI 챗GPT, 구글 제미나이, 마이크로소프트 빙을 가능하게 해 준 생성형 AI 같은 새로운 기술과 함께 계속 발전하고 있다.

이 장의 나머지 부분에서는 데이터 과학 팀이 고객, 제품, 서비스 및 운영 가치의 새로운 원천을 도출하고 추진할 때 사용하는 데이터 과학과 고급 분석 도구에 대해 포괄적으로 설명할 것이다.

BI와 데이터 과학의 차이

가장 두드러진 차이점은 데이터 과학은 개별 거래를 연구 대상으로 하는 반면, BI는 통합한 데이터로 작업한다는 점이다. (수백만 명에 이르는 고객의 개별적인 구매 행동을 보고하고 검토하는 실용적인 보고서나 대시보드를 만드는 것은 어렵다.)

〈그림 3.1〉은 (BI의 도움을 받는) 서술형 질문부터 (데이터 과학의 지원을 받는) 예측 분석 및 처방 조치(데이터 과학에서 지원)에 이르는 상호 보완적인 분석

분석 가치 사슬: 서술적 질문에서 처방적 질문까지

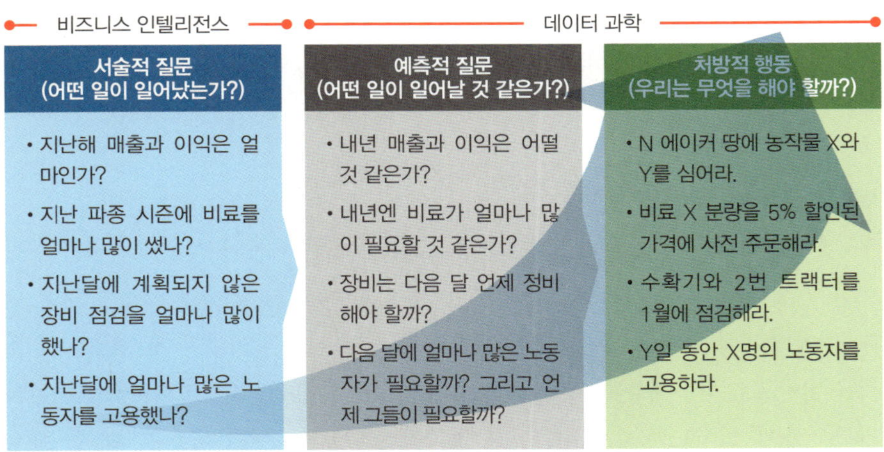

〈그림 3.1〉 분석 가치 사슬

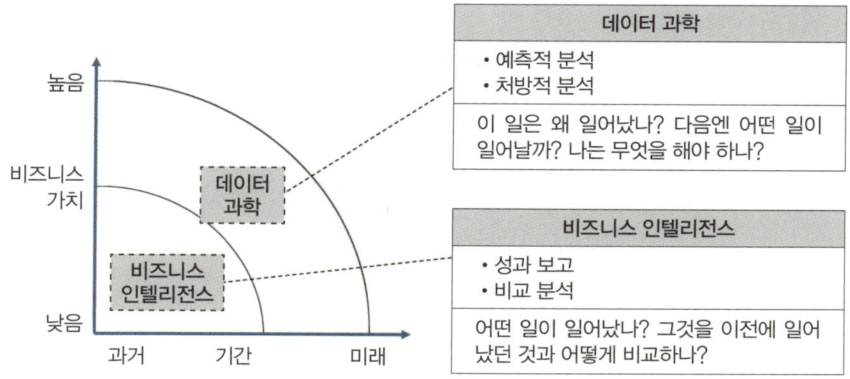

〈그림 3.2〉 BI와 데이터 과학의 차이

가치 사슬을 강조하고 있다.

〈그림 3.2〉에서 BI와 데이터 과학의 차이점을 보는 또 다른 방법을 확인할 수 있다. 이 표에서는 비즈니스 가치(높은 수준에서 낮은 수준) 및 기간(과거 결과 분석 대 미래 결과 예측)에 따라 BI와 데이터 과학을 자리매김해 준다.

비즈니스 분석가와 데이터 과학자의 역할을 보면 BI와 데이터 과학의 차이점과 유사점을 살펴볼 수 있다. 〈그림 3.3〉이 그 부분을 보여 준다.

영역	BI 분석가	데이터 과학자
주력	보고서, KPI, 트렌드	패턴, 상관성, 모델
처리	정적, 비교	설명적, 실험적, 시각적
정보원	사전 계획된, 천천히 추가	즉석에서, 필요한 만큼
변형	미리, 조심스럽게 계획된	데이터베이스 내에서, 주문형으로, 풍성하게
데이터 품질	하나의 진실	충분히 신뢰할 만한 확률
데이터 모델	스키마 온 로드	스키마 온 쿼리
분석	후향적, 설명적, 회고적	예측적, 처방적, 예방적

〈그림 3.3〉 비즈니스 분석가와 데이터 과학자의 역할 비교

앞에서 BI와 데이터 과학의 몇 가지 차이점을 강조했다. 하지만 가장 두드러진 차이점은 BI 개발 과정(여기선 일반적으로 보고서나 대시보드를 만들기 전에 성공의 기준을 명확하게 **규정**한다)이 고도로 구조화된 반면 데이터 과학 개발 과정(이 과정에선 예측 모델과 처방 모델이 개발되면서 성공의 기준을 **발견**하게 된다)은 굉장히 반복적이고, 고도로 탐색적이며, 실패를 포용한다는 점이다.

앞에서 언급한 것처럼, 데이터 과학을 이해할 때 한 가지 어려움은 데이터 과학 팀이 예측 및 처방 분석 모델을 구축할 때 사용하는 프로세스나 방법론을 알아야만 한다는 점이다. 분석 모델이 개발, 검증 및 운영하는 방식이 매우 비선형적이고 재귀적이라는 점에서 기존 소프트웨어 개발과는 매우 다르다.

전통적인 소프트웨어 개발에서는 우리가 성공의 기준을 정의한다. 반면 데이터 과학에서는 우리가 성공의 기준을 발견한다. 이것이 데이터 과학과 전통적인 소프트웨어 개발의 가장 큰 차이점일 것이다. 이 부분에 대해 더 논의해 보자!

데이터 과학 개발 과정 이해하기

데이터 과학은 고도로 반복적이고 협력적인 개발 과정을 통해 성과를 정확하게 예측할 수 있는 변수와 측정 기준을 식별해 준다. 데이터 과학 개발 과정은 이런 변수와 측정 기준을 발견하는 데 필요한 고급 분석 알고리즘 설계, 데이터 변형, 데이터 보강 기법을 활용해 테스트, 실험, 실패, 학습, 폐기학습(unlearning)[10] 및 재시도를 지원한다.

데이터 과학 개발 과정은 신속한 탐색, 발견, 학습, 테스트, 실패, 재학습으로 이어지는 비선형적인 프레임워크다. 이는 데이터 과학자와 데이터 엔지니어, 비즈니스 및 운영 분야 전문가, 특정 분야 전문가 간 협업을 촉진해 성과 예측을 좀 더 잘 할 수 있을지도 모르는 변수와 측정 기준을 관념화(ideate), 탐색, 테스트한다.

〈그림 3.4〉는 데이터 과학 팀이 예측 및 규범적 분석 모델을 구축하고 테스트,

10 배운 것을 의도적으로 잊으며 새로운 시도를 하는 것을 의미한다.

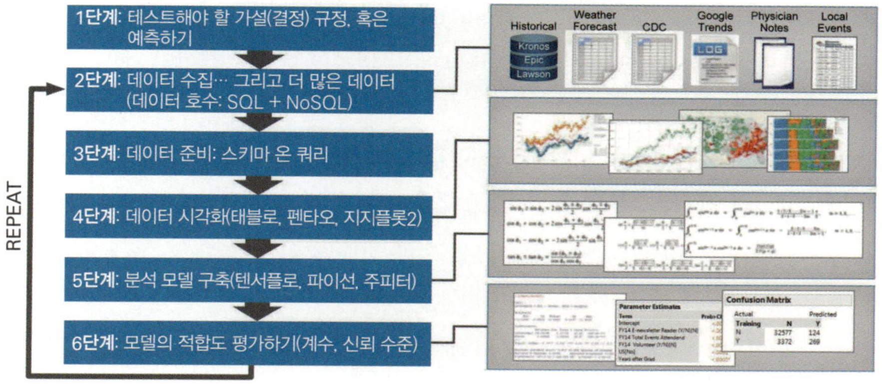

〈그림 3.4〉 데이터 과학 협업 개발 프로세스

학습, 개선 및 검증하기 위해 사용하는 고도로 비선형적이며 재귀적인 접근 방식을 강조한다. 이 접근 방식은 실패를 학습의 원천으로 삼는다. 여러분은 행동과 성과를 좀 더 정확하게 예측할 수 있는 모델을 구축하기 위해 새로운 기술, 기능, 데이터 변형, 다른 알고리즘 조합을 탐구하는 방식으로 데이터 과학 과정의 한계를 뛰어넘어야 한다. 실패하지 않으면 학습하지 않는 것이다.

데이터 과학 공동 개발 과정과 관련된 단계를 좀 더 자세하게 살펴보자.

1. **해결해야 할 가설 정의**: 이 단계에서는 [운영 객체, 원하는 결과, 핵심 결정, 그리고 결과물과 의사 결정의 효과를 측정하는 성과지표(KPI)와 측정 기준을 이해하고 있는] 비즈니스 문제 전문가와 (데이터를 조작하고, 원하는 결과물과 향상된 결정을 제공하는 분석 모델을 구축하는) 데이터 과학 팀 간의 긴밀한 협업이 필요하다. 굉장히 중요한 이 단계에 대해서는 7장에서 매우 자세하게 살펴본다.
2. **데이터 수집**: 해결하려는 문제와 개선하려는 의사 결정을 바탕으로 행동과 성과를 잘 예측할 수 있는 변수와 지표를 찾기 위해 다양한 데이터를 수집하고 탐색하기 시작한다.

3. **데이터 준비**: 데이터 정리, 파싱(parsing),[11] 변환, 강화, 표본 추출, 수집, 통합 같은 분석 모델링을 위해 데이터를 준비하는 대규모 데이터 엔지니어링과 데이터 멍잉(munging)[12] 작업이다. 데이터 과학자와 그들의 모델 탐색 및 개발 과정을 위해 데이터가 준비되었는지 확인하는 데 필요한 작업이다.
4. **데이터 시각화**: 데이터 과학 팀은 작업 중인 데이터의 내용을 좀 더 분명히 이해할 수 있도록 시각화 작업을 한다. 상자수염 차트(box-and-whisker charts), 선 차트, 영역 차트, 히스토그램, 분산형 차트, 히트맵, 지리적 위치 지도, 네트워크 그래프 등이 대표적인 시각화 작업 사례다.
5. **분석 모델 구축**: 진가를 발휘하는 지점이다. 데이터 과학자는 최상의 결과를 제공하는 분석과 변형의 올바른 조합을 찾기 위해 서로 다른 데이터 변환, 데이터 보강, 분석 알고리즘 조합을 탐색하기 시작한다.
6. **모델의 "적합도" 평가**: 데이터 과학 팀은 상관 계수 및 신뢰 수준 측면에서 적합도를 확인하기 위해 분석 모델의 결과를 검토한다. 모델의 적합도는 모델의 긍정 오류와 부정 오류의 비용이란 맥락에서 측정하고 판단한다. 다시 말해, 모델이 잘못되었을 때의 비용을 고려하더라도 모델의 결과가 "충분히 좋은가?"를 판단한다.

분석 모델의 적합도는 이런 측정 기준에 따라 판단된다는 것을 유의하라.

- **정밀도(Precision)**: 긍정적인 예측의 정확성을 측정한다. 모델이 긍정적으로 예측한 사례 전체를 놓고 긍정적 사례를 얼마나 정확하게 식별했는지 측정한다. 모델의 긍정적 예측의 정확성에 초점을 맞춘다.
- **재현율(Recall)**: 민감도(sensitivity) 또는 진양성률(true positive rate)이라고도 알려져 있다. 모든 긍정 사례를 찾아내는 능력을 측정한다. 이 측정은

11 구문 분석이라고도 한다. 데이터를 분석, 분해하여 원하는 형태로 조립하고 다시 빼내는 등의 작업을 의미한다.

12 원(原)데이터를 보다 쉽게 접근하고 분석할 수 있도록 데이터를 정리하고 통합하는 작업을 의미한다. 데이터 랭글링(data wrangling)이라고도 한다.

모델이 얼마나 많은 긍정 오류(false positive)를 예측했는지 관계없이 모든 긍정 사례를 찾아내는 능력에 초점을 맞춘다.

- **정확도(Accuracy)**: 전반적인 모델의 성능을 측정한다. 총 예측 수 중 올바른 예측(긍정 오류와 부정 오류 모두)의 비율을 계산한다.

모델의 결과가 충분히 적합하지 않을 경우(일반적으로는 그렇지 않다), 그 과정에서 제기된 피드백들이 2단계에 다시 포함되면서 분석 작업이 새롭게, 다시, 또다시 시작된다.

'가능성(might)'은 데이터 과학 개발 과정에서 중요한 촉매제다. 그 과정에서 성과를 좀 더 잘 예측할 수 있는 변인과 측정 기준을 찾아내기 위해 탐색, 실험을 하고 학습한다. 하지만 데이터 과학 탐구를 통해선 어떤 것이 작동하지 않는지에 대한 가르침만 얻게 된다. 데이터 과학 개발 과정에서 "만약 그랬다면"이란 순간이 충분하지 않았다면, 결코 획기적인 순간을 맞이하지 못할 것이다. 전구 발명에 관한 토머스 에디슨의 말을 인용해 보자. "나는 실패하지 않았다. 단지 작동하지 않는 1만 가지 방법을 발견했을 따름이다."

데이터 과학 개발 과정에서는 성과를 더 정확하게 예측할 수 있는 변인과 측정 기준을 발견하기 위해 많은 데이터 요소, 데이터 보강 기술, 다양한 분석 알고리즘 조합 등을 테스트한다.

여기서 다시 한번 강조하고 싶은 것은 고도로 상호작용적인 이 과정은 선형적이지 않다는 점이다. 즉, 적절한 모델을 구축하는 과정은 예측 가능하지 않다는 의미다. 데이터 과학 팀이 잘못될 경우의 비용을 감안하더라도 충분히 좋은 결과를 찾기 위해 데이터 원천, 데이터 변형, 그리고 분석 알고리즘의 여러 조합을 탐구하는 과정에서 수많은 실패를 겪게 될 것이다.

대부분의 소프트웨어 개발 팀은 데이터 과학 개발 과정이 굉장히 예측 불가능한 특성이 있다는 사실을 싫어한다는 점을 주목하라. 하지만 소프트웨어 개발 과정은 성공의 기준을 정의하는 반면, 데이터 과학 팀은 그것을 발견한다는 사실을 기억하라.

디자인 사고의 중요한 역할

데이터 과학 팀이 적절하고 의미 있는 결과를 제공하는 능력을 획기적으로 향상하려면 디자인 사고가 필요하다. 데이터 과학 팀과 비즈니스 전문가 집단에 탐구, 노력, 실패, 학습하는 사고방식과 문화를 조성하기 위해선 디자인 사고 개념을 데이터 과학 개발 과정에 통합하는 것이 매우 중요하다.

디자인 사고는 특정한 고객 여정(customer journey)[13]이란 맥락과 제약 조건 하에서 협업적인 참여를 통해 고객들이 필요로 하는 것과 원하는 결과를 찾아내고 검증하는 고도로 협력적이면서 반복적인 과정이다. 디자인 사고로 무장한 사람은 데이터 과학 개발 과정 전반에 걸쳐 "모든 아이디어는 고려할 가치가 있다"는 마음가짐으로 비즈니스 이해관계자와 긴밀하게 협력하면서 아이디어 창출, 탐색, 실험을 진행한다.

〈그림 3.5〉 디자인 사고는 데이터 과학을 강력하게 만든다

---

13 고객이 제품이나 서비스를 알게 되는 순간부터 구매, 사용, 후속 행동에 이르는 모든 단계와 경험을 의미하는 말이다.

〈표 3.1〉 데이터 과학과 디자인 사고 결합

디자인 사고	디자인 사고+데이터 과학 시너지	데이터 과학
공감	타깃 이용자와 그들의 기본 수요를 이해한다. 목표, 의사 결정 기준, 바람직한 결과, 성공의 지표 같은 것들.	분석
문제 정의	고객 여정 과정에서 도출되는 요구 사항, 핵심 의사 결정, 어려움과 이득을 파악하고 분석하여 이용자에 대해 포괄적으로 이해한다.	종합
아이디어	사용자가 원하는 결과와 성공 척도를 토대로 창의적인 해결책이 가능한 한 많이 나오도록 브레인스토밍한다.	아이디어
프로토타입	이용자들에게 제시한 결과물의 관련성과 정확도를 높이기 위해 모델을 조정할 수 있도록 모델링, 비평, 학습, 조정, 재모델링 작업을 반복한다.	튜닝
실행 & 평가	타깃 사용자와 프로토타입을 공유해 원하는 결과와 성공의 척도에 대한 효과 관련 피드백을 수집, 검증, 평가한 뒤 우선순위를 정한다.	검증

그렇다. 디자인 사고는 효과적이고 강력한 데이터 과학 개발 과정을 만드는 비법이다. 〈그림 3.5〉에서 그 점을 확인할 수 있다.

디자인 사고와 데이터 과학의 결합을 좀 더 충분히 이해하기 위해서는 〈표 3.1〉을 검토해 보자.

우리는 분석 모델을 구축하는 방법과 그 과정에서 디자인 사고가 하는 역할에 대해 알게 됐다. 이젠 데이터 과학 팀이 예측 모델과 처방 모델을 구축할 때 사용하는 여러 분석 알고리즘과 기법에 대해 살펴보고자 한다.

분석 성숙도 지수 탐색하기

> 이 섹션을 쓰면서 많은 어려움을 겪었다. 여러 분석 알고리즘과 개념을 설명하는 것이 어려웠기 때문은 아니었다. 내겐 여러 알고리즘을 어떻게 분류하고 어떻게 그룹으로 묶어야 할지 결정하는 것이 어려웠다. 일반 데이터 과학 시민이 이런 알고리즘을 어디에, 어떻게 적용해야 하는지 쉽게 이해할 수 있도록 해야만 하기 때문이다.

선도적인 조직은 지속적으로 탐색, 학습, 적응, 재학습하는 문화를 만들고 있다. 이런 반복적인 과정에는 고객들의 선호도와 행동을 더 깊이 이해하기 위해 모든 참여 활동에서 통찰을 얻는 것도 포함돼 있다. 마찬가지로 조직들은 제품과의 상호작용을 통해 제품 성능과 행동에 대한 지식을 얻을 수 있다. 반면 직원이나 공급업체, 제휴사들과 소통을 통해선 비즈니스 운영의 효과와 효율성을 개선할 소중한 기회를 얻을 수 있다. 지속적으로 학습하는 조직 문화를 조성하기 위해선 보고, 예측부터 처방과 자율 분석을 포괄하는 **분석 성숙도 지수**를 알아야만 한다.

분석 성숙도 지수는 어떤 조직이 운영 보고(비즈니스와 운영 상태 보고), 예측 분석(다음에 어떤 일이 일어날지 예측), 처방 분석(개선 조치나 기회주의 행동[14] 추천), 자율 운영(사람의 개입을 최소화하면서 스스로 학습하고 적응)에 이르는 분석 성숙 4단계를 진화 발전해 가는 데 도움이 된다.

이제 분석 성숙도 4단계를 단계별로 자세히 살펴보자.

1단계: 운영 보고

1단계에선 과거 성과에 대해 보고하고, 비교 및 벤치마킹 기법을 활용해 성과가 미달하거나 초과된 영역을 표시한다. 1단계 분석에선 비즈니스 상태를 검토한다. 비즈니스나 운영 상태에 대한 보고서라고 생각하라. 과거 운영 데이터를 활용해 관

14 혁신적 활동은 실행 전에 목표가 명확하게 정해지지 않는 경우가 많다. 따라서 실행되는 단계에서 점차적으로 목표가 바뀌기도 한다. 행동주의 이론에서는 이런 것들을 기회주의 행동(opportunistic action)이라고 한다.

리 보고서와 운영 대시보드를 통해 비즈니스 상태를 점검한다. 1단계 분석에선 현재 실적과 이전 기간 실적을 비교한 뒤 이상 징후를 표시하고, 관리 및 운영상 경보를 발령한다.

여러 분석 기능은 이 부류에 속한다. 하지만 그중 가장 두드러진 것은 BI와 6시그마(Six Sigma)이다. BI는 이 장 앞부분에서 다뤘으니, 이젠 6시그마에 대해 알아보자.

6시그마는 오류나 결함 발생 확률을 줄여 비즈니스 과정을 개선하기 위한 일련의 관리 기법이다. 6시그마는 통계와 데이터 분석으로 운영 데이터를 분석해 100만 개 단위당 결함을 3.4건 이하로 줄이고 사이클 시간을 개선하는 프로세스다. 6시그마는 제조, 의료, 금융, 서비스, 기술 등 품질 개선과 결함 및 변동성 감축, 그리고 프로세스 최적화가 필요한 많은 산업 분야에서 사용되고 있다.

예를 들어 보자. 제조업체에 6시그마를 적용하게 되면 미래 제품 품질 문제와 가치사슬 후반부 반품 문제의 전조가 될 수 있는 생산 편차를 표시할 수 있다. 또 6시그마는 의료 분야에서 치료실 간의 환자 치료 편차를 표시하는 데 사용될 수 있다. 환자 치료 편차는 환자 재입원이나 병원 내 감염 문제의 징후를 보여 줄 수도 있다.

일반적인 6시그마 도구는 다음과 같은 것들이 있다.

- **가치 흐름 지도(Value stream mapping)**: 생산 과정 내에서 자재와 정보 흐름을 명확하게 해 주고 최적화한다.
- **파레토 차트(Pareto chart)**: 서로 다른 생산 데이터 그룹 간의 차이점을 강조하는 정보 시각물을 제공한다. 파레토 차트는 6시그마 기법을 적용해 생산 과정에서 가장 심각한 위협이나 위기 요인을 시각적으로 신속하게 파악할 수 있도록 해 준다.
- **회귀분석(Regression analysis)**: 생산 과정 내의 여러 변수 간의 부정적, 긍정적 관계를 정량적으로 표현하기 위한 통계적 방법이다. 회귀분석을 사용하게 되면 어떤 변수들이 생산 과정을 개선하거나 방해하는지 파악할 수 있다.

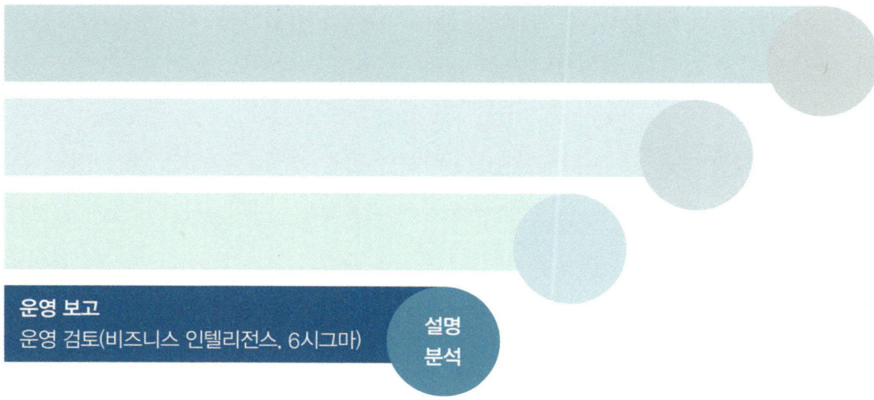

〈그림 3.6〉 1단계 분석 수준

〈그림 3.6〉은 1단계 분석 수준을 요약한 것이다.

2단계: 통찰과 예측

2단계는 데이터에서 추세, 유형 및 관계를 식별하거나 발견해서 체계화한다. 더불어 이런 추세와 유형, 관계가 얼마나 강력하고 정확한지 명확하게 한다. 이 단계는 고급 분석의 토대 역할을 한다.

2단계에선 데이터 요소 간의 추세, 유형, 관계를 파악하고, 원인과 결과를 정량화하며, 신뢰 수준을 결정하고, 추세, 유형, 관계의 강도에 대한 적합도를 측정하기 위해 통계 분석, 데이터 마이닝, 탐색적 분석(예: 클러스터링, 분류, 회귀) 같은 방법을 사용한다. 2단계 분석은 3단계 분석을 위한 기반이 된다. 3단계에선 다음에 어떤 일이 일어날지 예측한 뒤, '넥스트 베스트 액션(next best action)'[15]을 추천해 준다.

2단계 통찰과 예측을 위한 몇 가지 필수 요소에 대해 논의해 보자. 이 섹션을

15 과거 데이터를 기반으로 이용자의 미래 행동을 예측한 뒤 가장 관련성이 높은 것을 추천하는 것을 의미한다.

건너뛰고 싶을 것이다. 하지만 450쪽 분량의 통계 관련 학술 서적을 읽는 것보다는 다음 몇 쪽을 훑어보는 것이 더 수월할 것이란 점을 기억하라.

통계 분석

통계는 모든 데이터 과학 작업의 기초다. 많은 통계 기법과 법칙이 있지만, 내가 보기엔 다음과 같은 것들이 데이터 과학 시민의 일상과 가장 관계가 깊다.

- **확률**: 특정 사건이 발생할 가능성을 0에서 100 사이 숫자로 측정하는 것이다. 숫자가 0에 가까울수록 발생할 가능성이 매우 낮다는 것을 나타내고, 100에 가까운 숫자는 발생할 가능성이 매우 높다는 표시다. 확률은 일반적으로 0%에서 100% 범위의 백분율로 표시된다. 예를 들어 스티븐 커리(Stephen Curry)가 3점슛을 성공할 확률은 42.8%이다.
- **통계**: 특정 사건[예: 오늘 비가 온다, 선거에서 이긴다, 홈런을 친다, 블랙잭에서 버스트(bust) 되지 않는다]이 발생할 가능성을 명확하게 하기 위해 여러 데이터를 수집, 분류, 분석한 뒤 결론을 도출하는 응용 수학의 한 분야다. 통계는 과거 사건을 분석해 가설을 검정하고, 모델 결과의 신뢰 수준을 제공하는 것으로 구성된다.
- **통계 원칙**: 데이터 요소 간의 관계와 상관관계의 강도를 이해하는 데 도움이 되는 통계 원칙은 다음과 같은 것들이 있다.
  - **신뢰 수준**: 특정 결과가 예측 가능한 범위 내에 속할 것이라는 믿음을 나타내는 것이다. 즉, 결과의 예측 가능성에 대해 얼마나 확신할 수 있을지 측정한다. 예를 들어, 스티븐 커리의 3점슛 성공률이 모든 경기에서 37.5%에서 49.5% 범위 내에 있을 것이라는 데 대해 우리는 90% 신뢰한다.
  - **p값(p-value)**: 가설 검정에서 변수들 간의 관계(또는 상관관계)가 없다는 가설을 기각할지 결정하는 데 사용된다.
  - **적합도 검정**: 정규 분포 모집단의 분포에 얼마나 적합하게 표본 데이터를 추출했는지 결정하는 통계 실험을 의미한다.
- **통계 모델링**: 수학적 모델과 기법을 사용해 활용 가능한 데이터에 숨겨져 있

는 추세, 유형, 관계를 명확하게 함으로써 현실 세계를 단순하게 재현, 예측하거나 추론하는 것이다. 통계 모델링 기법에는 다음과 같은 것들이 있다.

- **시계열 분석**: 시계열 데이터를 활용해 미래 추이를 예측하는 **자기 회귀 누적 이동 평균(ARIMA, Autoregressive Integrated Moving Average)**, 체계적인 추세나 계열적 요인이 있는 데이터를 분석하는 지수 평활화(exponential smoothing), 과거 실적을 기반으로 미래 반응을 예측하는 시계열 회귀(time series regression) 등이 있다.
- **통계적 예측**: 과거 데이터의 통계를 활용해 미래에 어떤 일이 일어날지 예측한다.
- **베이지안(Bayesian) 통계**: 새로운 증거나 데이터를 토대로 통계적 문제의 확률을 최신의 것으로 갱신하는 수학적 절차다.

탐색적 분석

탐색적 분석은 2단계 분석의 또 다른 분석 제품군이다. 탐색적 분석은 데이터 내의 유형, 추세, 관계와 이상 징후 같은 것들을 식별하고 정량화한다. 탐색적 분석은 여러 데이터 요소들 간 관계의 강점을 발견하고 정량화해서 앞으로 어떤 일이 발생할지 예측하고, 넥스트 베스트 액션을 처방해서 추천해 줄 수 있다(3단계 고급 분석).

이런 유형과 추세를 식별하는 데 사용되는 몇 가지 표준 분석 알고리즘은 다음과 같다.

- **데이터 마이닝**: 대규모 데이터 세트에 숨겨져 있는 통계적으로 유의미한 추세, 유형, 관계를 찾아내려고 하는 것이다. 데이터 마이닝은 정보를 바탕으로 좀 더 나은 의사 결정을 하기 위해 엄청나게 많은 데이터 더미를 탐색하고 분석해서 숨겨진 증거를 찾아낸다는 점에서 탐정과 같은 역할을 한다. 데이터 마이닝은 데이터베이스 마케팅, 신용 위험 관리, 사기 탐지, 스팸 필터링뿐 아니라 사용자의 감정 상태 파악에 이르기까지 다양한 분야에 활용될 수 있다.
- **군집화(비지도 머신러닝)**: 그동안 알려진 관계가 없는 데이터 포인트 모음

에서 공유 속성이나 특성을 찾아내 군집을 만들어 내는 것이다. 특정 군집에 속한 데이터 포인트들은 비슷한 속성을 갖고 있어야 한다. 반면 서로 다른 군집에 속해 있는 데이터 포인트들은 가능한 한 통계적으로 다른 특성을 가져야만 한다. 군집화 알고리즘에는 K-평균 군집화, 병합 계층적 군집화(agglomerative hierarchical clustering), 분할 계층적 군집화(divisive hierarchical clustering)와 BIRCH가 있다.

- **분류(지도 머신러닝)**: 일반적으로 알려진 관계로 연결된 공유 속성이나 특징을 가진 데이터 요소들을 분류하는 것이다. 표준 분류 알고리즘에는 로지스틱 회귀, **k-최근접 이웃(k-NN)**, 의사 결정 트리, 랜덤 포레스트, 나이브 베이즈, 서포트 벡터 머신 등이 있다.
- **연관 규칙(장바구니 분석이라고도 함)**: 데이터 세트 내 또는 여러 데이터 요소 간의 관심 관계를 발견하기 위한 규칙 기반 머신러닝 방법이다. 연관 규칙은 특정 항목이 동일한 거래나 참여에서 어떻게, 혹은 왜 연결되거나 나타나는지 결정하는 규칙을 발견하기 위한 것이다.
- **그래프 분석**: 개체 간의 연결과 유형을 노드(점)와 에지(선)로 구성된 그래프로 표현해 강도와 방향을 파악하는 것이다. 결과 그래프를 분석하면 개체 간의 흥미로운 관계, 영향력, 행동을 발견할 수 있다. 그래프 분석은 마케팅, 사기 탐지, 공급망, 검색엔진 최적화 등에 사용된다.

진단 분석

진단 분석은 현재 운영 성과에 대한 성적표를 제공한다. 과거 데이터를 분석해서 통찰을 얻고, 과거 특정 상황에서 취했던 행동에 대해 이해하게 된다. 현재 성과를 평가하고, 개선이 필요한 영역을 파악하는 데 도움이 될 수도 있다.

진단 분석은 분석 작업을 개선하기 위해 차트, 그래프, 이전 기간 분석, 요약 통계 같은 BI 도구와 기법을 활용해 데이터를 의미 있는 방식으로 구성하고 제시하는 것이다.

진단 분석은 문제나 쟁점의 근본 원인을 파악하는 데도 사용할 수 있다. 여기에는 데이터 탐색이나 통계 기법을 사용해 조직 운영의 성과 문제, 추세, 혹은 이상 현상을 찾아내는 것도 포함된다. 상세하고 실행 가능한 통찰을 제시해 의사 결정에

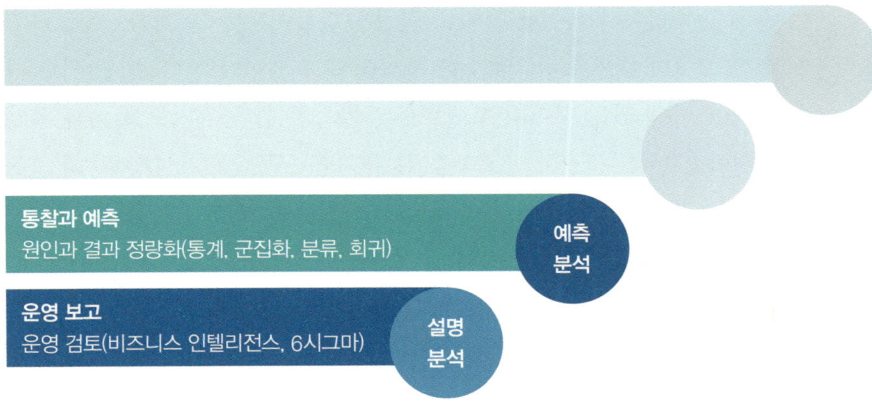

〈그림 3.7〉 2단계 분석

필요한 정보를 공급하고, 결과적으로 조직의 전반적인 성과를 개선하는 것이 진단 분석의 목표다.

〈그림 3.7〉은 2단계 분석을 요약한 것이다.

다음으로 광범위한 분석 알고리즘을 다루는 머신러닝에 대해 살펴본다. KNN, 의사 결정 나무, 군집화, 연관 규칙 같은 지도 및 비지도 머신러닝 알고리즘들을 '2단계: 통찰과 예측' 분석 범주에 포함했다. 이런 머신러닝 알고리즘은 '3단계: 증강 인간 지능' 분석 범주에서 활용할 통찰이나 예측 행동과 성과 성향 같은 것들을 발견하는 데 도움이 되기 때문에 2단계가 더 적합하다.

머신러닝

2단계 분석에는 지도 머신러닝과 비지도 머신러닝이라는 두 가지 유형의 인기 있는 머신러닝이 있다. 머신러닝에는 강화 학습이라는 세 번째 유형도 있다. 강화 학습은 자율주행 차량과 자율 기기(예: 진공청소기와 잔디 깎는 기계)와 생성형 AI를 구동하는 자율 분석의 핵심이기 때문에 4단계에서 다룰 예정이다.

머신러닝 알고리즘은 데이터에 숨겨져 있는 추세, 유형, 관계를 분석, 식별하고 집대성한 뒤 인간의 의사 결정을 보완하는 좀 더 정확한 예측을 해 준다. 이런 알고리즘은 많은 데이터로 훈련을 하면서 데이터에 숨겨져 있는 사례와 경험을 학습한다. 알고리즘이 더 많은 데이터를 분석할수록 좀 더 정확한 예측을 하는 데 필요한 추세와 유형, 관계를 인식하고 집대성하는 능력이 더 향상된다.

지도 머신러닝에서는 결과[레이블(정답)이 지정된 결과]를 알 수 있을 뿐 아니라, 역추적해서 어떤 변수가 이런 결과에 영향을 미쳤는지 파악할 수 있다. 반면 비지도 머신러닝에서는 결과를 알 수 없기 때문에[레이블(정답)이 없는 결과] 유사한 데이터 요소를 검색한다. 이 부분에 대해 좀 더 자세하게 살펴보자.

- **지도 머신러닝**: 레이블(label)이 붙거나, 알려진 결과(예: 사기, 고객 이탈, 구매, 웹사이트 전환)에서 '모르고 있다는 것을 알고 있는(known unknown)' 관계를 식별한다. 지도 머신러닝은 모델에 알려진 답을 갖고 있는 사례를 보여 주는 방식으로 예측을 하거나 의사 결정을 하는 방법을 가르친다. 이런 예시를 통해 지도 머신러닝은 새로운 데이터에서 유형을 발견하고, 정확한 예측을 하는 방법을 학습하게 된다. 지도 머신러닝 알고리즘에는 KNN, 의사 결정 나무, 랜덤 포레스트, 나이브 베이즈 등이 있다.
- **비지도 머신러닝**: 알려진 결과가 없는 데이터에서 '모르고 있다는 것을 모르는(unknown unknown)' 관계를 찾아낸다. 비지도 머신러닝은 특정한 해답이나 표식이 주어지지 않은 상태에서 데이터에 숨겨져 있는 유형과 구조를 발견한다. 비지도 머신러닝 알고리즘은 미리 정의되거나 표식이 된 결과 대신 데이터 내의 유형과 유사성을 찾아서 그것을 의미 있는 방식으로 구성한다. 분석 알고리즘으로는 군집화, 세분화, 연관 규칙 같은 것들을 사용한다.

3단계: 증강 인간 지능

3단계에선 앞으로 일어날 일을 예측한 뒤 최적의 행동을 추천해 의사 결정 효율성을 향상하는 방식으로 인간 지능을 증강해 주려고 한다. 더 많은 정보를 기반으로 한 의사 결정을 통해 인간 지능을 확장해 준다. 3단계 고급 분석은 2단계 분석에서 발견하고 체계화한 추세, 유형, 관계를 활용해 다음에 일어날 일을 예측한다. 그런 다음엔 의사 결정 효율성을 향상할 수 있는 추천과 조치를 생성한다.

3단계에 해당하는 분석 범주에는 신경망(혹은 딥러닝), 회귀분석(지도 머신러닝의 한 형태), 추천 엔진, 연합 학습 등이 있다. 이들에 대해 좀 더 자세하게 살펴보자.

신경망

신경망은 3단계 분석의 상당 부분을 차지한다. 신경망은 유형을 인식하는 법을 학습하기 위해 협업하는 많은 뉴런들로 구성돼 있다. 예를 들어 신경망에 사과와 바나나를 구분하도록 가르치려고 한다고 가정해 보자. 여러분은 두 개의 레이어로 구성된 신경망을 만들 수 있을 것이다.

첫 번째 레이어는 과일을 보고 모양과 색상 같은 기본적인 특징을 인식하려고 노력한다. 예를 들어 사과는 둥글고 빨간색인 반면 바나나는 길고 노란색이라는 점에 주목할 것이다. 두 번째 레이어는 이런 특징을 바탕으로 어떤 과일인지 추측하려고 한다. 첫 번째 레이어가 과일이 둥글고 빨간색이라는 점을 주목했다면, 두 번째 레이어는 그 과일이 사과라고 예측한다. 신경망 역시 인간과 마찬가지로 더 많이 사용하고, 더 많은 훈련을 받게 되면 사물을 더 수월하게 인식하게 된다.

신경망은 많은 유형이 있으며 각 신경망은 서로 다른 유형의 분석 문제를 해결하는 데 최적화되어 있다.

- **순환 신경망(RNN, Recurrent Neural Networks)**: 정보가 앞뒤로 흐를 수 있도록 하는 메모리가 있는 신경망으로, 네트워크가 현재 입력을 처리하는 동안 이전 입력을 기억하고 고려할 수 있도록 하는 루프(loop)를 생성한다. 이런 피드백 메커니즘 덕분에 네트워크는 이전 단계 정보를 계속 쌓아 놓을 수 있기 때문에 음성 인식, 언어 번역, 자동 완성처럼 시간이 지나면서 순서나 유형이 생기는 작업에 유용하게 활용할 수 있다.
- **순방향 신경망(Feed-Forward Neural Networks)**: 입력 레이어에서 출력 레이어로 정보가 한 방향으로만 흐르는 인공 신경망의 일종이다. 이 네트워크의 각 레이어는 서로 연결된 노드들로 구성돼 있다. 이 노드들은 입력된 데이터에 대한 연산을 수행한 뒤 그 결과를 다음 레이어로 전달해 준다. RNN 같은 피드백 루프는 없다. 순방향 신경망은 단계별로 데이터를 처리하는 파이프라인에 가깝다. 따라서 이미지 인식, 유형 분류, 혹은 주어진 입력을 토대로 단일한 출력물 예측 같은 처리량이 많은 작업에 이상적이다.
- **합성곱 신경망(CNN, Convolutional Neural Network)**: 시각적 데이터를 분석하고 이해하도록 설계된 인공 신경망의 한 유형이다. CNN은 합성곱층

(convolutional layers)을 활용해 입력된 동영상에서 의미 있는 특징을 자동 학습하고 추출한다. CNN은 물체를 인식하고, 가장자리를 감지하거나 이미지를 분류하기 위해 서로 협력하는 상호 연결된 필터망을 갖고 있다. 이에 따라 이미지 분류, 물체 탐지, 이미지 생성 같은 응용 프로그램에 유용하게 활용할 수 있다.

- **생성적 적대 신경망(GAN, Generative Adversarial Network)**: 생성자와 판별자라는 서로 경쟁하는 두 개 신경망으로 구성되어 있다. 생성자는 주어진 데이터에서 이미지나 음악 같은 새로운 데이터를 만들려고 노력한다. 판별자는 생성된 데이터와 실제 데이터를 구분하려고 한다. 생성자는 판별자를 속이기 위해 갈수록 더 사실적인 데이터를 생성하려고 한다. 반면 판별자는 계속되는 고양이와 쥐(cat-and-mouse) 게임에서 진짜 데이터와 가짜 데이터를 구분하는 능력이 갈수록 향상된다. GAN 덕분에 사실적인 이미지와 동영상 생성 능력이 비약적으로 발전했다. 그래서 GAN은 예술 작품 생성, 딥페이크 탐지, 데이터 증강, 합성 데이터 생성 같은 다양한 응용 프로그램에 사용되고 있다.

회귀분석

회귀분석은 데이터에서 발견되는 원인과 결과의 관계를 체계화하려고 한다. 회귀분석은 종속 변수(흔히 결과나 반응 변수, 또는 머신러닝 용어로는 레이블이라 불린다)와 하나 이상의 독립 변수(흔히 예측 변수, 공변량, 설명 변수 또는 특징이라고 한다) 간의 관계를 추정하는 일련의 통계 과정으로 구성된다. 회귀분석 알고리즘에는 여러 가지가 있는데, 가장 일반적인 것으로는 선형 회귀와 다변량 회귀를 꼽을 수 있다.

- **선형 회귀**: 데이터 포인트 집합에 직선을 맞춰 두 변수 간의 관계를 분석한다. 한 변수의 변화가 다른 변수에 미치는 영향을 정량화함으로써 이런 관계를 기반으로 예측을 할 수 있도록 해 준다. 선형 회귀는 관찰된 데이터 포인트와 예측값 사이의 차이를 최소화하는 선을 찾는 방식으로 두 변수 간의 연관성을 모델링하고 정량화할 수 있는 간단하지만 강력한 방법을 제공한다.

- **다변량 회귀분석**: 여러 독립 변수와 단일 종속 변수 간의 관계를 분석한다. 다변량 회귀는 여러 변수의 변화가 어떻게 집합적으로 종속 변수 변화에 영향을 미치는지 정량화한다. 다변량 회귀분석은 각 독립 변수에 대한 계수를 추정함으로써 소득 수준, 교육 수준, 연령, 성별, 결혼 여부가 특정 차량 구매 결정에 미치는 영향 같은 결과 변수를 예측할 때 개별 변수의 기여도를 정량화하고, 중요도를 평가할 수 있도록 해 준다.

추천 엔진

추천 엔진은 거래 내역과 참여 데이터를 분석한 뒤 특정 이용자에게 책, 동영상, 직업 같은 것들을 제안하거나 추천한다. 추천 엔진은 전자 상거래, 스트리밍 서비스, 소셜 미디어, 여행, 엔터테인먼트, 콘텐츠 배포 같은 다양한 비즈니스 이용자들에게 개인 맞춤형 제안이나 추천을 해 주는 데 널리 사용된다.

협업 필터링은 추천 시스템을 구축할 때 가장 일반적으로 사용하는 기법이다. 협업 필터링은 유사한 사용자 집단이나 그룹의 선호도와 행동을 기반으로 특정 사용자가 좋아할 만한 항목을 찾아 준다. 협업 필터링은 대규모 사용자 그룹의 구매 및 참여 이력을 분석한 뒤 비슷한 취향이나 선호도를 가진 소규모 유사 이용자 그룹을 찾아낸다. 그다음, 유사 이용자 그룹이 선호하는 항목을 살펴보고, 특정 사용자에게 추천할 항목 순위 목록을 생성한다. 예를 들어, 나와 비슷한 고객 그룹이 특정 영화, 레스토랑, 책을 좋아한다고 가정해 보자. 이 경우 추천 시스템은 그 영화와 레스토랑, 책을 나한테 추천해 주게 된다.

콘텐츠 기반 필터링은 이전 선호도나 참여 활동 이력을 기반으로 이용자에게 특정 품목을 추천하는 추천 엔진의 또 다른 사례다. 사용자가 좋아하거나 구매한 항목의 기능이나 속성을 분석한 뒤 유사한 항목을 제안한다. 예를 들어, 어떤 이용자가 아널드 슈워제네거 영화에 관심을 보였다고 가정해 보자. 콘텐츠 기반 필터링 엔진은 장르나 줄거리가 비슷한 다른 액션 영화를 추천해 주게 된다(〈프레데터〉, 〈코만도〉, 〈터미네이터〉 같은 영화들이 연속적으로 추천될 것으로 예상된다).

연합 학습

연합 학습은 데이터를 먼저 교환하거나 공유하지 않고도 여러 분산된 기기에서 알고리즘을 훈련시킨다. 연합 학습을 사용하면 분산된 개별 기기(휴대폰, 자율주행 차량, 통신사 스위치)에 모든 훈련 데이터를 그대로 놔둔 상태에서 공유 예측 모델을 공동으로 학습할 수 있다. 개별 기기에 현재 모델을 다운로드하고, 데이터로 훈련을 시켜서 모델을 개선한 뒤, 개선 사항을 요약한다. 그런 다음엔 개선 사항만 중앙저장소에 공유한다. 중앙저장소에 저장된 모든 개선 사항을 통합해서 공유 모델을 개선하게 된다. 이런 접근 방식은 여러 기기에서 학습한 것을 공유하는 능력을 가속화한다. 더불어 업데이트된 것만 전송하기 때문에 막대한 거래 비용을 절감할 뿐 아니라, 데이터 현지화법(data localization laws) 문제도 피할 수 있다.

> 데이터 현지화법은 특정 관할권 내에서 허용되는 데이터 처리에 대한 규정이다. 데이터 현지화와 데이터 주권을 구분하는 것은 중요하다. 데이터 주권은 특정 국가에 데이터를 호스팅하는 것과 관련 있으며, 해당 국가나 주 법의 적용을 받기 때문이다.

연합 학습 적용 사례는 다음과 같은 것들이 있다.

- 의료 분야에서 병원이나 의료 기관은 연합 학습을 사용해 민감한 환자 데이터를 공유하지 않고 환자 데이터에 대한 예측 모델을 훈련시킬 수 있다.
- IoT에서 연합 학습은 IoT 기기의 성능을 개선하거나, 새로운 기능을 추가하는 데 활용할 수 있다. 예를 들어, 여러 가정의 스마트 온도 조절기가 있을 경우, 개별 이용자의 데이터를 공개하지 않으면서도 에너지 사용 유형을 공동으로 학습할 수 있다.
- 은행과 금융기관은 연합 학습을 활용해 고객의 세부적인 거래 내역을 공유하지 않고도 사기 탐지 모델을 개발할 수 있다.
- 자율주행 차량의 경우, 개별 차량의 민감한 데이터를 중앙 서버에 전송하지 않고도 각 차량이 자체적으로 학습할 수 있다. 개별적으로 학습한 것을 토대로 전체적인 운전 경험, 교통 예측, 장애물 탐지를 개선할 수 있도록 모델을 업데이트하는 데 기여할 수도 있다.
- 에지(edge) 컴퓨팅에서 연합 학습을 사용하게 되면 원(原)데이터를 클라우

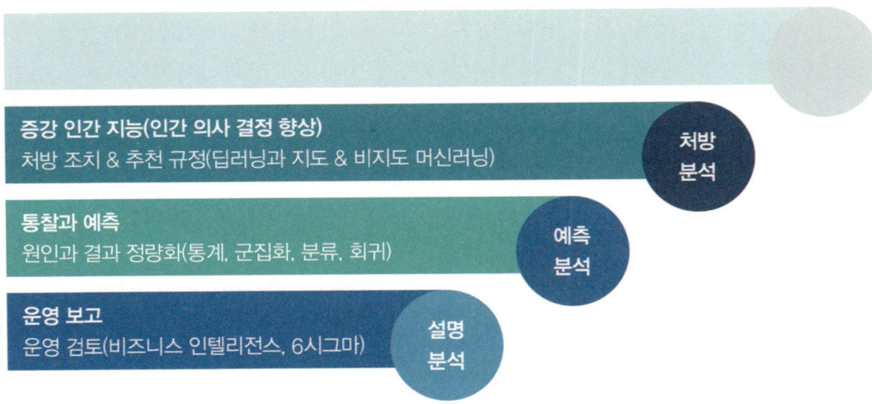

〈그림 3.8〉 3단계 분석

드에 전송하지 않고도 개별 기기에 있는 모델을 훈련시킬 수 있다. 이렇게 할 경우 데이터 프라이버시를 보장하면서도 대역폭 사용량과 지연 시간을 줄일 수 있다.

〈그림 3.8〉은 3단계 분석을 요약한 것이다.

4단계: 분석 자동화

4단계는 자동 또는 반자동 분석 기반 자산(제품, 기기, 정책, 절차, 과정)을 만드는 것이 목표다. 이 분석 자산들은 사람의 개입을 최소화한 상황에서 주변 환경과 상호작용하면서 지속적으로 학습하고 적응할 수 있다. 고급 분석의 네 번째 단계는 분석 성숙도의 성배(聖盃)다. 네 번째 단계는 조직이 반자동 분석을 생성하기 위해 분석 성숙도 지수를 탐색하는 과정에서 데이터와 분석 역량이 축적됐다는 사실을 잘 보여 준다.

이 단계는 이용자 경험을 획기적으로 개선하고 운영 성과를 최적화할 잠재력을 가장 많이 갖고 있는 고급 분석 영역이다. 4단계 분석은 앞의 세 개 단계와는 근본적으로 다르다. 앞의 세 가지 분석 단계가 주어진 환경 내에서 최적화하는 반면, 4단계 분석은 끊임없이 변화하는 환경 내에서 학습하고 적응하는 데 초점이 맞춰

져 있기 때문이다. 또한 4단계 분석은 규제 기관이나 정치인들이 가장 우려하는 분야이기도 하다. 4단계 분석의 학습 및 적응 능력이 사람들이 책임 있고 윤리적으로 AI를 사용하도록 규제하는 법이나 규정의 제정과 시행 속도보다 훨씬 빠르기 때문이다.

강화 학습

강화 학습은 주변과 상호작용하면서 지속적으로 학습하고 적응하는 강력한 머신러닝 알고리즘이다. 강화 학습은 주변과 상호작용할 때 비용이나 처벌은 최소화하면서 보상은 극대화하는 방안을 모색한다. 강화 학습은 시행착오 기법을 사용해 상황을 행동에 대응시키는 방식으로 보상을 극대화하고 비용을 최소화한다. 어린이들이 '핫 앤 콜드(Hot and Cold)'[16] 게임을 하는 것과 같은 방식이다.

강화 학습의 한 가지 문제는 행동이 즉각적인 보상과 벌칙에만 영향을 미치는 것이 아니라 후속 보상이나 벌칙, 혹은 좀 더 장기적인 보상이나 벌칙에까지 영향을 미칠 수도 있다는 점이다. 따라서 강화 학습의 효과를 측정할 때는 보상과 벌칙의 전체 범위에 대한 평가까지 고려해야 한다. (힌트: 이것이 핵심이다).

강화 학습은 특정 상황(비디오 게임 하기, 집 안에 진공청소기 돌리기, 자동차 운전)을 수백만 번 반복하면서 훈련한다. 이때 올바른 결정을 하면 보상해 주고, 패배하거나 잘못된 결정을 할 경우엔 아무런 보상도 해 주지 않는다(혹은 처벌을 받는다). 이런 보상과 처벌을 통해 모델의 변수와 측정 기준의 가중치를 조정하게 된다. 그 결과 프로그래머들이 게임의 규칙을 명확하게 프로그래밍하지 않고도 모델이 올바른 움직임을 보일 수 있도록 영향을 줄 수 있다.

예를 들어 보자. 챗GPT는 AI 모델을 지속적으로 학습하고 적응하기 위해 사용자와 상호작용할 때 지도 머신러닝(알려진 결과, 혹은 표식된 결과)과 **인간 피드백을 통한 강화 학습(RLHF, Reinforcement Learning with Human Feedback)**을 함께 사용한다. 이렇게 함으로써 이용자가 요청할 때 최적의 콘텐츠를 연결해 주게

---

16 미국 어린이들이 즐겨 하는 교육 게임이다. 퀴즈 문제를 내거나 어떤 게임을 할 때 정답이나 찾는 것에 가까워지면 hot, 멀어지면 cold라고 말해 주는 방식으로 진행된다.

된다. 챗GPT의 '추천(thumbs-up)' 버튼은 올바른 결과를 생성했다는 사실을 챗GPT AI 모델에 알린다. 반면 '비추천(thumbs-down)' 버튼은 올바른 결과를 생성하지 못했다고 알려 준다(그리고 사람들에게 피드백을 제공할 수 있는 기회를 제공한다. 챗GPT는 학습하고 적응하기 위해 이런 피드백도 사용한다).

강화 학습 알고리즘이 상업용 및 산업용 제품에 점점 더 많이 통합됨에 따라 이러한 제품이나 기기가 잘못해서 사람에게 해를 끼칠 수 있는 행동을 방지하기 위한 지침을 확립하는 것이 중요하다. 이를테면 다음과 같은 것들이 있다.

- **보상 구조 명확히 하기**: 개발팀은 강화 학습이 최적화하려는 보상을 철저하게 조사, 이해, 구축, 검증해야 한다. 예를 들어 클릭, 좋아요, 공유만 최적화하는 AI 모델을 구축하는 소셜 미디어 네트워크라고 가정해 보자. 그럴 경우 이미 확보하고 있는 동일 고객에게만 도달하기 때문에 AI 확증 편향이 발생해 고객 기반이 성장하지 못하도록 할 가능성이 많다.
- **비용 구조 체계화하기**: 개발팀은 또한 비용과 처벌을 철저히 이해하고 정량화해야 한다. 여기에는 긍정 오류 및 부정 오류와 관련된 비용을 비롯해 2차, 3차 비용까지 철저하게 파악할 수 있을 정도로 강력하면서도 포괄적인 운영 시나리오를 탐색하는 것이 포함된다. 소셜 미디어 네트워크 사례로 한 번 돌아가 보자. 여기에는 새로운 고객에게 도달하고 새로운 고객을 확보하기 위해 좀 더 다양한 콘텐츠를 제공하지 않는 것과 관련된 비용을 이해하고 정량화하는 것까지 포함된다.

강화 학습은 우리가 다음 장에서 깊이 있게 탐구할 주제인 AI의 핵심이다.

생성형 AI

생성형 AI(GenAI)는 기존 작품 학습을 토대로 텍스트, 이미지, 사진, 시, 음악 같은 새로운 콘텐츠를 생성할 수 있는 AI의 한 유형이다. 이것은 머신러닝 알고리즘이나 신경망 같은 다양한 기술을 활용할 수 있다. 생성형 AI 모델은 대용량 데이터로 훈련을 받은 뒤 통계적인 방법을 활용해 결과물을 생성한다. 이런 과정을 통해 생성된 결과물은 학습한 데이터와 유사하긴 하지만 그대로 복제한 사본은 아니다.

오픈AI가 개발한 대화형 AI 모델인 챗GPT는 생성형 AI의 한 사례다. 챗GPT는 딥러닝 기술을 활용해 입력된 내용에 대해 인간이 쓴 것 같은 텍스트 응답을 생성한다. 챗GPT는 인간 언어와 유사한 텍스트를 생성할 수 있지만, 인간과 같은 방식으로 이해하거나 학습할 수는 없다. 다른 생성형 AI 챗봇으로는 구글 제미나이나 마이크로소프트 빙 같은 것들이 있다. 생성형 AI의 작동 방식과 핵심 구현 기술에 대해서는 10장에서 깊이 있게 다룰 예정이다.

범용인공지능

범용인공지능(AGI, Artificial General Intelligence)은 인간 지능과 같거나, 인간 지능을 능가하는 수준으로 광범위한 작업과 기능을 수행할 수 있는 AI다. 다른 말로 하면, AGI는 생각하고, 이해하고, 지식을 습득하며, 지능을 활용해 주어진 환경에서 인간의 능력과 같거나 인간의 능력을 능가하는 문제를 효과적으로 해결하는 능력을 보유하는 방식으로 인간의 지능을 모방한다.

이 책을 쓰는 시점에는 AGI가 존재하지 않고 있다. 현재의 AI 시스템은 특정 영역이나 훈련 데이터를 벗어난 새로운 상황을 일반화하고 새로운 상황에 적응하는 데 한계가 있다. 특정 작업에는 탁월한 능력을 발휘하도록 설계됐지만, 인간이 갖고 있는 유연성과 창의성은 부족하다. 터미네이터 팬 여러분, 미안하다.

AGI는 야심 찬 장기 목표다. 이 목표를 달성하려면 머신러닝, 자연어 처리, 행

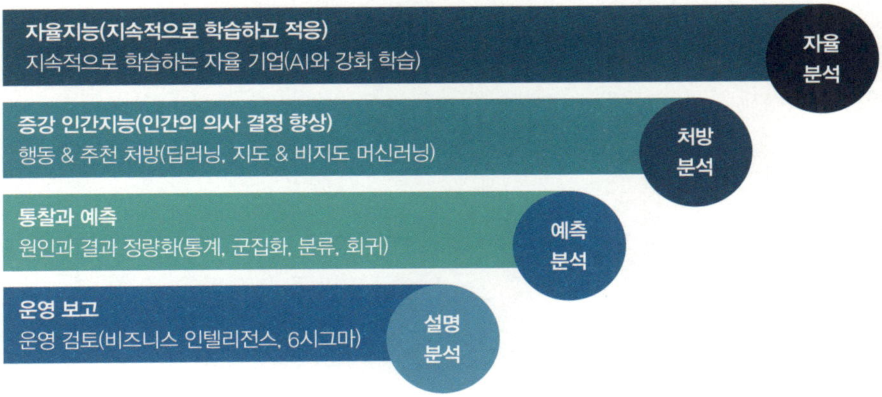

〈그림 3.9〉 4단계 분석

동과학 같은 여러 분야에서 괄목할 발전이 필요하다. 어떤 사람들은 앞으로 수십 년 내에 AGI가 실현될 수 있다고 믿는다. 반면 다른 사람들은 AGI는 실현 불가능하다고 생각한다. 고무적인 소식은 AI와 관련된 위기와 기회에 대한 인식이 높아짐에 따라 인간이 AGI가 현실화할 때를 대비하게 될 것이란 희망이 생긴다는 점이다.

〈그림 3.9〉는 4단계 분석을 요약한 것이다.

데이터 과학 시민은 네 가지 단계의 분석 수준을 이해하고, 그것들을 어디에 어떻게 가장 적절히 사용하는지 이해함으로써 비즈니스와 운영 사례 분석을 가장 잘할 수 있는 아이디어 도출 및 탐구 작업에 참여할 수 있게 된다. 이런 과정을 통해 데이터 과학 시민은 데이터 과학 팀에 가치 있게 기여하는 파트너로 거듭나게 된다.

요약

여러분이 신경망이나 비지도 머신러닝 알고리즘을 프로그래밍하라는 요청을 받지는 않을 것이다. 하지만 데이터 과학 시민이라면 이런 알고리즘이 어떻게 작동하며, 어떤 작업을 잘할 수 있는지 개략적으로는 알고 있어야만 한다. 이번 장이 데이터 과학과 고급 분석에 대한 신화를 벗겨 내고, 누구나 이런 분석에 대한 대화를 편안하게 느끼고 이런 대화에 참여할 수 있는 토대를 마련하는 데 도움이 되었기를 바란다.

마지막으로, 3단계와 4단계 사이에는 엄청난 개념적 차이가 있다. 3단계 분석의 주된 목적은 인간의 의사 결정을 향상하고 최적화하는 데 도움을 주는 것이다. 하지만 4단계 분석은 인간의 간섭을 최소화하면서 배우고 적응하는 학습 분석이라는 완전히 새로운 개념을 도입한다.

4장에서는 AI의 작동 방식과 함께 AI 모델의 작동을 안내하는 AI 효용함수의 중요한 역할에 대해 초점을 맞춘다. 이와 함께 건강하고 책임감 있는 AI 효용함수를 정의할 때 인간이 담당해야 할 중요한 역할에 대해서도 설명할 것이다.

4장
AI 작동 방식 이해하기

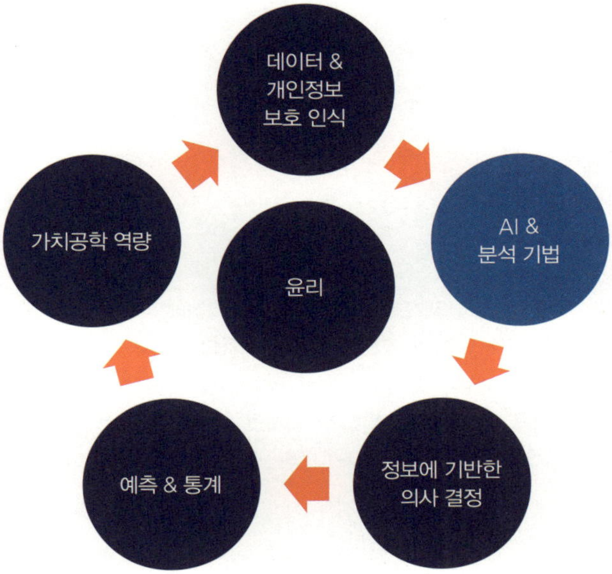

3장에서는 핵심 분석 개념과 분석 성숙도 지수를 비롯한 분석의 세계에 대해 소개했다. 하지만 AI는 판도를 뒤바꾸는 엄청난 기술이기 때문에 별도 장으로 다룰 필요가 있다. AI는 그동안 우리가 목격했던 어떤 분석 기술과도 다르다. 운영 사례를 최적화하는 전통 분석 기술과 달리 AI는 스스로 학습을 하려고 한다. 사람의 개입을 최소화하면서도 사람들보다 수십억 배, 아니 수조 배 빠른 속도로 지속적으로 학습하고 적응할 수 있다. 그렇기 때문에 적절한 예방 조치와 AI 모델 훈련이 없을 경우엔 의도하지 않은 파멸을 초래할 수도 있다.

이 장에서는 AI가 작동하는 방식과 함께 사용자가 정의한 결과를 얻기 위해선 AI 모델이 어떻게 작동하는지 안내하는 AI 효용함수를 규정할 때 모든 사람들이 수행해야 하는 핵심 역할에 대해 깊이 살펴보기로 하자.

이번 장에서는 다음과 같은 주제들을 살펴보게 된다.

- AI는 어떻게 작동하는가?
- 어떤 것들이 건강한 AI 효용함수를 구성하는가?
- AI 기반 학습 시스템을 어떻게 최적화하는가?

AI는 어떻게 작동하는가?

AI 모델은 인간의 개입을 최소화한 가운데 끊임없이 변화하는 환경 내에서 확률적 결과를 효용 가치와 연결해 의사 결정과 행동을 최적화하는 일련의 알고리즘이다.

> 효용 가치는 AI 모델이 프로그래밍된 목표와 목적에 따라 서로 다른 결과를 부여하는 주관적인 가치를 의미한다. 예를 들어, 회사의 수익을 극대화하도록 설계된 AI는 매출이 늘거나 비용이 줄어드는 의사 결정에 좀 더 높은 효용 가치를 부여할 것이다. 반면 의료 서비스를 개선하도록 설계된 AI는 환자 치료 결과를 개선하거나, 의료 비용을 줄여 주는 의사 결정에 더 높은 효용 가치를 부여할 수 있다.

이 알고리즘들은 데이터에 감춰져 있는 추세, 유형, 관계를 학습한 뒤 학습 내용을 토대로 예측해서 의사 결정을 하고, 그에 따라 행동할 수 있다. AI 모델은 특정 결과(출력 데이터)에 해당하는 변수와 측정 기준(입력 데이터)으로 구성된 데이터 세트로 훈련을 한다. 그런 다음, 실제 운영 환경에서 AI모델은 예측된 결과와 실제 결과 간의 차이를 최소화하기 위해 해당 변수와 측정 기준에 연결된 가중치를 지속적으로 조정한다.

AI는 아주 간단한 개념이다. AI는 어린이들이 감춰져 있는 선물을 찾는 '뜨거워-차가워(Hotter-Colder)' 게임과 유사하다. 이 게임에서 어린이들이 받는 유일한 신호는 더 뜨거워지는지(선물에 더 가까이 다가가고 있는지), 더 차가워지고 있는지(선물에서 더 멀어지고 있는지)뿐이다. AI 세상에서는 선물이 끊임없이 움직인다는 점이 '뜨거워-차가워' 게임과는 유일하게 다른 부분이다.

AI 모델은 훈련을 하며, 다음과 같은 과정을 통해 계속 학습하고 적응해 나가면서 원하는 결과를 추적한다.

1. 데이터 과학 팀과 주제별 전문가들이 협력해서 AI 효용함수를 규정한다. 효용함수에는 AI 모델이 의사 결정을 내리고 조치를 안내하는 데 사용할 변수, 척도, 가중치(우선순위), 결과 효용가치가 포함돼 있다.

2. AI 모델은 주변과 상호작용하면서 AI 효용함수의 변수, 척도, 관련 가중치를 기반으로 의사 결정하고 조치를 취한다.
3. AI 모델은 자신의 결정과 조치가 얼마나 효과적이었는지에 대한 피드백(예측된 결과와 실제 간의 차이를 분석)을 받는다
4. AI 모델은 의사 결정 효과에 대한 피드백을 토대로 AI 효용함수 가중치와 결과 효용값을 조정한다. 그렇게 함으로써 AI 모델은 예측 결과와 실제 결과 간의 차이를 계속 최소화할 수 있게 된다.

AI 모델은 두 가지 기술을 사용해 AI 효용함수를 구성하는 가중치 조정의 방향과 규모를 안내한다.

- **역전파(Backpropagation)**는 예측 결과가 실제 결과와 일치할 때까지 AI 효용함수의 가중치를 점진적으로 조정함으로써 AI 모델의 예측 정확성을 향상한다. 기술적으로 역전파는 최대 손실 감소의 방향을 나타내는 모델 매개변수에 대한 손실함수의 기울기를 계산한다.
- **확률적 경사 하강법(SGD, Stochastic Gradient Decsent)**은 역전파로 계산된 기울기를 사용해 AI 효용함수의 가중치를 업데이트해서 AI 효용함수가 규정한 손실을 줄이는 최적화 알고리즘이다. 기술적으로 SGD는 음의 경사(기울기)로 규정된 가장 가파른 하강을 향해 반복적으로 이동함으로써 비용

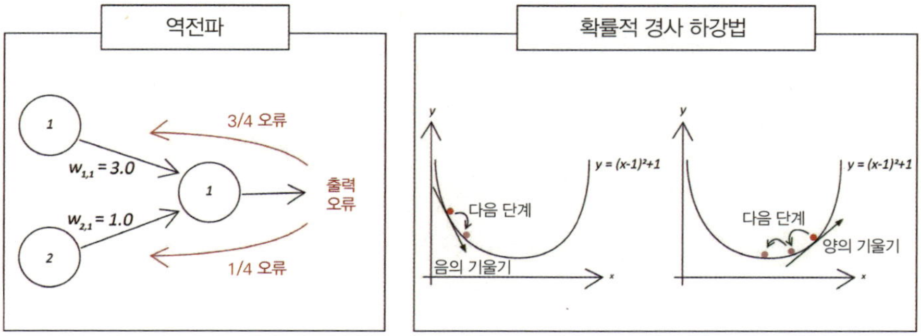

〈그림 4.1〉 역전파와 SGD의 역할

〈그림 4.2〉 룸바900 아이로봇은 지속적으로 학습하면서 주변 환경에 적응한다

함수를 최소화하려고 한다.

AI 모델에 역전파와 SGD를 사용하게 되면 AI 효용함수의 가중치를 조정해 원하는 결과를 위한 최상의 성능을 만들어 내는 변수와 측정 가중치를 찾아냄으로써 손실함수를 최소화할 수 있다. 〈그림 4.1〉에서 이 과정을 볼 수 있다.

실생활에서 AI가 실제로 작동하는 가장 좋은 사례 중 하나는 룸바900 아이로봇 진공청소기다. 룸바900 아이로봇 진공청소기는 기기에 달려 있는 센서와 저해상 카메라의 스트리밍 데이터(streaming data)[17]를 활용해 작동 환경에 대한 데이터를 꾸준히 수집하고 분석한다. 그런 다음 AI 효용함수가 이 데이터들을 이용해 진공청소기가 어떻게 움직이면서 방을 효과적이고 효율적으로 청소할지 안내해 준다.

룸바900 아이로봇은 집 안을 돌아다니면서 장애물(표지점)을 식별하고 기억하며, 어떤 경로를 선택해야 집 청소를 가장 잘할 수 있는지 기억한다. 집 안의 지도를 구축한 뒤, 청소할 때마다 지도를 정교하게 가다듬고 최신 상태로 업데이트한다.

다음 섹션에서는 AI 모델의 운영 효율성을 형성하는 데 중요한 역할을 하는 AI 효용함수에 대해 설명한다. AI 시스템은 AI 효용함수에 정의된 변수, 척도, 가중치, 결과 효용값만을 최적화하려고 하는 단순한 시스템(dumb system)이기 때문에, AI 효용함수를 전체적으로 포괄하고 세심하게 정의하는 것이 중요하다.

---

17 스트리밍 데이터는 서로 다른 소스에서 지속적으로 생성되는 데이터를 의미한다.

어떤 것들이 건전한 AI 효용함수를 구성하는가?

AI 효용함수는 AI 모델의 의사 결정 과정을 안내하는 효용값과 결과물을 일치시켜 주는 가중치가 있는 일련의 요소들(변수와 측정 기준들)이다. 의사 결정의 효율성을 측정하며, 지속적으로 학습하고 적응하면서 성능을 개선한다. 이는 운영 환경의 선호도나 목표를 대표하는 출력값에 대응해 입력 공간(예: AI 모델이 수행할 가능성이 있는 행동)을 연결해 주는 수학적 표현이다. 다양한 변수와 측정 기준에 할당된 가중치는 AI 모델의 의사 결정 과정에서 해당 변수와 측정 기준의 상대적 중요성을 결정한다. AI 모델은 의사 결정의 기대 효용을 극대화함으로써 이상적인 운영 결과의 획득 가능성을 높이는 선택을 할 수 있게 된다.

AI 모델은 운영 환경과 상호작용하면서 지속적으로 AI 효용함수를 최적화하려고 한다. AI 모델은 AI 효용함수에 긍정적, 부정적인 피드백을 모두 제공한다. 그렇게 함으로써 AI 효용함수가 올바른 결정과 행동을 할 수 있도록 해 주는 변수와 측정 기준의 가중치를 배우고 조정할 수 있도록 한다.

기대 효용을 극대화하는 올바른 선택과 행동을 하기 위해서는

- AI 효용함수는 주어진 정보를 바탕으로 서로 다른 상태나 결과가 도출될 가능성을 추론하는 확률 모델을 개발한다.
- 그런 다음 AI 모델은 지도 학습이나 강화 학습 같은 다양한 고급 분석 알고리즘과 기술을 활용해 표식이 된 결과나 알려진 결과로부터 학습을 하며, AI 효용함수를 지속적으로 업데이트하고 조정한다.

AI 효용함수의 역할에는 다음과 같은 단계들이 포함돼 있다.

1. AI 모델의 작업 지표가 되었으면 하는 변수, 척도, 관련 가중치를 포착한다.
2. AI 모델이 작업을 수행하고 결정을 내릴 때 이런 변수, 척도, 관련 가중치를 적용해 안내한다.
3. 이런 작업의 결과와 효과(예측 결과 대비 실제 결과)를 포착한다.
4. 작업의 결과를 토대로 AI 효용함수의 변수, 척도, 관련 가중치를 업데이트한다.

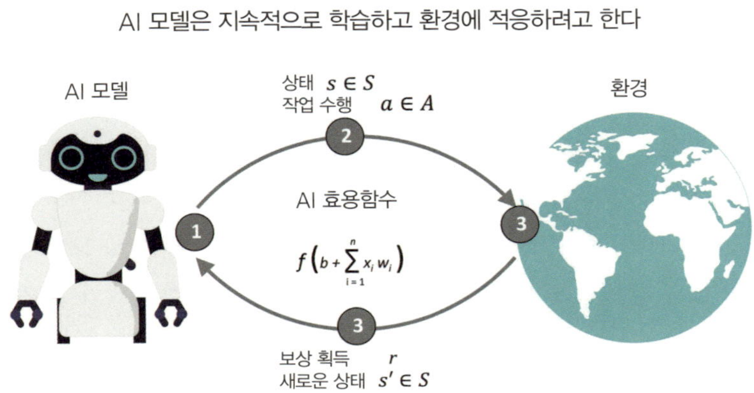

〈그림 4.3〉 AI 효용함수는 AI 모델의 결정과 행동을 안내한다

예를 들어, 자율주행 차량에서 AI 모델은 차량 내 센서, 카메라, 라이다(LiDAR)를 활용해 주변 차량의 위치와 속도를 계산한다. 그런 다음 확률 모델을 이용해 다른 결과가 일어날 가능성을 추정할 수 있다(예: 주변 차량이 차선을 변경할지, 아니면 현재 경로를 그대로 유지할지 등).

> 빛 감지 및 거리 측정(Light Detection and Ranging)의 약자인 라이다는 펄스 레이저 형태의 빛을 사용하여 거리를 측정하는 감지 시스템이다. 라이다는 동시에 감지되는 많은 물체까지 거리를 놀라울 정도로 정확하게 계산할 수 있다. 이 부분은 카메라와 비교할 수 없는 큰 장점이다.

원하는 결과를 제대로 얻기 위해서는 이해관계자와 분야별 전문가들이 긴밀하게 협력하면서 AI 효용함수를 구성하는 변수와 척도에 대해 브레인스토밍하고, 검증하며, 우선순위를 정해야만 한다. 이건 그냥 중요한 차원이 아니라 필수적으로 해야 하는 작업이다. 이런 변수와 척도를 지나치게 좁게 정의할 경우엔 AI 모델이 확증 편향에 빠져서 의도하지 않은 위험한 결과를 초래할 수도 있다. 6장에서는 조직들이 목표로 잡은 비즈니스나 운영 기회를 조율하고 합의를 이끌어 내는 방법에 대해 논의한다.

AI의 전체 개념과 프로세스는 가치를 창출하기 위해 지속적으로 학습하고 적응하는 것에 바탕을 두고 있다. 하지만 가치는 모호한 개념이다. 따라서 AI 프로세스를 시작할 때 가치를 적절하고 포괄적으로 정의하지 않으면 프로젝트가 실패할 위험이 굉장히 크다. 프로젝트 실패란 AI 모델이 작동하지 않는 것이 아니라, 의미 있고 관련성 있으며 책임감 있고 윤리적인 결과를 제공하지 못한다는 의미다. 유명한 교육자이자 작가, 사업가인 스티븐 커비(Stephen Covey)는 "끝을 염두에 두고 시작하라(Begin with an end in mind)"라는 명언을 남겼다. AI 관점에서 그 '끝'은 가치를 올바르게 정의하는 것이다.

'가치' 정의하기

관련 있고 의미 있으며 윤리적인 결과를 제공하는 건강한 AI 효용함수를 구성하는 변수와 척도를 식별하려면 가치를 규정할 때 재무나 운영 같은 기존 운영 변수와 척도를 넘어서는 총체적인 개념이 필요하다. 건강한 AI 효용함수는 다음과 같은 가치군들의 변수를 포괄해야만 한다.

- **재무 변수**: 투자 수익률, 순현재가치, 주주 가치, 자본 가용성, 국민 총생산
- **운영 변수**: 신뢰성, 예측 가능성, 반복 가능성, 안정성, 안전성, 확장성
- **고객 변수**: 지각된 가치, 즐거움, 만족도, 추천 가능성, 순수 추천 고객, 품질, 안전성, 공정성
- **직원 변수**: 직원 생산성, 만족도, 추천 가능성, 리더십, 멘토링, 인플루언서, 변화의 주도자(촉매)
- **파트너/공급업체 변수**: 재무 건전성, 신뢰성, 품질, 부품 중요성, 공급망 효율성, 생산 위험, 경영 안정성, 환경 사회 및 지배구조(ESG) 개선 활동, 다양성 추구 활동, 환경 보호 활동
- **사회적 변수**: 삶의 질 향상과 건강관리 개선, 깨끗한 공기와 물 접근성, 일자리 창출, 교육 접근성
- **환경 변수**: 탄소 발자국을 줄이면서 에너지 효율성 증진, 재활용 확대, 지속가능성 개선
- **정신적(윤리적) 변수**: 선행, 기부, 멘토링, 화합, 근엄, 믿음, 헌신, 윤리

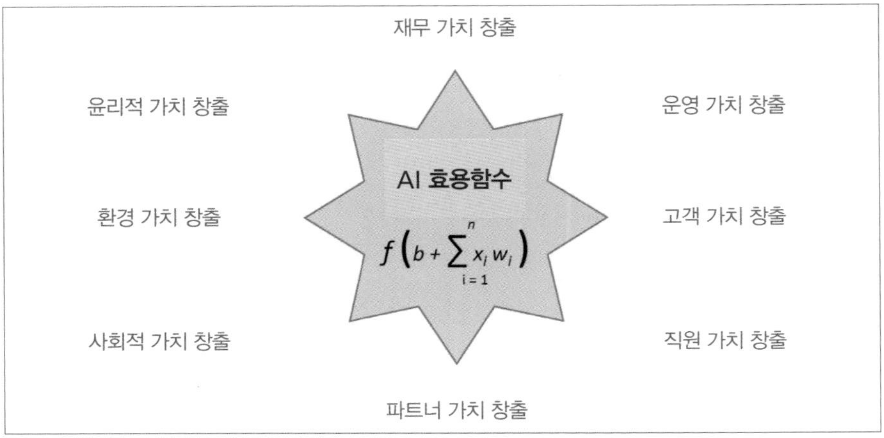

〈그림 4.4〉 경제적 가치 개념

〈그림 4.4〉는 조직들이 AI 모델의 경제적 영향에 대해 계획할 때 고려해야 할 광범위한 가치의 차원을 표시한 것이다. 직원, 파트너, 사회, 환경, 정신적 가치에 대해 충분히 고려하지 않은 채 재무 및 운영 가치 측정에만 신경을 쓰는 것은 무책임한 일이다.

AI 효용함수에 포함할 변수와 척도를 고려할 때는 후행 지표와 선행 지표를 이해하고 구분하는 것이 중요하다. AI 모델에 이미 일어난 일을 측정하는 척도를 최적화하고, 또 일어날 것 같은 일을 예측하는 척도를 최적화하라고 요구할 경우, 실용적이고 관련성이 있으며 윤리적인 AI 효용함수를 만드는 것은 어렵다.

선행 지표와 후행 지표 이해하기

선행 지표는 미래의 사건을 알려 주는 반면, 후행 지표는 사건 이후에 발생한 정보를 제공한다. 건강한 AI 효용함수를 구성하는 변수와 척도를 식별할 때는 선행 지표와 후행 지표의 차이를 이해하는 것이 중요하다.

- **선행 지표**는 다음에 일어날 일을 예측하는 척도다. 경제학에서 선행 지표는 전체 경제 변화 전에 미리 변화하는 경향이 있는 경제적 척도와 통계다. 경

〈그림 4.5〉 애런 저지의 스트라이크존에 따른 타율

제 선행 지표에는 소비자 신뢰지수, 구매관리자 지수, 채용 공고, 주택 신축 허가 등이 있다.

- **후행 지표**는 이미 일어난 일을 측정한다. 경제학에서 후행 지표는 전체 경제가 변화한 이후에 달라지는 경향이 있는 경제 척도와 통계다. 과거 경제 활동을 확인하는 데 사용된다. 경제 후행 지표로는 국내총생산(GDP), 인플레이션, 실업률 등이 있다.

선행 지표는 후행 지표의 성과를 예측할 수 있다. 예를 들어, 야구에서 타율은 후행 지표다. 타자가 타석에서 얼마나 높은 비율로 안타를 쳤는지 사후적으로 측정하는 지표다. 반면 볼넷은 타율의 선행 지표다. 볼을 잘 고르는 타자는 안타를 칠 확률이 높은 공만 스윙을 하기 때문이다.

애런 저지(Aaron Judge)는 2022 시즌에 야구 역사상 가장 뛰어난 공격력을 선보이면서 아메리칸리그 최우수선수(MVP)에 선정됐다. 하지만 스윙할 구종(선행 지표)을 좀 더 신중하게 선택했다면 타율(후행 지표)을 더 향상할 수 있었을 것이다. 예를 들어, 〈그림 4.5〉의 흰색 스트라이크존에 들어온 공만 스윙하는 인내심을 기른다면 이미 인상적인 그의 타율에 엄청난 영향을 미칠 수도 있을 것이다.

흥미로운 점은 또 있다. 스트라이크존 우측 상단 코너를 찌르고 들어오는 공은 스트라이크일 경우에도 스윙을 하지 않는 편이 애런 저지의 타율을 더 향상할 수 있다는 점이다. 삼진당할 위험을 감수하고서라도 자신의 공을 기다리는 것이 애런 저지가 AI 효용함수를 개선해서 더 인상적인 결과를 이끌어 낼 수 있는 또 다른 방법이다(그렇게 하기 위해 더 많은 도움이 필요한 것처럼).

AI 기반 학습 시스템을 최적화하는 방법

이젠 AI 대화에서 여러분의 역할을 좀 더 확대하려고 한다. 이를 위해 먼저 사용자의 의도를 이해하거나 파악하는 것이 왜 중요한지 설명한 다음, 상충되는 변수와 척도를 규정하는 작업의 중요성에 대해 논의한다. 그런 다음엔 다중목적 최적화(multi-objective optimization)를 통해 AI 모델이 타협적인 결정과 행동을 어떻게 이끌어 내는지에 대해 설명한다. 예를 들어 설명해 보자. 구글 지도, 애플 지도 혹은 웨이즈(역시 구글이 소유하고 있다)처럼 AI 기능이 들어가 있는 앱들은 A 지점에서 B 지점까지 최단 시간 경로를 안내해 주는 능력이 환상적인 수준이다. 단계별로 방향을 안내해 줄 뿐 아니라 여행 도중에 돌발적으로 발생한 최신 정보(교통사고, 날씨, 노면홈, 특별한 이벤트)를 토대로 최적 코스로 안내해 준다. 위성항법장치(GPS)가 여정을 최적화하는 데 도움이 되는 AI 효용함수에 포함할 다양한 변수와 척도에 대해 고려해 보자. AI 효용함수에는 두 가지 층위의 변수와 척도가 포함될 수 있을 것이다.

1. **운전자의 운전 선호도**에는 아래와 같은 변수와 척도가 포함된다.
   - **도로 상태**: 현재 날씨, 도로 유지보수 계획, 노면 상태, 지역 행사, 도로 포장재(콘크리트, 아스팔트, 자갈), 마지막 유지보수 날짜 등
   - **경로 안전성**: 주변 범죄 발생 상황, 자동차 사고 발생 위치, 자동차 사고의 심각도, 시간대, 계절적 요인

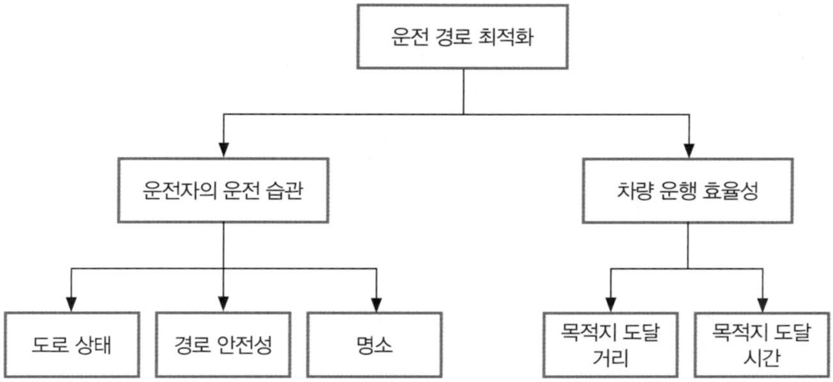

〈그림 4.6〉 변인, 가중치, AI로 구동되는 GPS 최적화

- **명소:** 경치, 박물관, 유적지 등

2. **차량 운행 효율성**에는 다음과 같은 변수와 척도가 포함된다.
   - **목적지 도달 거리:** 차량 마모 방지, 우회로 배제, 여행 경로상의 특별 행사나 활동 최소화
   - **목적지 도달 시간:** 과거 교통 유형, 신호등과 정지 표지판, 스쿨존, 지역 행사, 도로 유형(주간 고속도로, 주 고속도로), 차선 수, 속도 제한 구간 등을 고려할 때 가장 빠르게 도달하는 시간

애플과 구글의 AI 기반 GPS 지도 앱은 A 지점부터 B 지점까지 가능한 한 가장 빠른 시간에 이동할 수 있도록 최적화되어 있다. 하지만 A 지점에서 B 지점까지 최대한 빨리 이동하는 것이 목적이 아닐 경우엔 어떻게 해야 할까? 여행 목적이 다른 데 있다면? 그렇기 때문에 AI 모델 효용성은 이용자의 의도를 철저하게 이해하는 것에서부터 시작된다. 즉, 이용자가 성취하려고 하는 것은 무엇인지, 어떤 결과를 원하는지, 이용자가 성공 여부를 판단하는 성과지표(KPI)와 척도는 무엇인지 파악해야 한다.

이용자의 의도 이해

이용자 의도 결정(User Intent Determination)은 이용자가 달성하려는 것(의도)을 이해하거나 판단하는 것이다. 그런 다음 AI 모델이 행동과 결정을 최적화해서 가장 관련성이 높은 결과를 얻을 수 있도록 하는 것이다. 나는 이용자의 의도를 먼저 파악하지도 않은 상태에서 시작하는 AI 프로젝트가 너무나 많다는 사실에 깜짝 놀랐다. 이용자의 의도를 이해하지 못할 경우엔 데이터에서 신호와 소음을 구분하는 것이 거의 불가능하다. 데이터에서 어떤 것이 가치가 있고, 어떤 것은 가치가 없는지 파악할 수도 없다. 관련 있고 정확하며 윤리적인 AI 결과를 제공하는 데 이용자의 의도가 어떤 역할을 하는지에 대해서는 아래 과정에 아주 잘 요약되어 있다.

- **의도 결정**: 이용자가 달성하려는 것(의도)은 무엇인가? 목표와 원하는 결과는 무엇인가? 이용자들은 의도의 효과를 어떻게 측정할 것인가?
- **가치 정의(AI 효용함수)**: AI 모델이 이용자가 원하는 결과를 얻기 위해 적용하는 변수, 척도(특성), 관련 가중치는 어떤 것들인가?
- **가치 창출(AI 모델)**: 원하는 결과를 성공적으로 도출했는지를 측정할 변수와 척도를 최적화하기 위해 AI 모델이 어떤 행동이나 결정을 해야 하는가?

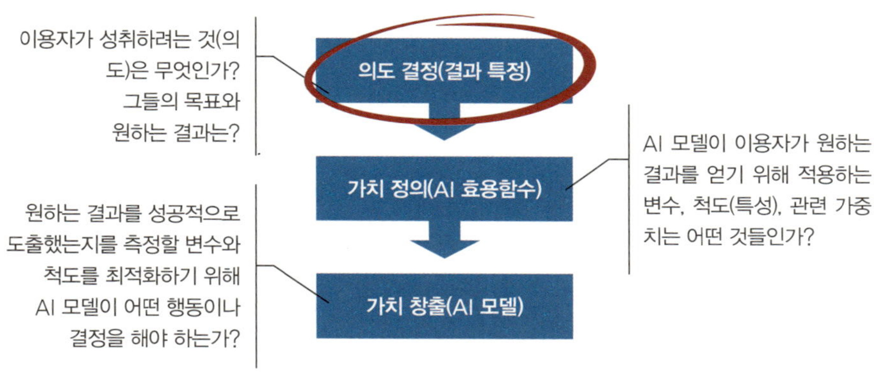

〈그림 4.7〉 AI 모델 최적화는 이용자 의도를 이해하는 것에서 시작된다

최적 경로 기능	(A) 목적지 도달 시간 최소화	(B) 가장 안전한 경로 제공	(C) 명소나 유적지 경로 제공
도로 상태	0.20	0.20	0.00
경로 안전성	0.10	0.70	0.15
유적지	0.00	0.00	0.70
목적지까지 거리	0.00	0.10	0.00
목적지 도달 시간	0.70	0.00	0.15

〈그림 4.8〉 이용자 의도에 따른 변수의 가중치 변화

GPS 사례로 돌아가 보자. A 지점에서 B 지점까지 최대한 빨리 이동하는 것이 목적이 아니라면 어떻게 해야 할까? 가장 저렴한 경로(통행료 고려), 가장 안전한 경로(차량 절도 같은 주변 범죄나 교통사고 고려), 가장 경치 좋은 경로(그림같이 멋진 경치 구경이나 유적지에 대한 관심 고려)가 우리 의도라면 어떻게 해야 할까? (AI 모델이 지속적으로 최적화하려고 하는) 변수와 척도에 대해 부여하는 가중치는 우리 의도에 따라 크게 달라질 것이다. 〈그림4.8〉에서 이런 부분을 볼 수 있다.

예를 들어 가장 안전한 경로로 A 지점에서 B 지점까지 이동하려고 한다고 가정해 보자. 이 경우 경로 안전성 변수에 좀 더 많은 가중치를 부여할 것이다. 동시에 도로 안전성에 영향을 미칠 수 있는 운전 거리를 최소화하면서도 도로 상태를 고려할 수 있다. 혹은 우리 의도가 경치가 가장 좋은 경로를 택하는 것이라면, 유적지에 좀 더 많은 가중치를 주면서도, 경로 안전성과 목적지 도달 시간도 고려하게 될 것이다(주 전역에 흩어져 있는 흥미로운 지역을 무작위로 방문하느라 1주일 동안 운전에 시간을 쏟아붓고 싶지는 않기 때문이다).

AI로 구동하는 GPS는 이용자의 의도를 토대로 AI 효용함수를 구성하는 가중치와 변수를 재조정해서 다른 경로를 추천하게 된다. 〈그림 4.9〉에서 그 사례를 볼 수 있다.

조건 C(경치)를 선택하고 버디 홀리(Buddy Holly)[18]가 비행기 사고로 추락했

---

18 미국의 가수 겸 작곡가로 1950년대 로큰롤 열풍의 중심인물이다. 본명은 찰스 하딘 홀리다. '크리케츠'라는 밴드를 출범시키면서 비틀스를 비롯한 많은 후대 아티스트들에게 영향을 미쳤다.

〈그림 4.9〉 운전자 취향을 토대로 한 경로 추천

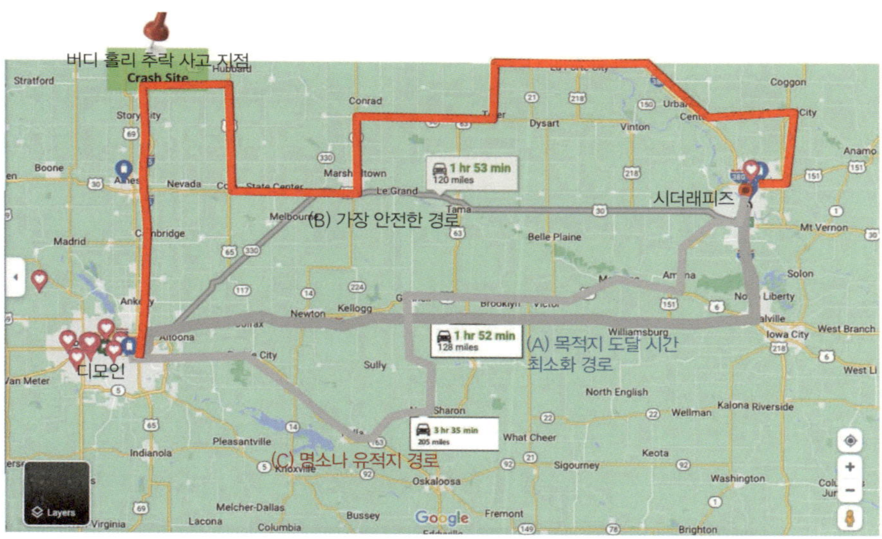

〈그림 4.10〉 AI 효용함수가 이용자의 행동을 토대로 AI 모델의 추천을 변경한다

1959년 아이오와주 클리어 레이크에서 공연을 마친 뒤 미네소타주로 향하기 위해 비행기에 몸을 실었다가 추락 사고로 사망했다.

던 현장을 보기 위해 아이오와주 클리어 레이크 쪽으로 방향을 틀어 여행을 바로 시작했다고 가정해 보자. 이때 AI 효용함수는 목적지까지 걸리는 시간에 대한 가중치가 처음 예상보다 높지 않다는 것을 알게 된다. 따라서 이런 상황에 맞게 AI 효용함수의 가중치를 변경해서 〈그림 4.10〉에서 볼 수 있는 것처럼, 찰스 시티의 하트파 박물관과 오세이지의 스프링 파크처럼 흥미를 가질 만한 다른 장소를 볼 수 있게 주 전역을 운전하도록 안내할 것이다.

AI 모델의 작동 방식을 알게 되면 터미네이터의 행동을 설명할 수 있다. 터미네이터는 AI 효용함수를 구성하는 분명하게 규정된 변수, 척도, 가중치에 따라 이용자가 원하는 결과만을 추구했을 뿐이었다.

다양성 구축

다중목적 최적화(MOO, Multi-objective optimization)는 여러 목적 함수를 동시에 최적화해야 하는 수학적 최적화 문제를 다루는 의사 결정의 한 분야다. AI 모델은 인간보다 수십억 배, 혹은 수조 배 빠른 속도로 데이터에 접속하고, 분석하며, 결정을 내린다. AI 모델은 제대로 구축되지 않은 AI 효용함수의 빈틈을 발견해서 재빨리 그 빈틈을 이용해 많은 핵심 이해관계자들에게 피해를 끼칠 수도 있다. 따라서 서로 충돌하는 변수와 척도를 통합해서 AI 모델이 절충적 의사 결정을 내리도록 유도한 뒤 결국 최적의 결과물로 이어질 수 있도록 하는 강력한 AI 효용함수를 만들어 내는 것이 절대적으로 중요하다. A 변수를 개선하면서 동시에 B 변수를 줄이고, C 변수는 늘리면서 D 변수를 최적화하는 시나리오를 한번 상상해 보라. 이런 접근 방식을 통해 우리는 복잡한 의사 결정 과정을 탐색하고, 의미 있고 관련 있으며 윤리적인 결과를 이끌어 내는 AI 모델을 만들어 낼 수 있다.

AI 효용함수를 구성하는 상충되는 가치를 해결하는 한 가지 방법은 다중목적 최적화 알고리즘을 사용하는 것이다. 다중목적 최적화 알고리즘은 AI 효용함수가 상충되는 여러 변수들을 동시에 최적화하는 것이다. 즉, AI 효용함수는 인간이 의사 결정을 할 때 절충적인 선택을 하는 것과 똑같은 방식으로 상충되는 변수들 사이에서 절충적인 선택을 하도록 하는 것이다. 다행스러운 점은, 여러 상충하는 목표를 최적화하는 데 뛰어난 다목적 최적화 알고리즘이 몇 가지 있다는 것이다. 다음은 그중 몇 가지다.

- **파레토 프런티어(Pareto Frontier)**: 다른 것을 희생하지 않고 어떤 목표를 개선할 수 있는 해결책이 없을 때 일련의 최적화된 해결책을 만들어 낸다.
- **가중 합산 방법(Weighted Sum Method)**: 목표에 가중치를 부여하고, 이를 단일 집계 목표 함수로 결합하여 최적화한다.
- **진화 알고리즘(Evolutionary Algorithms)**: 생물학적 진화에서 영감을 받아 선택, 돌연변이, 교차 연산을 사용해 가능한 해결책을 발전시킨다.
- **제약 조건 방법(Constraint Method)**: 여러 목표와 제약 조건을 동시에 만족시켜 주는 해결책을 찾기 위해 최적화 문제에 제약 조건을 통합한다.
- **다중 목적 선형 프로그래밍(Multi–Objective Linear Programming)**: 사전 정의된 선형 제약 조건에 따라 여러 선형 목표를 최적화한다.
- **다중 목적 이차 프로그래밍(Multi–Objective Quadratic Programming)**: 선형 또는 이차 제약 조건에 따라 여러 이차 목표를 최적화한다.
- **비선형 프로그래밍(Non–linear Programming)**: 비선형 제약 조건에 따라 여러 비선형 목표를 최적화한다.
- **다중 목표 금기 검색(Multi–Objective Tabu Search)**: 금기 목록을 이용해 이전에 탐구했던 해결책은 다시 방문하지 않으면서 검색 공간을 탐색해 여러 해결책을 찾는 메타 휴리스틱 알고리즘.
- **NSGA–II 다중 목표 진화 알고리즘(NSGA–II Multi–Objective Evolutionary Algorithm)**: 비지배 정렬 기법과 군집 거리 계산을 사용해 파레토 프런티어를 따라 다양한 해결책들을 유지하는 인기 진화 알고리즘이다.

상충되는 변수와 척도를 식별, 탐색, 검증한 뒤 AI 효용함수에 통합하는 방법을 이해하면 AI 모델이 유의미하고 관련성 있으며 책임감 있고 윤리적인 결과를 제공하는 데 유용하게 작동하도록 보장할 수 있다.

인간이 어려운 절충적 결정(빨리 출근하면서도 안전하게 도착, 의료 서비스의 질을 개선하는 동시에 경기를 호전시킴)을 끊임없이 해야 하는 것처럼, AI 역시 편향이나 편견 없이 그런 어려운 절충적인 결정을 내릴 수 있도록 해야만 한다.

요약

AI는 조직 분석 성숙도의 궁극적인 지향점이다. AI는 운영 보고, 통찰과 예측, 증강 인간지능을 기반으로 구축돼 제품, 서비스, 정책 및 프로세스를 구동하는 자동 분석 기능을 생성한다. 이 분석 기능은 제품, 서비스, 정책, 프로세스 등을 구동하면서 변화하는 주변 환경을 지속적으로 학습하고 그 환경에 적응할 수 있도록 해준다. AI로 구동되는 제품, 서비스, 정책, 프로세스 등은 인간이 최소한으로 개입한 상태에서 지속적으로 학습하고 적응할 수 있다. AI의 이런 특성은 그동안 우리가 봤던 어떤 기술과도 다른 점이다.

데이터 과학 시민이 되려면 누구나 AI와 AI 효용함수가 어떻게 협력하는지 알 수 있어야만 한다. 4장이 그 부분에 도움이 되었기를 바란다. AI 관련 대화와 토론에 참여하기 위해선 가장 기본적인 요소다. 모든 사람은 AI 모델이 의미 있고 관련성 있으며 책임감 있고 윤리적인 결과를 제공하도록 안내하는 건강한 AI 효용함수 개발을 보장하는 데 필요한 역할을 이해해야 한다. 그렇다. 그건 우리 모두의 책임이다.

다음 장에서는 고급 분석과 몇 가지 기본적인 통계 기법을 활용해 좀 더 많은 정보를 바탕으로 이성적인 결정 능력을 향상하기 위해 사용할 수 있는 간단한 의사결정 모델을 만드는 방법에 대해 살펴볼 예정이다.

5장
정보를 토대로 의사 결정하기

이번 장은 의사 결정 리터러시, 즉 인간이 의사 결정을 하는 방법에 대한 인식만 다룬다. 의사 결정 리터러시에는 어떤 결정이 가능할지 판단한 뒤 여러 후보안들을 탐색하고, 그런 결정을 했을 때 어떤 결과가 나올지 평가하며, 궁극적으로는 최상의, 혹은 가장 이상적인 행동 방침을 선택하는 것까지 포함된다.

5장은 이 책에서 가장 중요한 부분일 것이다. 불완전한 정보, 선의의 거짓말, 가짜 뉴스, 대안적 사실(alternative facts)[19] 등이 난무하는 세상에서 정보를 기반으로 의사 결정을 하는 능력에 인간의 생존뿐 아니라 개인의 삶과 직업적 성공 여부가 달려 있기 때문이다. 우리는 코로나19 백신을 둘러싼 논쟁에서 이미 의사 결정 능력이 부족할 경우 어떤 해로운 결과가 초래되는지 목격했다.

의사 결정을 왜곡할 수 있는 흔하면서도 치명적인 몇 가지 함정에 대해 살펴보면서 이번 장을 시작한다. 그런 다음 누구나 정보를 기반으로 의사 결정을 할 때 적용할 수 있는 간단한 의사 결정 프레임워크를 소개한다. 마지막으로, 다른 사람들

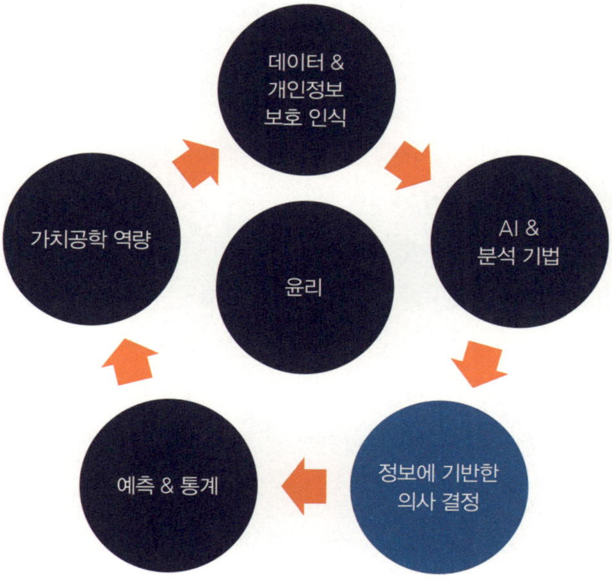

19 어떤 주장에 대한 근거로 가상의 데이터를 제시하면서 교묘하게 사실을 감추는 것을 뜻하는 신조어다. 도널드 트럼프 행정부의 백악관 선임 고문인 켈리앤 콘웨이가 2017년 1월 처음 사용한 말이다.

이 우리의 견해와 행동에 영향을 미치기 위해 사용할 수도 있는 정보에 대해 비판적으로 생각할 수 있는 방법을 알아본다. 블랙박스처럼 투명하지 않은 AI 기반 챗봇 시대에는 특히 중요한 일이다.

이 장에서는 전반적으로 아래와 같은 주요 주제에 대해 논의한다.

- 의사 결정에 영향을 미치는 요인
- 의사 결정 함정 8가지
- 의사 결정 함정 피하기
- 의사 결정 전략
- 비판적 사고의 중요성

인간의 의사 결정에 영향을 미치는 요인

정보를 바탕으로 명석하게 결정할 수 있느냐에 따라 사람들의 개인적, 직업적 성공 여부가 판가름 난다. 실제로 인간의 생존은 정보를 갖고 현명한 선택을 할 수 있느냐에 달려 있다. 이를테면 자전거 헬멧 착용, 백신 예방 접종, 음주 후 운전, 혹은 언제 어디서 수영을 할 것인지와 같은 결정은 인간의 삶에서 중요하게 작용한다. 인간의 삶은 현명하고 안전하게 생활하기 위해 결정해야 할 것들이 끝없이 이어지고 있다. 하지만 안타깝게도 인간의 마음은 정보에 입각해 이성적인 결정을 하도록 돼 있지 않다. 정보를 바탕으로 의사 결정을 하기 위해 데이터를 처리하는 우리의 능력에 여러 요소들이 영향을 미친다. 다음과 같은 것들이 대표적인 사례다.

- **지위**: 인간은 존중받고 싶어 하는 감정적 욕구를 갖고 있다. 지위가 하락하거나, 하락했다고 인식하게 되면 위협을 느끼게 된다. 때론 무의식적인 수준에서 그런 반응이 촉발되기도 한다.
- **확신**: 인간은 생물학적으로 결과를 예측하지 못해 대비할 수 없는 상황을 두려워하도록 설계돼 있다. 따라서 변화 이니셔티브는 본질적으로 불확실성과

두려움, 불안을 초래한다.

- **자율성**: 우리는 현재 일어나고 있는 일에 대한 선택권이 있다고 느낄 필요가 있다. 자신이 강요받고 있다고 느끼면 불만을 품고 저항하게 되며, 동료 집단 내에서의 변화를 방해하려고 한다.
- **관계**: 인간은 연결과 소속감을 강하게 갈망하는 사회적 동물이다. 자신이 구축하고 키워 온 관계와 네트워크가 파괴되면 인간은 고립, 소외, 주변화되었다는 감정을 느낄 수 있다.
- **공정성**: 인간은 공정한, 혹은 불공정한 처분을 받으면 감정적으로 강력하게 대응하는 생물학적 특징을 갖고 있다. 실제로 불공정하거나, 혹은 불공정하다고 느끼게 되면 혐오 반응과 피해의식이 유발된다. 아예 과정 자체를 불신하려는 욕구까지 생기게 된다.

다행히도 인간이 정보를 바탕으로 좀 더 현명한 의사 결정을 하기 위해 할 수 있는 간단한 일들이 많이 있다. 양질의 정보를 바탕으로 좀 더 현명한 결정을 하기 위해선 의사 결정 과정에 영향을 미칠 수 있는 타고난 함정과 인지 편향을 인식하고 이해하는 것이 중요하다. 그러한 의사 결정 함정을 잘 알고 있으면, 함정을 피하거나 건너뛸 기회를 크게 늘릴 수 있다.

인간의 의사 결정 함정

인간의 뇌는 의사 결정을 하는 데 서툴다. 하지만 진화를 통해 유형을 인식하고 추론하는 능력은 매우 좋아졌다. 이를테면 "저 뒤 풀밭은 그냥 위험하지 않은 통나무처럼 보인다"부터 "이런, 영양처럼 보이네," "앗, 사실은 검치호[20]였군"에 이르기까지 인식 능력이 향상됐다. 어떤 물체의 유형을 인식한 뒤 신속하게 결정하는 능

---

20 검치호(saber-toothed tiger)는 4000만 년~1만 년 전까지 살았던 고양잇과의 육식동물이다. 지금은 멸종됐다. 송곳니가 구부러진 칼처럼 생겼다고 해서 검치호랑이라고 불렸다. 아프리카, 유럽, 아메리카 등에서 화석이 발견됐다.

함정 #1: 과잉 자신감 편향
함정 #2: 기준점 편향
함정 #3: 위험 회피
함정 #4: 매몰 비용
함정 #5: 틀 짓기
함정 #6: 밴드왜건 효과
함정 #7: 확증 편향
함정 #8: 평균 기반 결정

〈그림 5.1〉 인간의 의사 결정 결함과 편향

력에 인간의 생존이 달려 있었다.

인간은 유형 인식은 잘하지만, 안타깝게도 숫자 계산에는 서툴다. 인간은 본능적으로 숫자 계산 능력이 떨어지기 때문에 의사 결정 도구로 휴리스틱, 직감, 경험 법칙, 사례 정보(anecdotal information),[21] 직관 같은 것들에 의존해 왔다. 하지만 데이터의 양과 다양성, 속도가 폭발적으로 증가하는 현실 세계에서는 이런 의사 결정 모델만으로는 충분하지 않다. 라스베이거스에 가서 화려한 카지노에서 금전적인 이득을 취하기 위해 인간의 고질적인 의사 결정 결함을 어떻게 악용하는지 한번 보라.

데이터 과학 시민이라면 누구나 알고 있어야 할 몇 가지 의사 결정 함정에 대해 살펴보자. 인간의 의사 결정 함정을 이해하게 되면 AI와 데이터 리터러시 지능지수(IQ)를 높이고, 최적화 상태에 이르지 못한, 부정확하고, 심지어 치명적인 결정으로 이어질 수도 있는 의사 결정 함정을 피하는 데 매우 큰 힘이 될 수 있다.

함정 #1: 과잉 자신감 편향

우리는 기존 지식에 극심하게 의존하는 경향이 있다. 때론 우리가 모르는 것이

21 사실에 근거하지 않고 풍문에 따른 정보를 의미한다.

중요할 수 있다는 점을 무시하기도 한다. 과잉 자신감 편향은 특히 특정 주제와 관련해 자신의 능력이나 지능, 전문성을 실제보다 더 대단하다고 잘못 평가할 때 나타난다.

조직이나 개인이 새로운 시장에 진출하거나 다른 종류 제품을 내놓을 때 경험에 대해 자신감이 과하면 과잉 자신감 편향이 나타날 수도 있다. 이러한 경우 새로운 시장 또는 제품 종류와 관련된 의사 결정 요인, 경쟁 환경과 시장 위험을 파악하는 데 필요한 철저한 조사 분석을 시행하지 못할 수도 있다. 기존 지식을 과대평가하게 되면 잘못된 판단을 하거나, 중요한 요소를 간과할 수 있다. 이는 결국 좋지 못한 결과를 초래할 수 있다.

함정 #2: 기준점 편향

기준점 편향이란 결정이나 판단을 할 때 초기 정보 혹은 '기준점(anchor)'에 많이 의존하는 인지적 편향을 의미한다. 초기 정보는 자의적이거나, 당면한 결정과 무관한 때에도 후속 평가에까지 영향을 미치는 경우가 많다. 기준점은 개인이 다른 정보나 선택을 평가하고 비교할 때 사용하는 참조점(reference point) 역할을 한다. 기준점 편향이 작용하면 개인이 초기 참조점의 영향을 지나치게 많이 받아서 왜곡된 판단을 하고, 결과적으로 차선책을 선택하는 결정을 하게 된다.

예를 들어, 사람들은 주식 매도점을 결정하기 위해 안간힘을 쓴다. 어떤 사람이 20달러에 매수한 주식의 주가가 80달러까지 상승한 경우, 주가가 떨어지기 시작하면 매각하는 데 어려움을 겪는다. 그 주식은 20달러에 매입했지만, 우리의 시선은 80달러에 고정돼 있기 때문이다.

기준점 편향은 **브란돌리니의 법칙(Brandolini's Law)**과 관련이 있다. 브란돌리니의 법칙은 허위 정보를 폭로하려면, 그것을 만들어 내는 것보다 훨씬 더 많은 노력이 필요하다고 주장한다. 이 법칙은 허위 정보와 싸우는 것이 얼마나 힘든지, 허위 정보가 대중의 인식에 얼마나 불균형한 영향을 미치는지 잘 보여 준다. 거짓말을 퇴치하려면 더 많은 시간, 자원, 노력이 필요하기 때문이다. 이런 부분은 거짓말, 반쪽 진실, 가짜 뉴스를 쉽게 말하고 퍼뜨릴 수 있는 소셜 미디어 시대에는 큰 문제가 아닐 수 없다.

함정 #3: 위험 회피

우리가 위험을 감내하는 수준은 매우 일관성이 없다. 위험 회피는 사람들이 불확실한 상황보다는 확실한 상황을 선호하는 경향이 있다는 것을 잘 보여 준다. 더불어 사람들이 자신들에게 노출된 최악의 결과를 최소화하려는 성향이 있다는 것을 나타내 준다. 위험 회피는 불확실한 보상이 있는 거래보다, 더 확실하지만 예상 보상이 낮을 수 있는 거래를 선호하는 사람의 망설임으로 드러난다. 예를 들어 위험 회피 성향이 있는 투자자는 자신의 돈을 주식보다는 저축 계좌에 넣어두는 것을 선택할 것이다. 주식은 기대 수익률이 높긴 하지만, 가치가 떨어지거나 원금 전액을 잃을 수도 있는 반면 저축은 낮긴 하지만 확실한 이율이 보장되기 때문이다.

함정 #4: 매몰 비용

매몰 비용은 이미 발생했기 때문에 회수할 수 없는 비용을 의미한다. 이런 비용은 본질적으로 매몰돼 버렸거나 돌이킬 수 없다. 매몰 비용은 되돌리거나 회수할 수 없기 때문에 의사 결정 과정과 관련이 없다는 것을 인식하는 것이 중요하다. 안타깝게도 사람들은 일반적으로 어떤 결정을 할 때 이미 투자된 시간, 돈, 노력을 고려하는 경향이 있다. 하지만 회수할 수 없는 비용을 회복하려는 생각을 갖고 의사 결정을 하게 되면 비합리적인 결정으로 귀결될 수 있다. 일단 시간을 소비하거나 돈을 투자하고 나면, 소모한 시간을 되찾거나 지출한 돈을 없던 일로 하는 것은 불가능하다.

예를 들어 보자. 사람들은 영화가 재미없을 경우에도 관람료를 이미 지불했기 때문에 극장에서 끝까지 영화를 관람하는 경우가 많다. 그러나 영화가 시작되는 순간 관람료는 매몰 비용이 된다. 영화를 즐기든 즐기지 않든 지출한 돈은 회수할 수 없다. 사람들은 극장을 나와서 자신들이 즐기는 일을 하며 여분의 시간을 사용하기보다는 즐기지도 않는 영화가 끝날 때까지 앉아서 소중한 시간을 낭비하는 쪽을 택한다. 그렇다. 매몰 비용은 비합리적인 결정으로 이어질 수 있다.

함정 #5: 프레이밍

어떤 결정을 공표하거나 프레이밍(Framing: 틀 짓기)하는 방식은 어떤 결정을 하는 데 영향을 미칠 수 있다. 프레이밍이란 어떤 정보나 선택을 제시하는 방식을 의미한다. 이때 특정 측면이 강조되는 반면 다른 부분은 경시되거나 생략되어 버리기도 한다. 프레이밍은 혜택, 위험, 감정, 편향을 강조하는 데 사용될 수도 있다. 그 결과 의사 결정 과정과 결과에 영향을 미칠 수 있다.

사람들은 손실이나 이득 중 어느 쪽에 초점을 맞춰 질문하느냐에 따라 일관성 없는 선택을 하는 경향이 있다. 여러분이 의사이고 환자에게 질병 치료를 위한 두 가지 선택을 제시해야 한다고 가정해 보자.

- A 선택: 수술을 받으면 생존 확률이 90%이다.
- B 선택: 수술을 받지 않으면 사망 확률이 10%이다.

두 가지 선택이 같은 정보를 제공하더라도 사람들은 정보를 어떻게 구성하느냐에 따라 다르게 반응하는 경우가 적지 않다. A 선택은 긍정적인 결과인 생존 관점으로 구성한 반면, B 선택은 부정적 결과인 사망 관점으로 구성했다. 이럴 경우 정보는 같더라도 다른 결정으로 이어질 수 있다.

함정 #6: 밴드왜건 효과

밴드왜건 효과는 단지 다른 사람들이 그렇게 하고 있다는 이유로 특정 신념, 행동, 혹은 선택을 택하거나 따르는 경향을 의미한다. 사람들이 객관적 고려보다는 인기나 유행에 따라 어떤 생각이나 행동의 영향을 받는 현상이다.

밴드왜건 효과는 개인이 집단의 행동, 신념 또는 태도에 자신을 맞추려 하거나, 그런 것들이 정상이라고 인식하게 만드는 인지 편향이다. 이는 어떤 경향, 의견 혹은 행동이 목소리가 큰 다수의 집단행동을 통해 추진력을 얻는 상황으로 이어질 수 있다.

밴드왜건 효과는 고립공포감(FOMO, Fear of Missing Out) 효과와 밀접한 관련이 있다. FOMO는 일생에 단 한 번인 기회가 펼쳐질지도 모르는데, 행동하지 않거나 일부가 되지 않을 경우엔 기회를 놓칠 수도 있다는 불안감을 조성한다. 소셜미디어에서 무차별적으로 유포되는 뉴스와 의견이 FOMO를 부추길 수 있다. 지금이 심각한 금융 산업 붕괴 상황에서 수익을 올릴 수 있는 일생일대의 기회라는 언론과 소위 '전문가'들의 의견에 따라 많은 사람들이 암호화폐 투자에 뛰어든 것을 이런 사례로 꼽을 수 있다. 하지만 그 결과는 기대에 미치지 못했다.

함정 #7: 확증 편향

확증 편향은 기존 신념을 확신하게 해 주는 정보는 물색하고, 해석하며, 기억하는 반면, 그것과 모순되는 정보는 경시하거나 무시해 버리는 경향을 말한다. 확증 편향은 현실에 대해 왜곡된 인식을 만들어 내기 때문에 객관적인 의사 결정을 방해할 수 있다. 기존 신념은 강화하는 대신, 그러한 신념에 도전하는 대안적인 관점이나 정보에는 노출되지 못하도록 제한하기 때문이다.

인간 활동이 기후 변화를 초래하지는 않는다고 굳게 믿는 사람이 있다고 가정해 보자. 이 사람은 자신의 믿음을 뒷받침하는 정보를 적극 찾으면서도 반대되는 주장을 담은 과학적 연구는 경시하거나 무시해 버릴 것이다. 자신의 신념을 입증해 주는 정보는 받아들이고, 반박하는 정보는 거부하면서 심하게 편향된 상황을 초래할 수 있는 것이다.

> AI 모델의 확증 편향은 AI 모델이 자신의 기존 가정을 뒷받침하거나 지지하는 방식으로 식별, 해석하고 추천하는 경향을 말한다. AI 모델은 지속적으로 공급되는 편향적인 데이터와 관련해 에코 챔버 효과를 만들어 내면서 스스로 확증 편향을 키워 나간다. 이 주제는 6장에서 더 자세히 살펴본다.

함정 #8: 평균 기반 결정

더 많은 정보를 기반으로 의사 결정을 내리기 위해 평균에 의존하는 경향은, 의사 결정 함정 중에서 연구가 많지 않은 편이다. 평균을 토대로 의사 결정을 하게 되면 잘해야 평균적인 결과를 얻을 따름이다. 평균을 기준으로 의사 결정을 하게 되면 평균 수심이 6인치에 불과한 강에서도 익사할 수 있다. 그렇기 때문에 평균을 기준으로 의사 결정을 할 때는 주의해야 한다.

평균을 기준으로 한 의사 결정의 문제는 그 어느 누구도 평균적이지 않다는 데 있다. 예를 들어, 1950년대 미국 공군 조종사들은 전투기를 효과적으로 조종하는 데 어려움을 겪고 있었다. 조종석을 디자인할 때 1920년대 평균 조종사를 기준으로 한 것이 문제였다. 공군은 조종사 신체 치수 평균치를 다시 측정한 뒤 조종석 디자인을 적절하게 조정했다.[1)]

공군 중위 길버트 대니얼스(Gilbert Daniels)는 최신 표준 조종석 디자인을 위해 파일럿 4000명 이상을 대상으로 열 가지 치수를 측정했다. 측정하면서 대다수 조종사가 열 가지 치수의 평균 범위에 속할 것이라고 생각했다. 하지만 조사 결과는 예상과 완전히 달랐다. 조사에 참여한 조종사 4000명 중 열 가지 수치 모두 평균 범위에 속하는 조종사는 단 한 명도 없었다.

공군이 큰 깨달음을 얻는 순간이었다. 평균적인 조종사를 위해 조종석을 설계했다면 실제로는 어떤 조종사에게도 적합하지 않게 설계됐을 것이다.

파퓰러스(Populace)의 최고경영자(CEO)이자 베스트셀러 『평균의 종말』의 저자인 토드 로즈(Todd Rose)는 개성에 대한 '들쭉날쭉 원칙(Jaggedness Principle)'을 고안했다.[2)] 들쭉날쭉 원칙은 많은 개인을 대상으로 다양한 특성을 평가하게 되면, 절반 정도는 평균 이상의 특성을 갖고 있으며, 나머지 절반은 특정 특성에선 평균 이하 특징을 보인다고 공언한다. 안타깝게도 모든 특성을 종합적으로 고려할 때 모든 분야에서 평균 수준을 갖고 있는 사람은 거의 찾아보기 힘들다.

평균적인 사람은 아무도 없는데 조직들은 왜 계속 평균을 기준으로 의사 결정을 할까? 우리는 평균을 기준으로 의사 결정을 하라고 배워 왔다. 이를테면 평균 이탈률, 평균 클릭률, 시장바구니 평균 크기, 평균 사망률, 코로나19 평균 사망률 같은 것들이 대표적이다. 그리고 우리가 스프레드시트를 데이터 분석 도구로 선택했다면, 평균을 사용해서 의사 결정을 하는 것이 최선이었을지도 모른다. 안타깝게도 평균을 사용해서 의사 결정을 하게 되면, 과잉 일반화된 결정을 하기 십상이다. 잘해야 평균적인 결과만 도출할 따름이다. 하지만 선도적인 조직들이 좀 더 세분화된 데이터를 사용하기 시작하면서 세상은 빠르게 변화하고 있다. 평균을 기반으로 의사 결정을 하던 조직들이 개별 개체의 예측 행동과 성과 성향을 토대로 의사 결정하는 쪽으로 전환하기 시작한 것이다. 그들은 이제 나노 경제학의 세계로 나아가고 있다. 이 주제는 7장에서 탐구하게 된다.

의사 결정 함정 피하기

AI 효용함수의 성과와 핵심 요소를 더 잘 예측할 수 있는 변수와 척도를 식별하는 데는 인간의 자연스러운 직관을 억압하지 않고 잘 인도하는 것이 중요하다. 지저분한 의사 결정 함정으로부터 스스로를 보호하면서 직관을 키울 수 있도록 해 주는 것은 철로가 아니라 보호난간이다.

다음은 이런 의사 결정 함정에 빠지는 것을 피할 수 있는 몇 가지 방법이다.

- **분석 모델을 활용하라**: 검증된 통계 도구와 기법을 활용해 확률에 대한 이해도를 높이도록 하라. 위기와 기회를 포착하고 비교 검토하는 구조화된 분석 방법을 활용하라. 분석 모델은 의사 결정의 기회와 위험을 모두 이해하고 정량화하고, 잘못된 결정으로 생기는 비용을 정량화할 수 있도록 도와준다.
- **올바른 척도를 사용하라**: 적절한 척도를 사용하고 있는지 확인, 또 확인하라. [야구 분석에 대해 다루고 있는 『머니볼(Moneyball)』을 떠올려 보자. 그 책에서 빌리 빈(Billy Beane)이 야구장에서의 성공 가능성을 예측하는 선행 지표를 파악함으로써 어떻게 야구 경기를 변화시켰는지 생각해 보라.] 특정 척도가 과거에 항상 적절했다고 해서 특정 의사 결정에도 적합하다고 가정하지는 마라.
- **모델의 가정에 의문을 제기하라**: 어떤 모델은 그 모델을 만드는 데 사용된 기본 가정에 대해 취약하다는 것을 이해하는 것이 중요하다. 우리는 민감도 분석[3](특정 요인의 변화가 모델의 결과에 어떻게 영향을 미치는지 평가하는 것)과 몬테카를로[4](변동성의 영향을 체계화하는 시뮬레이션 기법) 같은 분석 기법을 사용해 모델의 취약성을 파악할 수 있다. 예를 들어, 주택 가격이 절대 하락하지 않을 것이라는 가정에 의문을 제기했다면 2008년 발생한 모기지 시장 붕괴를 완화할 수 있었을 것이다.
- **다양성을 받아들이라**: 어떤 모델을 검증할 때는 다양한 의견과 관점을 찾아보라. (의사 결정의 또 다른 결함인) 집단 사고(group-think)를 피하라. 누군가 컨트레어리언(contrarian)[22] 역할을 하면서 모델과 그 기본 가정에 대해 이의를 제기하도록 하라. 의사 결정을 할 때는 모든 의견을 듣고, 모든 관점을

고려할 수 있도록 촉진 기법(facilitation techniques)[23]을 사용하도록 하라.

- **신중하게 결정의 틀을 짜도록 하라**: 마음을 정한 뒤 이 과정에 참여했다고 가정해 보자.(즉 이미 내린 결정을 검증하려고 참여) 이 경우엔 여러분의 입장을 뒷받침해 주는 데이터를 소비하고 수집하는 경향이 더 강해질 것이다. 심지어 입장에 반하는 데이터를 무시하기 위한 근거를 꾸며낼 수도 있다. 특정 결정이 초래할 결과에 기득권을 갖고 있다면 어쩔 수 없이 객관성이 위협받고, 분석 결과가 편향될 가능성이 커질 것이다.
- **매몰 비용을 주의하라**: 매몰 비용을 적절하게 처리하는 비즈니스 모델을 만들도록 하라. 모델과 분석이 증분비용(incremental costs)[24]만 고려한 것은 아닌지 확인하라. 모델에 기회비용도 포함하도록 하라.
- **측정하고 학습하라**: 의사 결정 후 심사위원회와 공식 보고를 통해 의사 결정의 효과와 함께, 그런 결정을 뒷받침하는 모델과 그 기본 가정의 상대적인 효과를 포착하라. 효과가 있었던 부분(성공)과 효과가 없었던 부분(실패)이 각기 어떤 이유 때문에 그렇게 됐는지 파악하라.
- **보상 요소를 고려하라**: 직관에 반하는 보상을 조심하라. 즉, 결정을 하면 어떻게 보상받거나 돈을 버는지 이해하도록 하라. 돈은 근거를 왜곡하는 경향이 있으며, 인간은 수익에 최적화된 기계다.
- **디자인 사고를 활용하라**: 의사 결정을 할 때는 재구성하고, 시도하며, 실패하고, 배우고, 다시 시도하도록 하는 디자인 사고 기법과 도구를 활용하라. 디자인 사고는 이해관계자와 더 많이 공감하도록 한다. 또 문제를 더 명확하고 총체적으로 정의하고, 편견 없이 더 많은 아이디어를 창출하고, 프로토타입 제작과 테스트를 통해 이용자 반응을 수집하고 검증하도록 장려한다.

---

22 남들의 의지와 반대 방향으로 도전하는 사람을 의미하는 말이다. 컨트레어리언들은 아무리 인기가 없더라도 다수가 취한 입장과 정반대 입장을 취하는 사람이다.

23 집단 상담 같은 것들을 진행할 때 집단 구성원들이 더 깊이 자신들을 관여시킬 수 있는 분위기를 조성하고 보다 적극적으로 대화를 나누는 일에 참여하도록 하는 기술이다. 격려, 해석, 침묵, 질의 등의 기술을 주로 사용한다.

24 제품이나 서비스를 한 단위 더 생산함으로써 발생하는 총비용의 변화.

의사 결정 전략 탐구하기

지금까지 합리적인 의사 결정을 할 때 인간이 직면하는 다양한 문제를 살펴봤다. 이제는 데이터와 분석을 활용해 좀 더 많은 정보에 입각한 결정을 하는 데 사용할 수 있는 의사 결정 프레임워크가 필요하다. 다음 섹션에서는 세 가지 의사 결정 프레임워크를 소개한다. 간단한 의사 결정 매트릭스, 고급 퓨(Pugh) 매트릭스, 실시간 우다 루프(OODA loop) 등 세 가지다. 여러분이 하려는 의사 결정의 비용과 위험을 감안해 상황에 가장 적절한 프레임워크를 선택해야 한다.

정보에 입각한 의사 결정 프레임워크

우리 모두는 알게 모르게 결정을 안내하는 모델을 만든다. 퇴근길에 어떤 경로를 택할지, 식료품점에서 무엇을 사야 할지, 마이크 트라우트(Mike Trout) 같은 강타자에게 어떤 투구를 할 것인지 결정할 때 자연스럽게 자신의 결정을 지원할 모델을 개발한다. 얼마나 중요한 결정인지, 그리고 잘못된 결정을 했을 때 발생하는 비용이 얼마나 큰지에 따라 얼마나 포괄적인 결정 모델을 만들지가 결정된다. 간단하게 설명하기 위해, 잘못된 의사 결정의 비용과 파급 효과에 따라 영향력이 적은 의사 결정과 영향력이 큰 의사 결정으로 분류한다.

- **클래스1: 영향력이 적은 의사 결정**

  잘못된 결정으로 인한 비용이나, 파급 효과로 인한 영향력이 적은 결정을 위해선 경험 법칙이나 휴리스틱스(heuristics)[25]를 사용할 수 있다. 이를테면 3000마일 주행할 때마다 자동차 오일 교환, 6개월마다 치과 방문, 또는 하루에 한 번 이상 속옷 갈아입기 같은 선택들이 대표적이다.
- **클래스2: 영향력이 큰 의사 결정**

  영향력이 큰 의사 결정(주택이나 자동차 구입, 예방 접종, 안전벨트 착용, 음주

---

25 시간이나 정보가 불충분하여 합리적인 판단을 할 수 없거나, 굳이 체계적이고 합리적인 판단을 할 필요가 없는 상황에서 어림짐작으로 신속하게 선택하는 것을 의미한다.

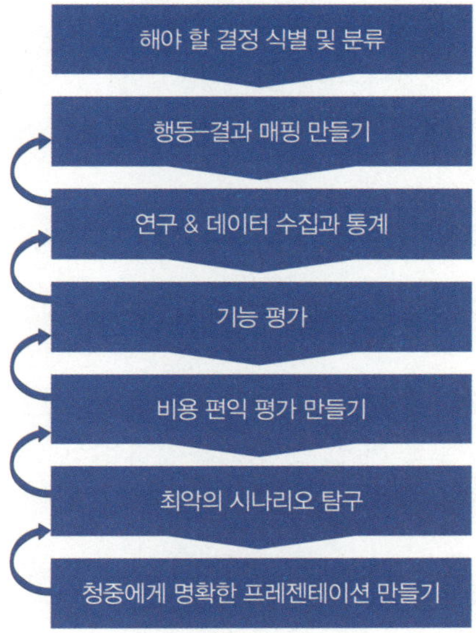

〈그림 5.2〉 정보에 입각한 의사 결정 프레임워크

후 운전 등)을 할 때는 관련 데이터를 광범위하게 수집한 뒤 예상되는 결과(의도하지 않은 결과 포함)를 평가한 뒤 보다 광범위한 모델을 구축할 수 있다. 그렇게 함으로써 정보에 입각해서 보다 지능적인 결정을 할 수 있다.

〈그림 5.2〉는 영향력이 큰 결정을 내려야 하는 상황에 직면했을 때 누구나 사용할 수 있는 의사 결정 프레임워크를 보여 준다.

의사 결정 프레임워크는 클래스2 의사 결정을 위해 사용되어야 한다. 클래스2는 잘못된 결정으로 발생하는 비용과 파급 효과가 크기 때문에 가능하면 많은 선택권과 발생 가능한 결과를 고려해야 하기 때문이다. 의사 결정 프레임워크는 다음 단계들로 구성된다.

1. **해야 할 결정 식별 및 분류:** 결정해야 할 사항에 대해 간단한 가설을 세우는 것에서부터 의사 결정 과정이 시작된다. 도출하고자 하는 결론을 명확하게 서술하고, 진행 상황과 성공 여부, 효과를 측정할 성과지표(KPI)와 척도를 확인한다.

2. **의사 결정 매트릭스 만들기**: 행동과 잠재적 결과를 연결 짓는 의사 결정 매트릭스를 만들도록 하라. 그렇게 하면 선택할 수 있는 의사 결정의 비용과 파급 효과를 파악하는 데 도움이 된다. 의사 결정 매트릭스에 대해서는 뒷부분에서 자세하게 다룬다.
3. **신뢰할 만한 데이터 조사하고 수집하기**: 다음으로, 결정을 뒷받침하는 데 필요한 데이터를 식별하고 조사하고 수집한다. 의사 결정 매트릭스를 위한 데이터를 조사하고 수집할 때는 출처의 진실성과 신뢰성을 평가하는 것이 어려운 작업이다. 각 데이터의 출처에 대해서는 신중하고 객관적으로 평가해야 한다. 분석에 각 데이터의 출처를 포함해야만 비판을 막아 낼 수 있기 때문이다.
4. **비용 편익 평가 작성**: 특히 현저한 영향을 미치는 결정을 할 때는 비용 혜택에 대해 철저하게 평가하는 것이 굉장히 중요하다. 이 단계에서는 의사 결정 매트릭스의 각 항목과 관련된 혜택뿐 아니라 직접, 간접비용을 모두 파악해야 한다. 이러한 요소를 신중하게 평가함으로써 선택할 수 있는 의사 결정의 장점과 단점에 대해 포괄적으로 이해할 수 있다.
5. **최악의 시나리오 탐색**: 충분히 고려해서 최악의 시나리오를 탐색하라. AI 모델을 구축할 때는 최악의 시나리오 탐색이 특히 중요하다. 잘못되거나 부정확한 의사 결정을 할 경우 어떤 파급 효과가 있을지 평가하라. 이런 위험 요소들을 철저하게 파악함으로써 단점을 더 확실히 이해할 수 있으며, 더 많은 정보를 바탕으로 의사 결정을 할 수 있다.
6. **명확한 프레젠테이션 만들기**: 평가 결과와 발견한 사항들을 효과적으로 전달할 수 있는 데이터를 시각화하고 그래픽을 작성하라. 시각적으로 매력 있고, 정보량이 많은 자료를 만들게 되면 평가를 더 명확하게 전달하면서 이해도를 높일 수 있다. 그렇게 하면 결과적으로 의사 결정 과정을 수월히 할 수 있게 된다.

다시 말하지만, 이런 과정들이 분석 마비 상태로 이어지도록 해서는 안 된다. 왜냐하면 정보를 토대로 한 의사 결정 프레임워크를 따르는 속도와 깊이는 잘못된 의사 결정으로 초래된 비용과 파급 효과에 따라 크게 달라지기 때문이다.

> 의사 결정의 의도하지 않은 결과를 식별하고 이해하기 위해 특별히 신경을 써야만 한다. 8장에서는 의도하지 않은 결과가 초래할 영향을 식별하고 평가하는 방법을 설명하는 데 좀 더 많은 분량을 할애한다.

의사 결정 매트릭스

의사 결정 과정을 돕기 위해 다양한 유형의 의사 결정 매트릭스를 사용할 수 있다. 의사 결정의 중요도와 잘못된 결정이 초래할 결과를 고려해 어떤 매트릭스를 사용할지 정하면 된다.

의사 결정 매트릭스는 미리 정한 기준에 따라 가능한 여러 선택이나 대안을 평가하는 데 사용하는 도구다. 의사 결정 매트릭스는 개인이나 팀이 각 선택 사항의 장단점을 고려한 뒤 정보를 기반으로 합리적인 선택을 하는 데 도움을 주는 구조화된 의사 결정 접근 방식이다. 여기에는 일반적으로 선택이나 대안 목록, 결정에 중요한 척도 목록, 각 선택이 개별 척도에서 받는 등급 같은 것들이 포함돼 있다. 각 등급은 개별 선택의 전체 점수를 계산하는 데 사용된다. 대안을 비교하고 순위를 매기는 데도 사용될 수 있다. 의사 결정 매트릭스는 결정을 위한 필수 척도를 바탕으로 최상의 선택을 찾아내는 데 도움을 줄 수 있다.

예를 들어, 영화 네 편 중에서 저녁에 볼 영화 하나를 결정하려고 한다고 가정해 보자.

- 영화 1은 몸값이 비싼 영화배우가 출연하는 대작 에스에프(SF) 영화(〈스타워즈〉, 〈반지의 제왕〉, 〈아바타〉, 〈어벤저스〉)이다.
- 영화 2는 로맨틱 코미디에 여러 번 출연한 인기 남녀 배우가 나오는 클래식 로맨틱 코미디물(〈로맨싱 스톤〉, 〈시애틀의 잠 못 이루는 밤〉, 〈사랑의 블랙홀〉)이다.
- 영화 3은 아카데미상 수상 경력이 있는 배우들이 출연한 작품으로 해외 현지 촬영을 한 대작 드라마(〈아웃 오브 아프리카〉, 〈타이타닉〉)이다.
- 영화 4는 친숙한 유명 배우들이 출연한 시대물 예술영화(〈다운튼 애비〉, 혹은 〈작은 아씨들〉)이다.

기준(1~10)	영화 1 SF	영화 2 로맨틱 코미디	영화 3 드라마	영화 4 예술영화
연기	4	9	8	10
감독	4	9	7	8
스토리라인	5	7	9	6
대사	4	8	9	9
장르	8	7	6	4
특수 효과	9	4	4	3
단순 합계	34	44	43	40
단순 점수(최대치의 %)	57%	73%	72%	67%
가중치 없는 순위	4	1	2	3

〈그림 5.3〉 간단한 의사 결정 매트릭스 사례

다음으로, 우리는 특정 기준에 따라 선택 대상 영화를 논리적으로 평가하기 위해 간단한 의사 결정 매트릭스를 만들려고 한다. 각 기준을 평가하기 위해 1에서 10까지 점수를 부여한다. 1은 가장 바람직하지 않은 것을 나타내고, 10은 가장 바람직한 선택을 표시한다.

의사 결정 매트릭스를 설정하려면 이해관계자들 사이에 많은 고민과 협력이 있어야만 한다. 의사 결정 평가 기준을 확립하기 위해 상당히 많은 연구, 토론, 논쟁을 해야 한다. 포괄적이고 관련성 있는 의사 결정 매트릭스를 구축하는 데 필요한 이해관계자 협업의 핵심 단계는 다음과 같다.

1. **선택 후보 포착하기**: 평가 대상 선택 후보들은 상호 배타적이고 전체를 포괄해야 한다. 상호 배타적이라는 것은 선택 후보들이 서로 겹치지 않아야 한다는 의미다. 그리고 전체를 포괄한다는 것은 현재 운영하고 있는 영역에서 가능한 모든 대안을 포함한다는 뜻이다. (영화를 선택하는 우리 사례에서는 운전해서 갈 수 있는 거리 내 영화관만 평가한다는 것을 의미한다). 의사 결정 매트릭스는 모든 선택 후보를 고려하도록 하면서, 중복 평가나 공

백이 없도록 설계된다.

2. **평가 기준 결정하기**: 다음 단계는 다양한 선택 후보나 대안을 평가할 기준을 확립하는 것이다. 결정의 중요성(그리고 잘못된 결정이 초래할 비용)과 이해관계자의 수 및 다양성에 따라 평가 기준의 수가 크게 달라진다. 평가 기준은 6개에서 12개 사이가 일반적이다. 기준이 너무 적으면, 선택 후보들을 구분하는 것이 너무 어려워진다. 반면 너무 많은 경우엔 평가 과정이 수렁에 빠질 수 있다. 기준을 확정했으면 의사 결정 매트릭스의 열 머리글(column header)로 입력하면 된다.
3. **평가 기준 순위 결정**: 마지막 단계는 선택(이번 사례에서는 영화)의 각 평가 기준의 순위를 정하거나 등급을 매기는 작업이다. 평가 기준이 특정 선택 후보(우리 경우에는 영화)와 잘 일치하는지 보여 주는 값(일반적으로 1에서 10)을 의사 결정 매트릭스의 각 셀에 입력한다.

영화 평가 순위 설정 방식을 토대로 평가한 결과 로맨틱 코미디가 가장 높은 순위를 차지했으며, 대작 드라마와 예술영화가 그 뒤를 바짝 좇았다. 에스에프 영화는 멀찍이 떨어진 4위였다.

퓨 의사 결정 매트릭스

스튜어트 퓨(Stuart Pugh)가 발명한 퓨 의사 결정 매트릭스는 선택 후보 모음–특정 기준에 따라 평가되고 비교된 대안이나 선택 모음–에서 다차원 선택 후보들의 순위를 매기는 데 사용되는 질적 연구 기법이다. 퓨 의사 결정 매트릭스는 기준 점수를 사용해 어떤 해결책이나 대안을 선택할지 결정하는 기준 기반 의사 결정 매트릭스다.

퓨 의사 결정 매트릭스는 다음과 같은 장점들이 있다.

- **체계적인 평가**: 여러 선택 후보들을 평가한 뒤 결정할 수 있는 구조화된 방법을 제공한다.
- **명확한 평가 기준**: 선택 후보들을 평가하는 데 사용되는 기준이 명확하게 정의되어 있다. 따라서 의사 결정 과정이 좀 더 투명해진다.

- **여러 요소 고려**: 의사 결정을 할 때 비용, 시간, 성과, 실현 가능성 같은 여러 가지 요소를 고려할 수 있다.
- **강점과 약점 파악**: 각 선택 후보의 강점과 약점을 강조해 주기 때문에 비교하기 쉽다.
- **커뮤니케이션 개선**: 이해관계자에게 의사 결정 과정을 설명하고 정당화하는 데 사용할 수 있다.

단순 의사 결정 매트릭스와 퓨 의사 결정 매트릭스의 차이점은 마지막 4단계에서 볼 수 있는 것처럼 평가 기준에 가중치를 추가한다는 점이다.

4. **평가 기준 가중치 결정**: 모든 평가 기준의 가치가 동일한 것은 아니다. 따라서 이 부분에서 다양한 이해관계자의 개인적인 선호, 경험, 논리적 근거가

평가 기준(1~10)	가중치	영화 1 SF	영화 2 로맨틱 코미디	영화 3 드라마	영화 4 예술영화
연기	4	9	6	8	3
감독	6	6	9	7	3
스토리라인	9	5	7	9	6
대사	4	9	5	5	5
장르	10	8	7	6	4
특수 효과	9	9	4	4	3
단순 합계		34	44	43	40
점수(최대치의 %)		57%	73%	72%	67%
가중치 없는 순위		4	1	2	3
가중치 합계	420	314	280	257	160
가중치 점수		75%	67%	61%	38%
가중치 순위		1	2	3	4

〈그림 5.4〉 퓨 매트릭스

작동한다. 각 평가 기준의 순위를 매길 때는 1부터 10까지의 척도(10이 가장 높은 선호도)를 사용하는 것이 가장 좋다. 6~12개의 기준이 있으면 평가 과정이 포괄적이면서도 관리할 만한 수준이다. 각 평가 기준의 가중치를 의사 결정 매트릭스에 입력해 보라. 영화 선택 과정을 상세히 하기 위해 퓨 의사 결정 매트릭스를 만들어 보자.

〈그림 5.4〉에서 확인할 수 있는 것처럼 퓨 의사 결정 매트릭스를 사용해 다양한 평가 기준의 가중치를 고려하게 되면 단순 의사 결정 매트릭스(로맨틱 코미디가 1위 선택 후보)와는 다른 결과(SF 영화가 1위)를 얻을 수 있다.

평가 그룹이 크고 다양한 경우 평가 기준 가중치를 결정하는 과정이 길어질 수도 있다. 각 기준에 대해 단일 가중치를 정하는 것도 어려울 수 있다. 그러나 서로 소통하면서 가중치를 변경하고 그 결과를 확인하면 어떤 평가 기준이 평가 과정에서 가장 중요하고 민감한지 이해하고는 깜짝 놀라게 된다. 요약하면 의사 결정 매트릭스와 퓨 의사 결정 매트릭스는 다양한 평가 기준을 토대로 선택 후보들과 대안을 비교한다. 6장에서는 의사 결정 매트릭스를 지원하는 분류 알고리즘의 성능을 평가할 때 혼동 행렬(Confusion matrix)이 하는 역할에 대해 알아본다.

우다 루프

우다 루프(OODA loop)는 군사 전략가이자 미국 공군 대령인 존 보이드(John Boyd)가 개발한 4주기 **관찰(observe)–지향(orient)–결정(decide)–행동(act)** 과정이다. 보이드 대령은 공중전을 지원하기 위해 OODA 모델을 개발했다. 공중전 도중에는 실시간 의사 결정이 삶과 죽음을 가를 정도로 큰 차이를 가져올 수 있다.

OODA 루프 접근법은 실제 환경에서 운영할 때 정보를 기반으로 한 의사 결정에서는 민첩성이 굉장히 중요하다고 강조한다. OODA의 네 단계는 다음과 같이 구성된다.

- **관찰**: 현재 상황은 어떤가? 현재 상황에 영향을 미치는 요인은 무엇인가? 현재 상황을 바꾸어야 하는 근본적 이유는 무엇인가? 현재 상황을 유지하는 데 드는 비용이나 문제는 무엇인가?

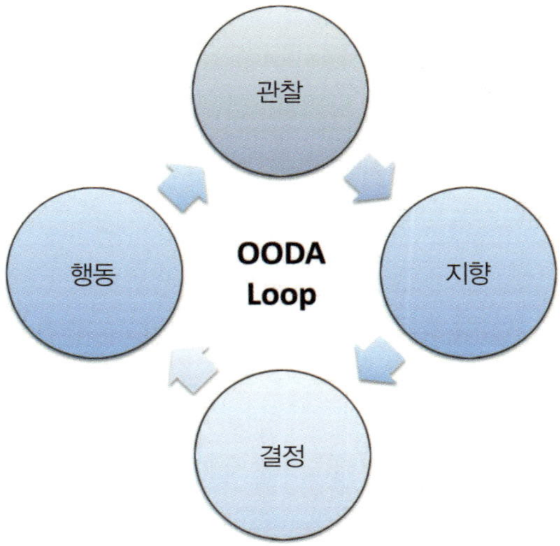

〈그림 5.5〉 OODA 의사 결정 루프

- **지향**: 도달하고 싶은, 혹은 도달해야 하는 지점을 고려할 때, 현재 어떤 상태에서 사업을 하고 있는가? 원하는 결과는 무엇인가? 원하는 결과로부터 얼마나 멀리 떨어져 있는가?
- **결정**: 원하는 결과에 도달하기 위해서는 어떤 행동이나 의사 결정을 해야 하는가? 그런 의사 결정이나 행동을 하면 어떤 이점이 있는가? 행동하는 데 장애물은 무엇인가? 의사 결정에 실패할 경우 어떤 결과가 초래되는가?
- **행동**: 이런 잠재적 장애물을 고려했을 때, 실행 계획은 무엇인가?행동을 실행하기 위해 택할 접근 방식이나 방법은 무엇인가? 이런 결정의 효과는 어떻게 측정하나? 배운 내용을 어떻게 다음 의사 결정에 반영하려고 하는가?

그렇다. 내면의 '탑건 매버릭(Top Gun Maverick)'을 받아들이라!

당면한 의사 결정과 관련된 비용과 위험을 기준으로 대부분의 상황에 적용할 수 있는 세 가지 의사 결정 프레임워크를 제시했다. 환상적인 시작이다! 하지만 의사 결정 매트릭스를 활용할 때에도 비판적 사고를 활용해 결과의 신뢰성과 타당성을 검증하는 것이 매우 중요하다.

의사 결정에서 비판적 사고

비판적 사고란 실행 가능하고 정당한 판단을 내리기 위해 쟁점이나 주제를 합리적이고 객관적으로 분석, 탐구, 평가하는 것을 의미한다. 비판적 사고를 제대로 이해하기 위해선 객관성부터 알아야만 한다고 생각한다.

객관성은 근본적으로 정확한 정보를 근거로 똑똑한 의사 결정을 하기 위한 기초다. 의사 결정 과정에 참여할 때는 선입견으로부터 자유로운 열린 마음으로 접근하는 것이 중요하다. 마음속에 미리 어떤 결정을 내렸다면, 자신의 입장을 뒷받침하는 증거를 선택적으로 찾으면서 믿음과 모순되는 정보는 무시해 버리는 위험에 빠질 수 있다. 따라서 객관성을 무엇보다 중요하게 간주하고 개인적 편견을 의식적으로 피하는 것은 비판적 사고를 습득하고 정보에 입각한 의사 결정을 하는 데 필수 요소다.

1장에서 살펴본 것처럼 다양한 임무를 갖고 있는 조직들은 의사 결정에 영향을 미치기 위해 개인 데이터를 수집한다. 반쪽짜리 진실, 가짜 뉴스, 노골적인 거짓말

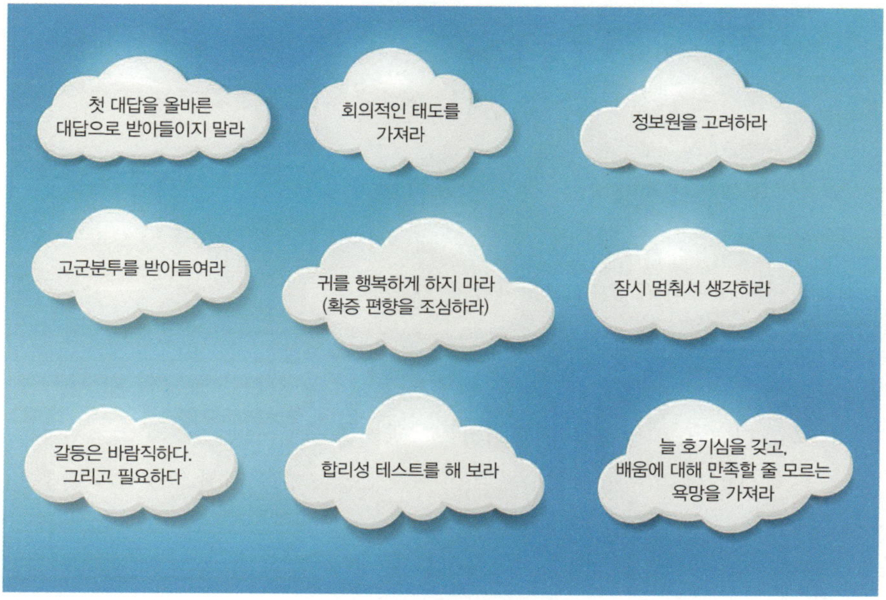

〈그림 5.6〉 비판적 사고의 열쇠

이 진실처럼 제시되는 세상에서는 비판적 사고가 가장 강력한 무기다.

앞에서 설명한 비판적 사고의 핵심을 조금 더 자세히 탐구해 보자.

- **첫 번째 답을 믿지 말라.** 첫 번째 답은 "이 정도면 충분하다"하고 받아들이기 매우 쉽다(그리고 게으르다). 그러나 충분하다는 것만으로는 충분하지 않은 경우가 많다. 좀 더 탐구해 보면 더 좋은 답이 있는 경우가 일반적이다. 좀 더 나은 '충분히 좋은' 답이 있는지 탐구하기 위해 시간과 노력을 투자하는 훈련을 받을 필요가 있다.
- **회의적인 태도를 가져라.** 누군가의 사실 진술을 정말로 사실로 받아들이지 않도록 하라. 보고 들은 것에 의문을 제기하라. 누군가의 말을 액면 그대로 받아들이는 것은 게으른 일이다. 그리고 위험할 수도 있다. 사실과 의견을 구분하는 법을 배워라. 의견에 대해 무엇이라고 말하는지 알 것이다.
- **정보원을 고려하라.** 정보를 수집할 때는 정보원의 신뢰성과 경험을 살피도록 하라. 그리고 무엇보다 중요한 것은, 정보원의 의제를 고려하라. 모든 정보원이 같은 가치를 갖는 것은 아니다. 정보원의 신뢰도는 그 정보원의 편향과 편견에 크게 좌우된다.
- **듣고 싶은 답변만 찾지 말라.** 듣고 싶은 대답을 기다리느라 다른 말을 무시하지 않도록 하라. 예상하지 못했던 대답을 듣는 데 집중하라. 그 순간 진정한 배움이 시작된다.
- **고군분투를 받아들여라.** 쉬운 답이 늘 가장 좋은 대답은 아니다. 쉬운 답이 가장 좋은 답인 경우는 거의 없다. 왜냐하면, 우리는 극도로 복잡하고 역동적인 세상에 살고 있기 때문이다.
- **호기심을 유지하라.** 배움에 대해 만족할 줄 모르는 욕망을 키워라. 이 말은 AI와 머신러닝 같은 신기술이 빠르게 발전하고 있는 오늘날의 세상에서는 특히 더 명백한 진실이다. 호기심은 고양이를 죽일 수도 있다(Curiosity may have killed the cat).[26] 하지만 어쨌든 고양이가 나 대신 결정하는 것을 원

26 호기심이 지나치면 위험하다는 뜻이다. "너무 많이 알면 다친다" 정도로 번역할 수도 있다.

하지는 않는다.

- **합리성 테스트를 해 보라.** 읽은 내용이 논리적으로 말이 되는가? 들은 내용이 대다수의 전문가들이 말하는 것과 크게 차이가 있는가? 들은 것이 사실이라는 데 한 달 월급을 걸 수 있는가? 기술은 빠르게 변화하고 있지만, 사회적 규범과 윤리는 그렇지 않다.
- **잠시 멈춰서 생각하라.** 조용한 곳에 앉아, 심호흡을 하고, 지금까지 해 온 모든 것에 대해 생각해 보라. 납득할 만한가? 모든 것이 서로 맞닿아 있는가? 아니면 이야기가 작동하도록 하기 위해 엄청난 믿음의 도약(leaps of faith)[27]을 해야 하는가? 서둘러 답을 찾기 전에 시간을 내어서 여러분의 행동이 몰고 올 파장에 대해 신중하게 생각해 보라.
- **갈등은 바람직하다…그리고 필요하다.** 삶은 이율배반으로 가득 차 있다. 우리는 수많은 경쟁 요소 가운데 한 요소를 높이면서 다른 요소는 낮추는 방식으로 미묘한 균형을 유지해야만 한다. 이런 갈등을 피하지 말고 받아들여라. 상충되는 견해와 관점 사이에서 최적화를 시도하는 것이야말로 혁신을 움직이게 하는 연료다.

그리고 마지막으로 우리 어머니한테 들은 말이 하나 있다. 사실이라기에는 너무 좋게 들린다면, 아마도 사실이 아닐 것이다.

요약

AI와 데이터 리터러시에 관한 모든 것은 우리가 정보에 입각해서 합리적으로

흔히 고양이는 위험한 상황에서도 잘 살아남는 동물로 통한다. 그래서 영어에는 'A cat has nine lives'란 표현도 있다. 호기심이 지나치면 생명이 질긴 고양이까지 죽게 만들 수도 있다는 의미인 셈이다.

27 무형이거나 증명할 수 없거나, 경험적 증거가 없는 것을 믿거나 받아들이는 행위다. 19세기 덴마크의 철학자 쇠렌 키르케고르가 처음 사용한 말이다.

의사 결정을 하는 데 적용해 도움을 받을 수 있다. 의사 결정은 이론과 실제 적용이 합쳐지는 중요한 연결점으로, 궁극적으로 사회 전체에 이익이 된다. AI의 힘을 이용하고 데이터를 효과적으로 해석하고 활용하는 방법을 이해하게 되면 우리 자신과 사회가 이성과 지식에 토대를 둔 선택을 할 수 있도록 힘을 불어넣을 수 있다. 그리고 이는 모두에게 긍정적인 결과를 가져오게 된다.

모든 의사 결정에 제대로 된 의사 결정 매트릭스 과정이 필요한 것은 아니다. 하지만 정보에 바탕을 둔 의사 결정을 근육 기억처럼 얼마나 빨리 발전시킬 수 있는지 알게 되면 깜짝 놀랄 것이다. 조직들이 반쪽짜리 진실, 선의의 거짓말, 가짜 뉴스, 대안적 사실을 이용해 여러분의 태도, 신념, 행동에 영향을 미치려고 하는 세상에서 정보를 바탕으로 한 의사 결정은 매우 중요한 기술이다.

다음 장에서는 개인과 사회가 정보를 토대로 한 의사 결정 능력을 개발하는 데 꼭 필요한 기본적인 통계 개념에 대해 좀 더 자세히 살펴본다.

참고문헌

1) Rose, T.(2016.1.16). When U.S. air force discovered the flaw of averages. *Toronto Star*, https://www.thestar.com/news/insight/when-u-s-air-force-discovered-the-flaw-of-averages/article_e3231734-e5da-5bf5-9496-a34e52d60bd9.html

2) Hough, L.(2015.8.24). Beyond Average. *Harvard Ed Magazine*. https://www.gse.harvard.edu/ideas/ed-magazine/15/08/beyond-average

3) Kenton, W.(2023.12.19). Sensitivity analysis definition, *Investopedia*. https://www.investopedia.com/terms/s/sensitivityanalysis.asp

4) Kenton, W.(2023.11.2). Monte Carlo Simulation: History, how it works, and 4 key steps. *Investpedia*, https://www.investopedia.com/terms/m/montecarlosimulation.asp

6장
예측과 통계

AI와 데이터 리터러시 교육 프레임워크의 네 번째 요소에서는 예측과 통계 역량에 초점을 맞춘다. 예측과 통계에 정통하다는 것은 조직의 방대한 데이터 더미에서 찾아낸 유형, 추세, 관계를 활용해 어떤 일이 일어날지 예측해서 좀 더 정확하고 정밀한 의사 결정을 할 수 있는 힘을 갖추는 것을 의미한다.

확률은 일상생활에서 우리가 하는 예측을 뒷받침해 준다. 우리는 내일 날씨를 예측하기 위해 뉴스를 시청한다. 운전해서 극장까지 가는 데 얼마나 시간이 걸리는지 예측하기 위해 지피에스(GPS)를 사용한다. 좋아하는 스포츠 팀의 승리 여부를 예측하는 스포츠 전문가의 칼럼을 읽는다. 그리고 통계학의 기초를 통해 어떤 일이 일어날지 예측하는 데 도움이 되는 확률을 알아낸다.

통계를 탄탄하게 이해한다는 것은 단순히 이론적인 지식으로 무장하는 수준을 넘어서는 것을 의미한다. 좀 더 정확한 예측을 하고, 궁극적으로는 더 나은 의사 결정을 할 수 있게 된다. 통계는 평균, 분산, 확률 같은 필수 개념을 이해하는 기초가 된다. 이런 기본적인 통계적 척도에 대해 이해하게 되면 데이터와 관련된 중심 경향, 변동성, 가능성에 대한 통찰을 얻을 수 있다. 하지만 이렇게 이해한 것들의 진정한 가치는 의사 결정 과정에 적용할 수 있다는 점에 있다.

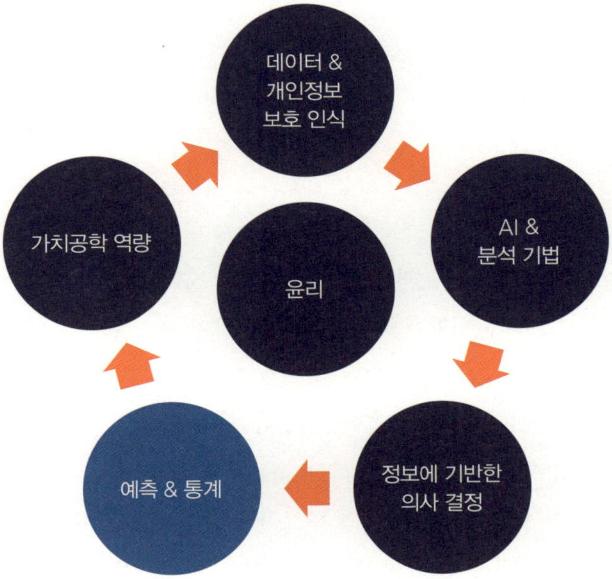

예를 들어, 코로나19 백신 접종 시나리오를 둘러싼 복잡한 상황을 보면 정보를 기반으로 한 의사 결정을 하는 데 통계가 얼마나 중요한지 잘 알 수 있다. 백신 효능 비율이나 백신의 실제 영향력 같은 검증된 과학적 데이터를 이해하고 분석하는 것은 정보를 기반으로 개인이나 공중 보건에 대해 의사 결정을 하는 데 필수 요소다.

이런 사례에서 우리는 개인의 삶이나 더 넓은 사회에 실제 영향을 미치는 선택을 하기 위해 통계 데이터에 대해 잘 알고 있어야만 할 뿐 아니라 그런 데이터를 비판적으로 평가할 능력이 필수적임을 알게 된다. 종으로서 생존과 인간으로서 성공 여부는 좀 더 많은 정보를 바탕으로 한 의사 결정을 통해 생존과 성공 확률을 높일 수 있느냐에 달려 있다. 통계와 확률을 이해하게 되면 정보에 입각한 의사 결정을 하는 데 도움이 될 수 있다.

간단히 설명하자면 6장에서는 다음 주제를 다룬다.

- 예측이란 무엇인가?
- 통계와 확률의 관계 이해하기
- 확률은 사실이 아니다. 여전히 확률일 뿐이다.
- 혼동 행렬의 역할 소개하기
- 예시를 통해 긍정 오류와 부정 오류 이해하기

예측이란 무엇인가?

예측은 미래 사건의 발생 가능성에 대한 진술이다. 예측은 우리 일상생활에서 본질적인 부분이다. 일기 예보부터 GPS의 판단, 스포츠 경기 결과 예측에 이르기까지 전문가와 알고리즘은 과거 데이터와 현재 상황 요소를 분석한 뒤 유형, 추세, 관계를 파악한다. 그리고 이런 정보를 바탕으로 예측을 한다. 이런 예측들은 과거의 통찰과 현재 정보를 결합함으로써 우리가 계획을 세우고, 정보를 바탕으로 한 의사 결정을 하며, 세계를 좀 더 확실하고 효율적으로 탐색하는 데 큰 힘이 된다.

우리는 과거 성과가 미래의 행동과 태도를 예측하는 능력이 굉장히 뛰어나다는 사실을 알고 있다. 멀리 갈 필요도 없이 야구에서 내야수의 수비 시프트를 보면 알

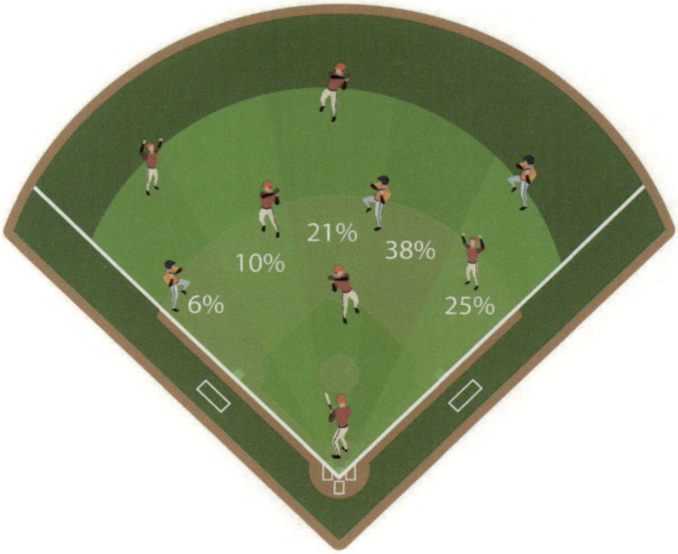

〈그림 6.1〉 타자들의 타격 예측을 토대로 한 내야수 수비 시프트

수 있다. (2023년부터는 시프트가 금지됐다.) 수비 시프트는 타자의 타격 성향에 대한 예측을 토대로 수비수들을 배치하는 것이다.

미국 **증권거래위원회(SEC)**는 투자자들에게 펀드의 과거 성과가 미래 실적을 보장해 주지 않는다고 경고한다. 하지만 잘 운용되는 펀드는 시간이 지날수록 부실한 펀드보다 예측 가능한 실적을 만들어 낸다는 점을 인정할 필요가 있다. 과거 실적을 통해 펀드의 운용 전략, 위험 관리 관행, 전반적인 성과에 대한 귀중한 통찰을 얻을 수 있다. 현명한 투자자들은 펀드의 투자 철학, 포트폴리오 구성, 운용팀의 전문성과 경험 같은 요소뿐 아니라 과거 실적을 신중하게 평가하는 것이 얼마나 중요한지 잘 알고 있다. 그래야만 우수한 투자 성과를 달성할 확률을 높일 수 있기 때문이다.

다음 섹션에서는 중요한 통계 기본 개념에 초점을 맞춘다. 통계는 많은 사람들이 어려워하는 수학의 한 영역이다. 하지만 이 책에서는 기본 개념에 대해 실용적으로 설명하고, 정보를 기반으로 한 의사 결정에서 통계가 어떤 역할을 담당하는지 알리는 데 초점을 맞출 것이다.

확률과 통계 이해하기

예상되는 결과를 예측하는 것은 어려운 작업이다. 요기 베라(Yogi Berra)[28]의 유명한 말처럼 "예측하는 것은 어렵다. 미래를 예측하는 것은, 특히 어렵다." 확률, 신뢰 수준 및 신뢰 구간에 대해 정교하게 이해하고 있어야만 정확한 예측을 할 수 있다.

확률은 특정 사건이 발생할 가능성을 측정하는 척도이며, 일반적으로 백분율(0%에서 100% 범위)로 표시한다. 예를 들어 배리 본즈가 샌프란시스코 자이언츠에서 뛰던 2024 시즌 기록을 살펴보면 우리는 그가 안타를 칠 확률이 36.2%(100타석당 36.2개 안타에 해당)라는 사실을 알 수 있다.

특정 결과가 발생할 가능성을 평가해서 정보에 입각한 결정을 하는 데 꼭 필요한 통찰을 얻기 위해서는 통계에 대해 반드시 알아야만 한다. 확률은 이용 가능한 데이터와 통계 분석을 통해 도출한 추정 수치라는 점을 인지하는 것이 중요하다. 확률은 상대적인 가능성을 평가하기 위한 프레임워크를 제공하는 것이다. 따라서 확률이 명확한 결과를 보증하는 것은 아니라는 사실을 염두에 둘 필요가 있다. 예측의 효율성을 높이려면 통계의 힘을 활용해야 한다.

통계는 수치 데이터를 대량으로 수집하고 분석하는 방법 혹은 과학이다. 특히 대표 표본의 확률을 통해 전체 비율을 추론하는 데 사용된다. 우리는 통계 기법을 활용해 유형을 분석하고, 상관관계를 파악하며, 보다 정확하고 신뢰할 수 있는 예측을 할 수 있도록 해 주는 소중한 통찰을 발견할 수 있다.

통계를 사용해 확률을 계산하고 예측을 할 때는 평균, 분산, 표준 편차, 신뢰 구간과 신뢰 수준 같은 통계 개념을 알아야 한다. 이것들은 통계를 활용해 정보에 입각한 의사 결정을 하려는 모든 사람들이 알아 둬야 하는 기본적인 통계 개념이다. 이런 기본 개념을 정의해 보자.

---

28 미국 프로야구 명문팀인 뉴욕 양키스에서 활약했던 전설적인 포수다. 뉴욕 양키스 팀에서 18년 동안 뛰면서 14번 월드시리즈에 진출해 10번 우승하는 데 결정적인 역할을 했다. 요기 베라는 야구계에서 널리 회자되는 "끝날 때까지는 끝난 것이 아니다(It ain't over till it's over)"라는 말을 남긴 것으로도 유명하다.

- **평균**은 숫자 집합의 합을 집합 내 숫자 개수로 나눈 값이다.
- **분산**은 동일한 숫자 또는 관측값 집합의 평균으로부터 숫자나 관측값이 얼마나 퍼져 있는지를 측정한다. 즉, 분산은 데이터가 평균을 기준으로 얼마나 퍼져 있는지를 나타낸다.
- **표준 편차**는 단순히 분산의 제곱근이다. 표준 편차가 낮다는 것은 데이터가 평균 근처에 모여 있다는 의미다. 반면 표준 편차가 높으면 데이터가 더 분산되어 있다는 뜻이다. 표준 편차가 0에 가까우면 데이터 포인트(data point)[29]들이 평균에 가깝다는 것을 나타낸다. 반대로 표준 편차가 높거나 낮으면 데이터 포인트들이 각각 평균보다 높거나 낮다는 것을 의미한다.
- **신뢰 구간**은 실험을 반복하거나 모집단과 유사하게 다시 표집할 경우, 추정치가 일정 비율만큼 그 사이에 속할 것으로 예상되는 값의 범위다.
- **신뢰 수준**은 추정치가 신뢰 구간의 상한과 하한 사이에서 재연될 것으로 기대하는 횟수의 백분율이다.

평균, 표준 편차, 신뢰 수준 같은 통계적 개념을 적용한 간단한 사례를 살펴보자.

영국 시청자 100명과 **미국** 시청자 100명을 대상으로 조사한 결과 두 그룹 모두 주당 평균 TV 시청 시간이 35시간인 것으로 나타났다.[1] 하지만 〈그림 6.2〉를 보면 두 그룹의 TV 시청 유형은 크게 다르다는 것을 바로 확인할 수 있다.

영국인은 미국인에 비해 시청 시간의 분산이 더 크다. 〈그림 6.3〉에서 볼 수 있듯이 두 그룹의 평균은 35시간으로 같더라도, 영국인의 데이터 분산이 더 크기 때문에 신뢰 구간이 미국인보다 더 넓다. 따라서 신뢰 수준을 이해하지 않고 예측을 하려고 하면 잘못된 결정을 내릴 수 있다. 경우에 따라선 위험한 결정이 될 수도 있다.

확률을 토대로 의사 결정을 할 때는 신뢰 수준을 결정하는 것이 중요하다. 신뢰 수준은 모집단의 실제 매개변수가 특정 결과 범위에 확실하게 속할 가능성을 의미

---

29 도표나 그래프 따위의 그래픽 좌표에서 하나의 점을 표시하는 정보.

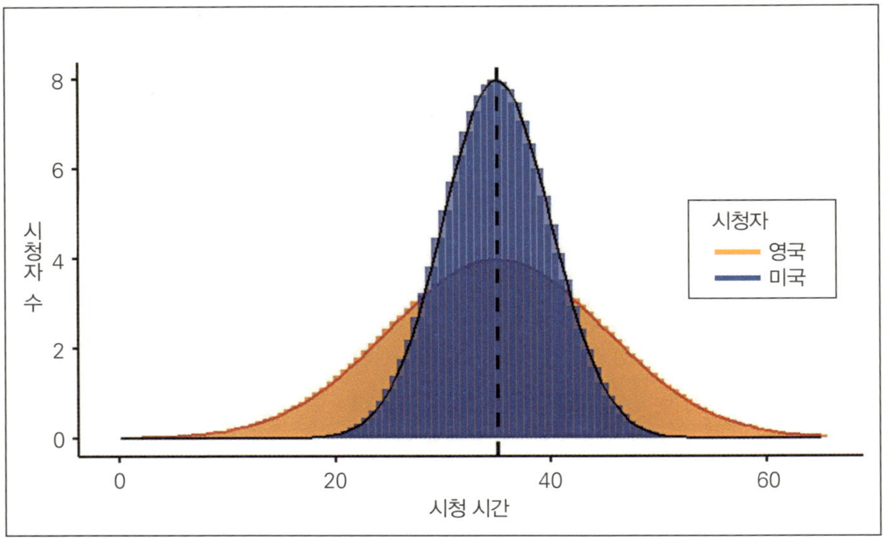

〈그림 6.2〉 평균 TV 시청 시간

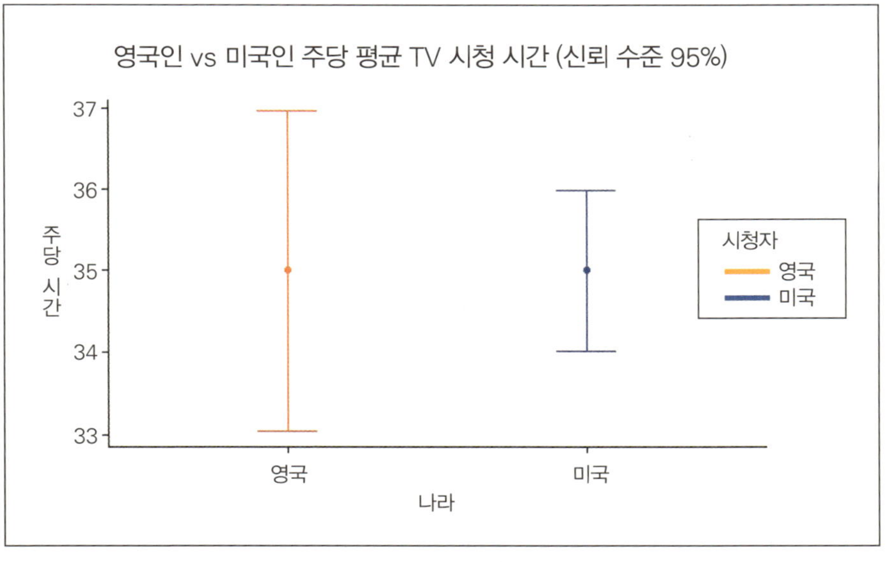

〈그림 6.3〉 평균과 분산이 신뢰 수준을 만들어 낸다

한다. 예를 들어, 95% 신뢰 수준은 동일한 추정 과정을 여러 번 반복했을 때, 계산된 신뢰 구간의 95%가 실제 모집단의 매개변수를 포함한다는 것을 의미한다. (평균으로부터 2 표준 편차 이내)

> 정규 분포된 데이터 집합의 경우, 평균으로부터 1 표준 편차 이내에 있는 값은 전체의 약 68%를 차지하고, 2 표준 편차 이내 값은 약 95%, 3 표준 편차 이내에 있는 값은 약 99.7%를 차지한다.

평균과 신뢰 수준에 대한 이 논의의 요점은 다음과 같다.

예측을 사용해서 의사 결정을 할 때 절대적인 것은 없다. 모든 것은 어떤 일이 일어날 확률과 그 예측의 신뢰도(신뢰 구간과 신뢰 수준)에 바탕을 두고 있다.

그러나 신뢰 수준이 있더라도 확률은 여전히 확률일 따름이다. 99% 확률은 여전히 1%는 틀릴 수 있다는 의미다. 아무리 잘 구성된 모델이라도 무작위적인 주사위 굴림을 피할 수 없다는 사실을 잘 보여 주는 실제 사례를 한번 살펴보자.

확률은 사실이 아니다. 여전히 확률일 뿐이다

파이브서티에이트(FiveThirtyEight)는 인터넷에서 가장 높은 평가를 받는 분석 사이트 중 하나다. 이 사이트의 우수한 예측 능력은 전설적인 수준이다. 파이브서티에이트(와 창업자 네이트 실버)는 2008년 오바마와 매케인이 맞붙은 대통령 선거에서 50개 주 중 49개 주에서 승리자를 정확하게 예측했다. 또 35개 상원 선거 당선자도 모두 맞혔다.[2] 이 정도로 충분하지 않은가? 파이브서티에이트는 2012년 대통령 선거에서 오바마와 롬니가 대결했을 때도 버락 오바마의 승리뿐 아니라, 50개 주 모두의 대선 결과를 정확하게 예측했다.

이런 성과를 배경으로 파이브서티에이트는 2022년 중간선거에서 공화당이 51석 또는 그 이상을 차지하여 미국 상원을 장악할 확률이 58.5%라고 예측했다. 〈그림 6.4〉는 이 분석을 잘 보여 준다.

안타깝지만 가장 뛰어나고 똑똑한 전문가라도 항상 미래를 정확하게 예측할 수

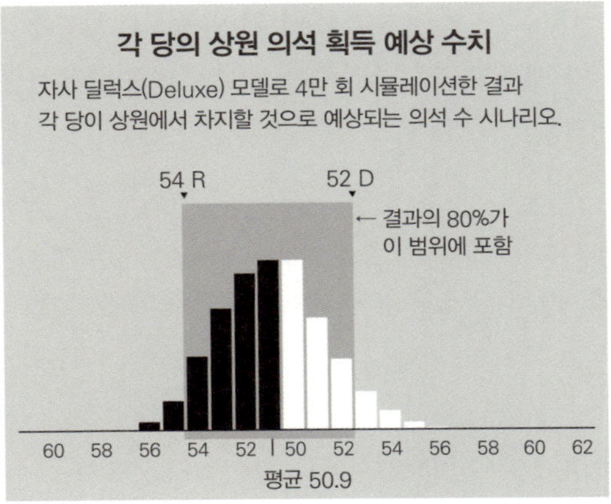

공화당의 상원 의석 수 획득 확률

공화당 의석	확률
51	17.7%
52	16.3%
53	12.7%
54	7.7%
55	3.2%
56	0.9%
공화당이 상원을 지배할 확률	58.5%

〈그림 6.4〉 파이브서티에이트의 2022년 중간선거 예측

는 없다. 파이브서티에이트도 이런 확률의 현실에 부닥쳤다. 공화당은 2022년 중간선거에서 상원을 장악하지 못했을 뿐 아니라(파이브서티에이트는 58.5% 확률로 승리 예측) 심지어 민주당이 의석을 더 확보하기도 했다(파이브서티에이트는 그 가능성을 11.7%로 예측했다).

(내 보험 계리사 친구들을 제외하면) 어느 누구도 통계를 좋아하지 않을 것이다. 하지만 불완전하고 심지어 상충되는 정보가 넘치는 세상에서 정보에 입각한 의사 결정을 하기 위해선 누구나 기본적인 통계 개념을 알고 있어야 한다. 다행스럽게도 평균, 확률, 신뢰 수준 같은 통계는 일상적으로 주변에서 접할 수 있다. 스포츠 팬이거나 온라인 도박을 즐기는 사람이라면 특히 더 그렇다(도박의 기대 수익률을 높이고 싶다면 통계 입문서를 집어 들어라).

몇 가지 기본 통계에 대한 기초를 다졌으니까, 이젠 정보를 기반으로 한 의사 결정을 하는 데 큰 도움이 되는 혼동 행렬(confusion matrix)에 대해 탐구할 차례다. 혼동 행렬은 기본적인 통계 매개변수를 제공해 모델의 효과를 평가할 수 있도록 해 준다.

혼동 행렬 소개

이전 장에서는 정보를 바탕으로 의사 결정을 하는 데 도움이 되는 의사 결정 매트릭스와 퓨 매트릭스에 대해 설명했다. 의사 결정 매트릭스와 퓨 매트릭스를 넘어서는 다음 단계는 적절하게 명명된 통계 구성 개념인 혼동 행렬이다.

혼동 행렬은 예측된 결과와 실제 결과를 비교해 인공지능/머신러닝(AI/ML) 모델의 성능을 평가하는 데 사용된다. 이 행렬은 모델이 예측한 긍정 진실(true positive), 부정 진실(true negative), 긍정 오류(false positive), 부정 오류(false negative)의 숫자를 보여 준다. 즉 모델이 정확하게 예측한 것과 잘못 예측한 숫자를 보여 주는 것이다. 정밀도, 재현율, 정확도 등 다양한 AI/ML 모델 성능 척도를 계산하는 데 사용할 수도 있다. 이를 통해 AI/ML 모델의 강점과 약점을 파악하는 데 도움이 된다.

예를 들어 내가 양치기이고, 양을 지키는 개와 양을 잡아먹으려는 늑대를 정확하게 구별하는 것이 주된 임무라고 가정해 보자. 안타깝게도 나는 시력이 좋지 않다. 그런데 이것은 양치기에게는 좋은 자질이 아니다. 그래서 많은 의사 결정 오류를 경험한다.

- 10% 정도는 늑대를 양치기 개로 착각해서 아무런 보호 조치를 취하지 않았다. 그래서 늑대로 인해 약 2000달러 피해를 입는다.
- 양치기 개를 늑대로 착각해 실수로 죽이는 경우가 5% 정도 된다. 그 결과 양떼를 무방비 상태로 만들게 돼 그 피해가 5000달러에 이른다.

그렇다면 이제 숲에 있는 미지의 동물이 늑대인지 양치기 개인지에 대해 정보를 기반으로 좀 더 정확한 판단을 할 수 있도록 혼동 행렬을 설정해 보자. 목자가 양 떼 중에 있는 동물이 양을 보호하려는 양치기 개인지, 양을 잡아먹으려는 늑대인지 확인하려고 할 때 네 가지 결과가 있을 수 있다. 이 중 상황을 올바르게 평가하는 것은 두 가지 경우다.

- 긍정 진실은 늑대를 늑대로 정확하게 식별하는 경우다. 이때는 적절한 보호 조치를 취하게 된다.
- 부정 진실은 양치기 개를 정확하게 양치기 개로 식별하는 경우다. 이때는 불필요한 조치를 하지 않는다.

하지만 나머지 두 가지 결과는 상황을 잘못 평가한 것들이다.

- 긍정 오류(또는 1종 오류)는 특정 조건이 실제로 존재하지 않는데도 존재한다고 나타낸다. 우리 사례에서 긍정 오류는 실제로는 양치기 개인데도 늑대로 잘못 식별한다(그리고 양을 보호하고 있는 양치기 개에게 실수로 총을 쏘게 된다).
- 부정 오류(또는 2종 오류)는 실제로 존재하는 특정 조건을 존재하지 않는다고 표시한다. 우리 사례에서 부정 오류는 실제로는 늑대인데도 양치기 개라고 잘못 식별한다[그리고 내가 늑대를 무시했기 때문에 그 늑대가 내 양으로 스뫼르고스보르드(smorgasbord)[30]를 즐긴다].

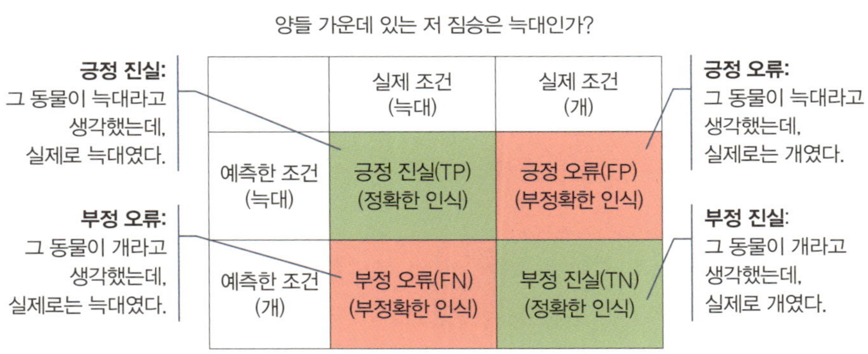

〈그림 6.5〉 양치기의 의사 결정 혼동 행렬

---

30 북유럽에서 유행하는 뷔페식 식사다. 북유럽 원주민인 바이킹족은 음식을 한자리에 차려 놓고 즐기는 문화를 갖고 있었는데, 이런 음식에서 유래한 말이다.

혼동 행렬을 사용하면 다음과 같은 척도를 통해 의사 결정 모델의 적합도와 정확도를 평가할 수 있다.

- 정밀도(precision) = TP/(TP + FP)
- 재현율(recall) 또는 민감도(sensitivity) = TP/(TP + FN)
- 특이도(specificity) = TN/(FP + TN)
- 정확도(accuracy) = (TP + TN)/(TP + FP + TN + FN)

이제 늑대와 개를 구별하는 능력을 향상하기 위해 스마트폰에 AI 기능을 결합한 늑대 탐지 앱을 구축하는 방안을 알아보기 원한다고 가정해 보자. 투자를 정당화하려면 늑대 탐지 앱 덕분에 의사 결정 능력이 충분히 좋아졌는지 확인해야 한다.

기억하라. 늑대 탐지 앱을 구상하기 전에 (양치기인) 나는 다음과 같은 결과를 얻었다.

- 전체 시간의 10%는 긍정 오류를 범했다. 즉 늑대를 양치기 개로 착각해서 아무런 조치를 취하지 않았다. 그 결과 늑대로 인해 2000달러 피해를 입었다.
- 전체 시간의 5%는 부정 오류를 범했다. 즉 양치기 개를 늑대로 착각해 실수로 양치기 개를 죽였다. 그 때문에 양 떼를 무방비 상태로 만들어 5000달러 피해를 초래했다.

〈표 6.1〉 늑대 탐지 앱이 없을 경우 잘못된 결정으로 발생하는 비용

AI 기능을 갖고 있는 늑대 탐지 앱이 없을 경우		
	실제 조건: 늑대	실제 조건: 개
예측 조건: 늑대	긍정 진실(75%) = 75회 발생 비용 없음	긍정 오류(10%) = 10회 발생 발생당 비용 = 2000달러 총비용 = 2만 달러
예측 조건: 개	부정 오류(5%) = 5회 발생 발생당 비용 = 5000달러 총비용 = 2만5000달러	부정 진실(10%) = 10회 발생 비용 없음

100개 사건에 이런 성능 수치를 적용하면 〈표 6.1〉과 같은 혼동 행렬을 얻을 수 있다.

앞에서 내린 정의를 따를 경우 늑대 탐지 앱이 없는 경우 해당 의사 결정 척도는 다음과 같다.

- 정밀도 = 88%
- 재현율/민감도 = 94%
- 특이도 = 50%
- 정확도 = 85%

100건 사례에 AI 기능이 있는 늑대 탐지 앱을 사용한 결과 긍정 오류와 부정 오류를 〈표 6.2〉와 같이 개선할 수 있었다.

〈표 6.2〉 늑대 탐지 앱이 있을 경우 잘못된 결정으로 발생하는 비용

AI 기능을 갖고 있는 늑대 탐지 앱이 있을 경우		
	실제 조건: 늑대	실제 조건: 개
예측 조건: 늑대	긍정 진실(80%) = 80회 발생 비용 없음	긍정 오류(4%) = 4회 발생 발생당 비용 = 2000달러 총비용 = 8000달러
예측 조건: 개	부정 오류(1%) = 1회 발생 발생당 비용 = 5000달러 총비용 = 5000달러	부정 진실(15%) = 15회 발생 비용 없음

늑대 탐지 앱을 사용할 경우 의사 결정 척도는 다음과 같다.

- 정밀도 = 95%
- 재현율/민감도 = 99%
- 특이도 = 79%
- 정확도 = 95%

이 모든 결과를 표 하나에 입력해 보자.

〈표 6.3〉 늑대 탐지 앱 사용 후 의사 결정 향상 정도

	늑대 탐지 앱이 없는 경우	늑대 탐지 앱이 있는 경우	개선 정도	개선율 (%)
정밀도	88%	95%	7포인트	8.0%
재현율/민감도	94%	99%	5포인트	5.3%
특이도	50%	79%	29포인트	58.0%
정확도	85%	95%	10포인트	11.8%

투자수익률(ROI)은 다음과 같다.

- 긍정 오류 10%에서 4%로 감소(발생 건당 2000달러 절약)
- 부정 오류 5%에서 1%로 감소(발생 건당 5000달러 절약)

결론적으로, 예측당 기대 가치는 다음과 같다.
= (2000달러*FP% 변화) + (5000달러*FN% 변화)
= (2000달러*.06) + (5000달러*.04)
= 매일 밤 사건 발생 건당 320달러 절약(연간 11만5840달러)

이제 AI 기능이 있는 늑대 탐지 앱 구매에 대해 정보를 바탕으로 한 의사 결정을 할 수 있는 기준을 갖게 됐다.

분석 모델의 효율성을 높이고 더 많은 정보를 바탕으로 한 의사 결정을 하려면 모델의 긍정 오류와 부정 오류를 최소화해서 확증 편향을 줄임으로써 모델을 개선하는 것이 중요하다. 모델의 긍정 오류와 부정 오류를 적극 알림으로써 모델과 의사 결정의 신뢰성, 정확성, 효율성을 향상할 수 있다.

긍정 오류, 부정 오류와 AI 모델의 확증 편향

앞에서 우리는 혼동 행렬 개념을 알아보고, 이 행렬이 AI 모델의 성능 정보를 제공하는 방법에 대해 살펴봤다. 이제 AI 모델의 결정적인 장애물인 확증 편향 문제에서 긍정 오류와 부정 오류가 얼마나 중요한지 탐구해야 한다. 확증 편향은 자신들의 기존 신념을 지지하는 증거에 좀 더 무게를 두는 반면, 그런 믿음과 충돌하는 증거는 경시하거나 무시할 때 발생하는 인지적 편향이다.

AI 모델 학습에 사용된 데이터가 모델이 예측하려는 모집단을 대표하지 못할 때 **확증 편향**이 생길 수 있다. AI 모델의 확증 편향은 부정확하거나 불공정한 의사 결정으로 이어질 수 있다. 따라서 잘못된 예측이 심각한 결과를 초래할 수 있는 고용, 대학 입시, 신용과 금융, 형사 사법 같은 분야에서는 심각한 문제가 될 수도 있다.

확증 편향을 줄이고 책임 있고 효과적인 의사 결정을 하기 위해선 모델의 긍정 오류와 부정 오류를 줄여야만 한다. 긍정 오류를 최소화하게 되면 부정확한 가정을 하거나, 잘못된 예측 때문에 불필요한 조치를 취하는 것을 피할 수 있다. 이를 통해 부정확한 예측 결과를 방지하고, 의사 결정 과정의 효율성을 개선할 수 있다. 반면 부정 오류를 줄이면 모델의 편견 때문에 중요한 기회를 놓치는 일이 없도록 할 수

〈그림 6.6〉 AI가 의사 결정을 안내해 주는 분야

있다.

균형을 맞추고 긍정 오류와 부정 오류를 최소화하게 되면 좀 더 정확하면서 편견 없는 모델을 만들 수 있다. 긍정 오류와 부정 오류를 완화하면 모델이 좀 더 객관적이고 신뢰할 수 있는 예측을 할 수 있게 된다. 그 결과 우리는 데이터에 대한 좀 더 정확한 평가를 바탕으로 더 많은 정보에 입각한 의사 결정을 할 수 있게 된다.

실제 상황을 통해 긍정 오류, 부정 오류, 확증 편향이 개인과 사회에 미치는 치명적인 영향을 살펴보도록 하자.

현실 세계 이용 사례: 구직 세계의 AI

2018년에는 채용 관리자와 담당자 약 67%가 AI를 활용해 입사 지원자를 사전 선별했다. 2020년에는 이 비율이 88%까지 늘어났다.[3)]

AI 모델을 제대로 구축하거나 관리하지 않으면 의사 결정 과정에 편견이 주입돼 책임성과 투명성이 저해될 수 있다. 이로써 결과적으로 적합한 지원자를 채용하는 데 효과적인 역할을 하지 못할 수도 있다. 이런 AI 채용 모델은 다음과 같은 실패를 할 수 있다.

- 이력서와 직무 경험이 AI 모델의 척도, 행동 특성, 성과 가정과 거의 일치하는 지원자 수용(채용): 긍정 오류

1종 오류(긍정 오류): 성공할 것이라고 생각한 사람을 채용했는데, 결국 성공하지 못한다.

2종 오류(부정 오류): 어떤 사람이 성공하지 못할 것이라고 생각해서 채용하지 않았다. 그런데 그는 결국 성공한다.

〈그림 6.7〉 AI 기반 채용 모델(1종 오류와 2종 오류)

- 이력서와 직무 경험이 AI 모델의 기반이 되는 척도, 행동 특성 및 성과 가정과 아주 긴밀하게 일치하지는 않는 굉장히 우수한 지원자 거부: 부정 오류

좋은 소식은 이런 문제를 해결할 수 있다는 점이다.

긍정 오류 혹은 1종 오류(AI 모델이 성공할 것으로 믿고 지원자를 채용했지만, 결국 실패하는 경우)를 위해선 대부분의 인사관리(HR) 시스템이 모든 직원의 성과를 추적함으로써 어떤 채용이 성과 기대치에 미치지 못했는지 쉽게 파악할 수 있다. 잘못된 채용 관련 데이터를 AI 훈련 과정에 반영해서 다시는 그런 불량 채용(혹은 미래의 긍정 오류)이 발생하지 않게 방지하는 방법을 AI가 학습할 수 있다.

부정 오류 혹은 2종 오류(모델이 불합격할 것으로 판단해서 지원자를 탈락시켜 채용 기회를 놓쳤는데, 그 사람이 다른 곳에서 성공한 경우)의 경우 학습 과정에 더 많은 창의성이 필요하다. 이런 부정 오류는 추적하기 어렵다. 하지만 부정 오류를 활용해 AI 모델의 효율성을 향상하기를 원한다면 놓친 기회를 추적할 필요가 있다. 그리고 이 부분이 데이터 수집, 계측, 창의성이 영향을 미치는 영역이다.

AI 모델의 확증 편향은 제대로 확인하지 않고 방치할 경우 스스로 확대 재생산하면서 동일한 고객과 활동을 대상으로 반향실 효과(echo chamber effect)[31]를 만들어 내기 때문에 위험하다. 그렇게 함으로써 AI 모델의 기존 편향을 꾸준히 강화하게 된다. 장기적으로는 비즈니스 생존과 규제 측면에서 재앙적인 결과를 초래할 수도 있다.

긍정 오류와 부정 오류에 대한 데이터를 꾸준히 학습해서 AI 모델의 효율성을 재훈련하고 향상하는 피드백 루프(feedback loop)를 설계함으로써 AI 모델의 확증 편향 위험을 바로잡을 수 있다. 데이터 과학팀은 이 피드백 루프를 설치해서 모델 예측의 효율성을 측정할 수 있다. 그렇게 함으로써 AI 모델은 측정할 때마다 더 똑똑해질 수 있다. 〈그림 6.8〉은 AI 모델의 피드백 루프를 구축하는 주요 단계를 잘 보여 준다. 피드백 루프는 혼동 행렬의 결과를 이용해 AI 모델 훈련에 사용된 가

---

31 한정되고 고립된 공간에서 비슷한 사상을 가진 사람들이 특정 주장이나 사상을 반복적으로 공유하면서 점점 더 편향된 사고를 갖게 되는 현상을 의미한다.

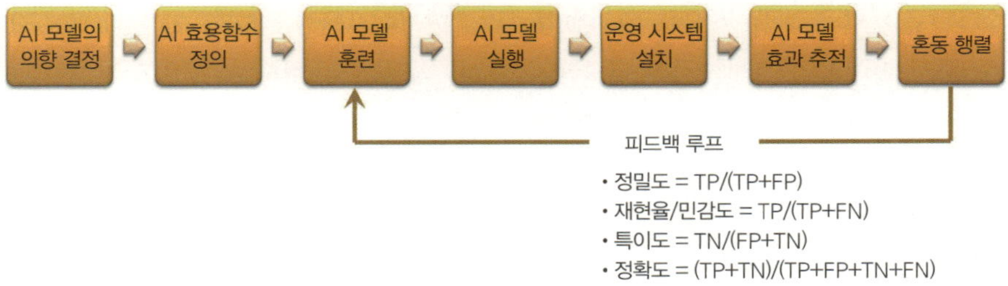

〈그림 6.8〉 AI 모델 피드백 루프 구축

중치를 조정해서 결과물의 정확성과 효율성을 개선한다.

앞의 AI 모델 피드백 루프를 지원하기 위한 운영 시스템 설치에는 센서, 웹 태그, 감사 로깅 시스템 및 기타 데이터 캡처 기능을 운영 시스템과 프로세서에 통합해 데이터를 획득하는 작업이 수반된다. 이렇게 획득한 데이터는 AI 모델에 다시 넣어서 성능을 측정하고 개선할 수 있다.

긍정 오류와 부정 오류를 완화하는 데 그치지 않고 그것들을 활용해서 정확성과 효율성을 향상하는 AI 모델을 만들어서 운영하려고 한다면 AI 모델 피드백 루프를 구축하는 것이 굉장히 중요하다.

요약

이 장의 서두에서 언급한 것처럼 예측과 통계는 유형, 추세, 관계를 이용해 앞으로 일어날 일을 예측해 좀 더 정확한 의사 결정을 하는 방법에 대한 것이다.

6장에서는 몇 가지 통계 기본 개념을 소개하고, 이런 통계 개념을 적용한 몇 가지 간단한 사례를 제공했다. 또 확증 편향의 위험성에 대해 논의하고, 혼동 행렬(이 얼마나 적절한 이름인가)을 활용해 AI 모델 피드백 루프를 구축하는 방법에 대해 알아봤다. 피드백 루프는 AI 모델의 긍정 오류와 부정 오류를 활용해 모델의 정확성과 효율성을 향상하는 역할을 한다.

다음 장에서는 중요한 가치공학 개념에 대해 탐구하고, 조직들이 AI와 데이터의 힘을 활용해 가치를 만들어 내는 방법에 대해 살펴본다. 또한 조직이 가치를 창출할 수 있는 영역과 방법을 식별하고 검증하도록 설계된 소중한 도구를 몇 가지 소개한다. 조직이 가치를 창출할 능력을 갖고 있지 않을 경우엔 어떤 AI나 데이터 리터러시 프로그램으로도 제대로 성공하기 어렵다는 것을 강조하는 것이 중요하다.

참고문헌

1) Bevans, R.(2020.8.7). Understanding confidence intervals/easy examples & formula. *Scribbr*. https://www.scribbr.com/statistics/confidence-interval/

2) Silver, N.(2008.11.4). Today's poll and final election projection: Obama 349, McCain 189. FiveThirtyEight. https://fivethirtyeight.com/features/todays-polls-and-final-election/

3) Brin, D. W.(2019.3.21). Employers embrace artificial intelligence for HR. SHRM. https://www.shrm.org/topics-tools/news/employers-embrace-artificial-intelligence-hr

7장
가치공학 역량

우리는 이제 AI와 데이터 리터러시 프레임워크의 다섯 번째 구성 요소인 가치공학 역량에 대해 다루게 된다. **가치공학 역량**이란 조직이 데이터(빅데이터)와 선진 분석 기법(AI/ML)을 활용해 가치를 창출하는 방법을 이해하는 것을 의미한다.

AI는 광범위한 산업과 비즈니스 기능을 체계적으로 향상할 수 있는 잠재력을 갖고 있다. 조직이 AI를 적용해서 새로운 가치원을 창출할 수 있는 비즈니스와 운영 사례는 거의 무한대에 이른다. 그리고 그것이 바로 문제다.

조직은 운영 사례가 부족해서 실패하는 것이 아니다. 너무 많기 때문에 실패한다.

많은 대학과 조직이 더 많은 데이터 엔지니어, 데이터 과학자, 머신러닝 엔지니어를 양성하는 데 집중하고 있다. 하지만 의미 있고 관련 있으며, 윤리적인 결과물을 식별, 검증, 가치 평가하고 우선순위를 정하는 작업을 조직 내에서 조율하고 합의를 이끌어 낼 수 있는 인재는 더 많이 필요하다. 수학적(AI/머신러닝) 모델을 경제적(가치) 모델로 변환할 수 있는 비즈니스 전문가가 필요하다. 좀 더 많은 데이터 과학 시민이 필요하다.

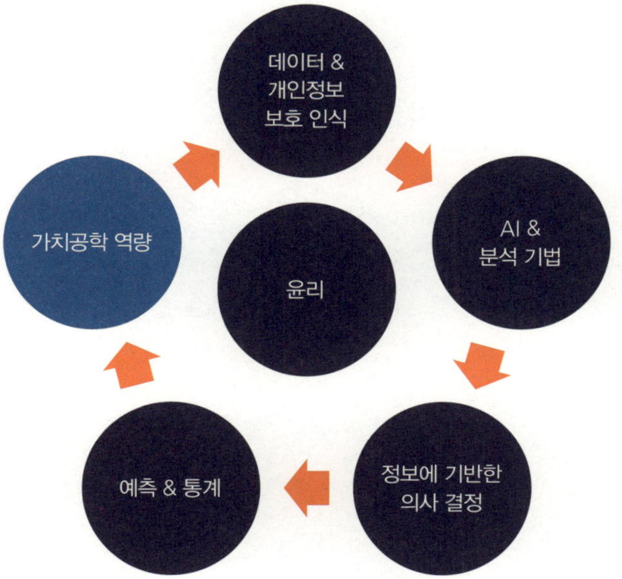

데이터 과학 시민을 양성하려면 모든 사람이 AI와 데이터가 어디서 어떻게 가치를 창출할 수 있는지 이해하도록 해야 한다. 그리고 가치공학 프레임워크를 통해 가치 창출에 대한 이해의 틀을 잡을 것이다. **가치공학 프레임워크**는 이 장 뒷부분에서 다룬다.

하지만 가치 창출에 대해 너무 깊이 다루기 전에 먼저 '가치'라는 단어의 의미부터 명확하게 하자. 이를 위해선 경제학적 사고방식을 받아들여야 한다. 시작에 앞서 우리가 이번 장에서 논의할 주제를 공유한다.

- 경제학의 개념 정의, 그리고 가치 창출과의 관계
- 나노경제학 개념 소개
- 데이터와 AI 분석 비즈니스 모델 성숙도 지수 이해하기. 그리고 그것들을 활용해 데이터에서 좀 더 효과적으로 가치를 도출하는 방법
- 조직이 고객, 상품, 서비스, 운영 가치의 새로운 원천을 만들 수 있도록 해주는 가치공학 프레임워크의 역할 소개
- 학습의 경제 개념 이해하기

경제학이란 무엇인가? 가치는 무엇인가?

경제학은 부나 가치의 생산, 소비, 부 또는 가치의 이전과 관련된 지식 분야다. 하지만 가치를 정의하는 것은 까다로운 작업이다. 대부분의 조직은 역사적으로 다음과 같은 전통적인 가치 창출 재무 지표에 의존해 왔다.

- 매출
- 매출총이익
- 영업이익률
- **순현재가치(NPV)**
- **내부수익률(IRR)**
- **투자수익률(ROI)**

- **자산수익률(ROA)**
- 부채 비율
- **주당순이익(EPS)**

5장에서 설명한 것처럼 이런 재무 지표 중 상당수는 후행 지표다. 그 결과는 관련 독립 지표나 선행 지표의 성과에 따라 달라진다. 조직들은 재무 지표뿐 아니라 가치를 규정하는 좀 더 광범위한 지표를 활용해야만 한다. 그러지 않을 경우엔 심각한 확증 편향을 초래하는 AI 모델을 만들 위험이 있으며, 이런 모델은 의도치 않게 위험한 결과를 만들어 낼 수도 있다.

조직들이 의미 있고 관련성 있으며 윤리적인 가치를 만들어 내는 엔진으로 AI를 도입하려고 할 때는 가치 창출의 효과를 측정하는 지표를 넓혀야 한다. 좀 더 광범위한 이런 선행 지표에는 다음과 같은 것들이 있다.

- **고객 만족**: 제품과 서비스 만족, 사회적 정서, 추천 가능성(LTR), 순고객추천지수(NPS), 제품 옹호, 제품 품질과 안전성 인식
- **직원 만족**: 직원 유지, 만족지수, 추천 가능성, 직원 추천, 개인 개발 기회, 승진 기회, 창의적 문화, 사회적 프로그램 지원
- **운영 실행**: 제품 및 운영 신뢰성, 예측 가능성, 반복성, 안정성, 안전성, 민첩성, 확장성
- **파트너 및 생태계 생존 가능성**: 파트너 및 공급 업체의 재무 안정성, 파트너 및 공급 업체 만족, 파트너 및 공급 업체 유지 기간, 비즈니스 생태계 또는 시장 성장, 파트너와 공급 업체의 환경, 사회, 지배구조(ESG) 준수
- **환경 영향**: 탄소 발자국, 폐기물 감소, 재활용, 재활용 자재 사용, 온실가스 감축, 수자원 보존, 에너지 효율성, 생물 다양성 영향, ESG 투자
- **사회적 영향**: 삶의 질, 신선한 공기와 물에 대한 접근성, 고용 기회와 고용 평등, 최저 생활 임금, 인력 다양성, 형평성, 이웃 안전, 저렴한 의료 서비스, 저렴한 주택, 저렴한 교육, 공동체 참여, 인권

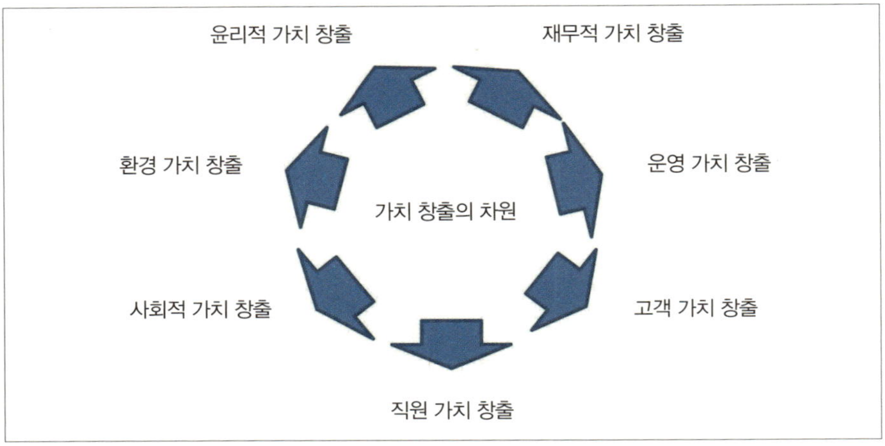

〈그림 7.1〉 가치 창출의 차원

- **윤리적 및 정신적 영향:** 지역사회 아웃리치(outreach)[32] 및 환원 프로그램, 멘토링 기회, 조직과 지역사회의 화합, 용서, 친절, 관용, 기업의 관대함, 보상, 기회 균등, ESG. 예를 들어 파타고니아의 원 웨어(Worn Wear) 프로그램은 고객이 새 옷을 구입하는 대신 헌 옷을 수선해서 재활용하도록 장려한다. 섬유 폐기물이 환경에 미치는 영향을 줄이고 고객이 보다 지속 가능한 선택을 하도록 장려하는 것이 이 프로그램의 목표다.

경제학과 가치 창출 맥락에서는 재무와 운영 측면을 넘어 고객, 직원, 파트너, 사회, 환경, 윤리적 차원을 포괄하는 광범위한 가치 차원을 고려하는 것이 중요하다.

거시경제학이 전체 경제의 행동과 성과에 초점을 맞추는 반면, 미시경제학은 개별 주체나 개체를 조사한다. 그런데 인간이나 기기 같은 개별 개체의 예측 가능한 행동이나 성과 경향을 파악하고 체계화하기 위해서는 좀 더 세부적인 수준의 경제학 이론을 도입할 필요가 있다. 이런 획기적인 개념이 나노경제학이다.

---

32 아웃리치 프로그램은 일반적으로 '관외 활동'을 지칭한다. 기존 시스템의 혜택에서 소외된 집단의 요구를 충족하기 위해 마련된 프로그램이다.

나노경제학이란 무엇인가?

나노경제학은 개별 개체(사람이나 기기)의 행동이나 성과 성향 예측에 대한 경제 이론이다. 나노경제학은 AI를 활용해 조직의 고객 참여 및 운영 관리 데이터에 묻혀 있는 개별 인간과 기기의 예측된 행동 및 성과 성향(혹은 분석 통찰)을 찾아내는 경제학 이론을 설명하기 위해 내가 고안한 용어다.

조직은 이런 인간과 기기의 예측된 행동과 수행 경향을 활용해 비즈니스와 핵심 운영 사례를 최적화하는 정확한 결정을 할 수 있다. 이를테면 어떤 고객들이 제품이나 서비스 이용을 중단할 가능성이 있는지, 어떤 환자들이 포도상구균에 감염될 가능성이 높은지, 어떤 대학 신입생이 낙제할 가능성이 많은지, 어떤 트럭 운전사가 교통사고를 낼 가능성이 있는지, 혹은 어떤 직원이 퇴직할 것 같은지 등에 대해 예측할 수 있다.

성향은 경향, 기호, 선호도, 친밀도, 열정, 관련성, 관계, 행동, 취향, 관심사, 심지어 편견까지 광범위한 요소들을 포괄한다. 이 모든 것이 개인이 행동하고 의사결정하는 데 영향을 미친다. 이러한 성향은 조직이 개인의 선호도에 맞춰 좀 더 개인화되고 의미 있는 경험을 제공할 수 있도록 해 주는 굉장한 잠재력을 갖고 있다. 그러나 이러한 성향이 최선의 이익이나 가치에 부합하지 않는 방식으로 개인의 태도와 행동에 영향을 미치도록 조작되거나 이용될 수 있다는 점을 인식하는 것이 중요하다.

성향과 편견을 구분하는 것은 굉장히 어려울 수 있다. 예를 들어 나는 시카고 화이트삭스보다 시카고 컵스를 더 좋아한다. 컵스나 화이트삭스의 경기 입장권이나 상품 중 하나를 선택하라고 하면, 나는 언제나 컵스 쪽을 선택할 것이다(아마도 신뢰 수준은 99%). 현명한 조직이라면 이런 편견이나 성향을 활용해 좀 더 매력적이고 차별화된 경험을 제공하면서 내 선호에 따른 욕구를 보다 효과적으로 충족해 줄 것이다.

선호와 편견의 가장 중요한 차이는 특정 보호 대상 그룹에 대한 차별이나 불공정한 대우가 있느냐는 부분이다. 선호는 주관적이고 개인적인 선택에 바탕을 두고 있다. 반면 편견은 보호 대상이라는 이유만으로 개인에게 동등한 기회나 권리가 있다는 사실을 거부하고 불평등하거나 부당한 대우를 한다. 모든 사람이 동등한 기회와 보호를 받는 공정하고 포용적인 사회를 만들기 위해서는 편견과 차별을 해소해야만 한다.

이제 우리는 조직이 데이터와 AI를 활용해 가치를 창출할 수 있는 분야와 방법을 파악하고 이해하도록 도와줄 수 있는 가치 창출 로드맵이 필요하다. 데이터 및 AI 분석 비즈니스 성숙도 지수를 접하게 된 것을 환영한다.

데이터와 AI 분석 비즈니스 모델 성숙도 지수

데이터와 AI 분석 비즈니스 모델 성숙도 지수는 조직이 비즈니스와 운영 모델을 구동하는 데 데이터와 분석 기술을 보다 효율적으로 활용할 수 있도록 해 주는 로드맵을 제공한다. 이 지수는 데이터와 분석 진행 상황과 효과를 측정해 가치 창출이란 관점에서 조직을 어떻게 운영하는 것이 좋은지 이해할 수 있도록 해 주는 벤치마크를 제공한다.

이제 데이터와 AI 분석 비즈니스 모델 성숙도 지수의 다른 단계들을 검토하는 시간을 가지도록 하자. 각 단계의 핵심 특징과 기능을 살펴보고, 회고적인 비즈니스 모니터링부터 지속적으로 학습하고 적응하는 문화를 만드는 것까지 포함하는 성숙도 지수 탐색을 위한 실행 계획을 이해하도록 하자.

단계

몇 년 전 샌프란시스코 대학교에서 강의를 하고 있을 때(당시 나는 경영대학원 석좌교수였다), 성공적인 조직이 데이터와 분석 기법을 활용해 비즈니스 모델을 만들고 차별화하는 방법을 탐구하는 프로젝트를 시작하기로 했다. 이 연구는 조직이 비즈니스 모델을 구동하는 고객, 제품, 서비스 및 운영 가치의 새로운 원천을 만들기 위해 데이터와 분석 기법을 얼마나 효과적으로 활용하는지 평가하고 측정하는 데 초점을 맞췄다. 〈그림 7.2〉는 해당 연구의 결과를 보여 준다.

데이터와 AI 분석 비즈니스 모델 성숙도 지수는 5단계로 구성된다.

1. **비즈니스 모니터링**: 이 단계는 전통적인 **비즈니스 인텔리전스(BI)** 시스템

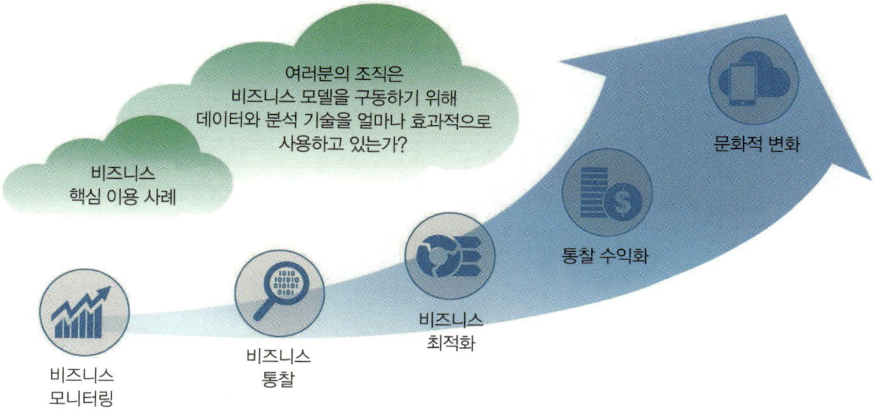

〈그림 7.2〉 데이터와 AI 분석 비즈니스 모델 성숙도 지수

을 포괄한다. 조직은 운영 시스템에서 과거 거래 데이터를 수집한 뒤 어떤 상황이 발생했는지 관찰하는 회고적 관리 보고서와 운영 대시보드를 만든다.

2. **비즈니스 통찰**: 이 단계에서는 조직의 데이터에 고급 분석 기법을 적용해 개별 인간(고객, 환자, 의사, 운전자, 운영자, 기술자, 엔지니어, 학생)과 기기(풍력 터빈, 모터, 압축기, 냉각기, 스위치)의 예측된 행동과 성과 성향(분석 통찰)을 찾아내고 정리한다. 그렇게 함으로써 개별 객체 수준에서 다음에 어떤 일이 발생할지 예측한다.
3. **비즈니스 최적화**: 2단계에서 발견한 고객, 제품, 서비스 및 운영 분석 통찰을 적용해 핵심 비즈니스와 운영 이용 사례를 최적화하기 위해 처방적 권장 사항, 혹은 차선책을 만들어 낸다.
4. **통찰 수익화**: 이 단계에서는 고객, 제품, 서비스 및 운영 분석 통찰을 적용해 새로운 가치 원천을 창출하는 데 초점을 맞춘다. 이런 새로운 가치의 원천은 많은 경우 AI로 구동되는 앱(우버, 스포티파이, 넷플릭스를 떠올려 보자) 형태로 나타난다. 이런 매출 흐름에는 새로운 시장 진출과 새로운 고객 확보, 유통 채널 확충, 새로운 제품과 서비스 소개, 파트너십 확대, 좀 더 직관적이고 매력적인 이용자 소비 모델 창출 같은 것들이 포함된다.

5. **문화적 변화**: 이 단계에서는 기계와 인간의 학습 관점에서 지속적으로 학습하고, 적응하며, 개선하는 문화를 만들어 내려고 한다. 조직 내 모든 사람에게 권한을 부여하고, 아이디어 창출 과정을 민주화하며, 독특한 관점과 경험, 강점을 자유롭게 발휘할 수 있도록 하는 것이 목표다. 문화적 변화 단계에서 조직은 성장형 사고방식(growth mindset)을 장려하고 실패를 학습 수단으로 용인하는 분위기를 조성할 필요가 있다. 호기심, 창의력, 혁신, 지속적 개선, 그리고 궁극적으로 성공을 지원하는 문화를 조성하려면 이런 것들이 꼭 필요하다.

조직들이 데이터 및 AI 분석 비즈니스 모델 성숙도 지수를 탐색할 때는 여정을 위협하는 세 가지 캐즘(chasm)[33] 혹은 변곡점을 만나게 된다. 다음 섹션에서는 이런 세 가지 변곡점에 대해 논의하고, 이런 변곡점을 통과하려면 어떻게 해야 하는지 살펴본다.

변곡점

데이터 및 AI 분석 비즈니스 모델 성숙도 지수를 넘는 과정에서 나타나는 세 가지 변곡점은 조직이 지속적인 학습과 문화적 변혁을 통해 궁극적인 목표에 도달하는 데 방해가 된다. (문화적 변역은 이전 섹션에서 논의한 내용이다.) 조직은 세 가지 변곡점을 돌파할 때 〈그림 7.3〉과 같은 새로운 운영, 문화 및 경제적 마음가짐에 적응해야만 한다.

세 가지 변곡점과 그것을 넘기 위한 열쇠는 다음과 같다.

1. **분석 캐즘**

   첫 번째 변곡점인 분석 캐즘은 조직이 데이터 및 분석 기술을 사용해 과거의 BI에서 발생한 사건을 모니터링하는 데서, 앞으로 발생할 가능성이 있는 사

---

33 캐즘은 원래 지질학 용어로 크게 단절된 상태를 의미하는 말이다. 기술이나 마케팅 영역에서는 신기술이 처음 개발된 후 대중적으로 보급되기까지 수요가 정체되는 현상을 의미한다.

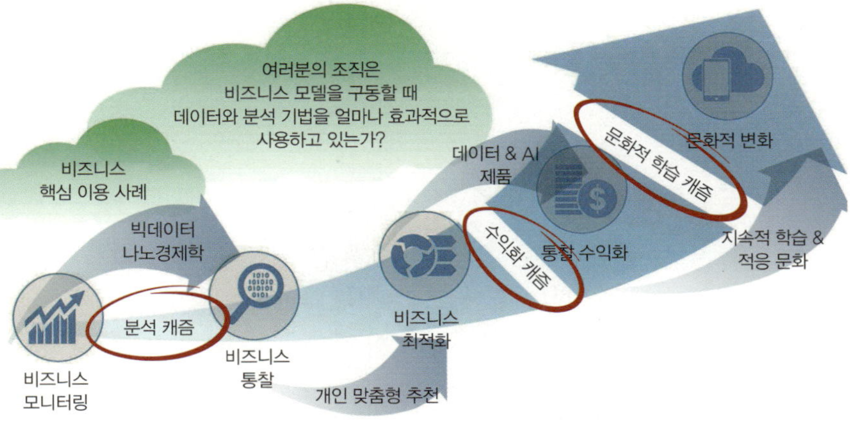

〈그림 7.3〉 데이터와 AI 분석 비즈니스 모델의 변곡점

건을 예측하고 권장 행동을 제시하는 고급 분석으로 전환하도록 요구한다. 문제는 분석 캐즘을 건너는 것이 기술 캐즘이 아니라는 점이다. 조직이 데이터 경제 개념(나노경제학)을 활용해 평균을 토대로 의사 결정을 하던 방식에서 개별 객체들의 행동이나 성과 성향을 예측해 정교한 의사 결정을 하는 쪽으로 전환하는 경제적 캐즘이라는 점이다. 또 분석 캐즘을 건너가려면 사안별로 캐즘을 건너야 한다. 이를 위해선 비즈니스 이해관계자들 간의 긴밀한 협업을 통해 고객, 제품, 서비스 및 운영 통찰을 발견하고 적용해 조직의 핵심 비즈니스와 운영 이용 사례를 최적화할 필요가 있다.

2. 수익화 캐즘

두 번째 변곡점은 내부(2단계와 3단계)에서 외부인 4단계 통찰 수익화로 초점이 바뀐다. 4단계는 데이터 수익화가 아닌 통찰 수익화에 관한 것이다. 여기서는 2단계와 3단계에서 발견한 고객, 제품, 서비스, 운영 통찰(또는 예측된 행동과 성과 성향)을 적용해 순수 신규 매출과 가치 창출 기회를 만들어 낸다. 통찰 수익화를 위해서는 비즈니스 리더가 조직이 보유한 풍부한 고객, 제품 및 운영 인사이트를 활용하여 새로운 시장과 고객, 새로운 채널과 파트너십, 새로운 소비 모델 등을 구현하기 위해 AI가 적용된 제품과 서비스를 만들 수 있는 분야와 방법을 구상(디자인 사고 적용)해야 한다.

3. **문화적 학습 캐즘**

세 번째 변곡점은 단순한 최적화 단계를 넘어 재창조로 나아갈 수 있도록 AI–인간 소통 모델을 만들어 내고 성능을 키워 내는 것이다. 물론 AI 모델은 기존 과정을 최적화하는 데 탁월한 능력을 발휘한다. 하지만 이 과정을 재창조하기 위해서는 조직, 특히 조직의 현장 부서 역량을 강화해야 한다. 이를 위해서 조직은 가치 창출 과정을 새롭게 만들고, 새로운 운영 및 규정 준수에 따른 위험을 줄이며, 지속적으로 새로운 매출 기회를 만들어 내는 방법에 공감하고, 그런 방법을 관념화하고 테스트하며, 실패하고 배울 수 있는 역량과 확신을 가진 조직 문화를 갖출 필요가 있다. 이는 **학습의 경제**를 받아들여야 한다는 의미다. 즉 운영상의 상호작용을 기반으로 조직의 AI와 인적 경제 자산을 지속적으로 학습하고 적응해야만 한다.

이제 데이터와 분석을 활용하여 비즈니스 및 운영 모델을 강화하는 조직의 효율성을 측정할 수 있는 로드맵과 벤치마크가 생겼다. 다음으로, 우리는 조직 간 협업과 조정을 촉진하여 새로운 가치 창출을 위해 데이터와 AI를 적용할 수 있는 부문과 방법을 파악하고 우선순위를 정할 수 있는 프레임워크가 필요하다.

가치공학 프레임워크

데이터의 가치를 비즈니스와 분리해서 결정할 수는 없다.

가치공학 프레임워크는 조직의 전략적 비즈니스 이니셔티브(business initiative)와 비즈니스 과제(business challenge)를, 그것을 지원하는 비즈니스 구성 요소들(이해관계자, 의사 결정, 핵심 성과지표, 이용 사례)과 데이터 및 AI 분석 요구 사항으로 분해한다. 이 과정은 조직이 가치를 창출하는 방법을 이해하고, 가치 창출 과정과 관련된 내부와 외부 이해관계자를 확인하며, 가치 창출 효과를 측정할 **핵심성**

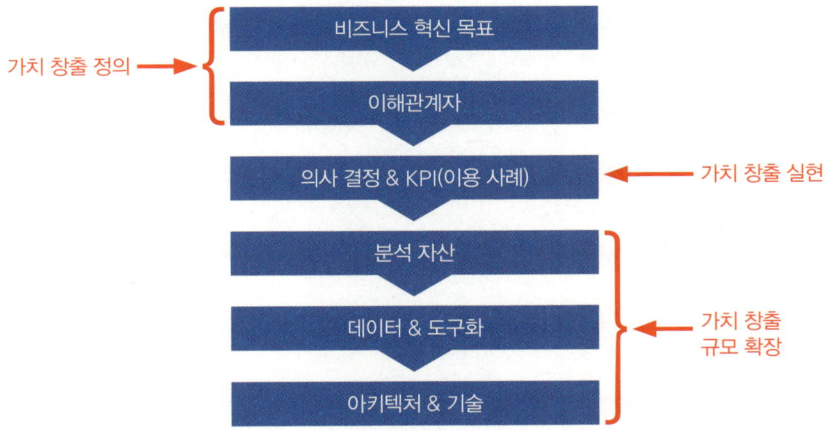

〈그림 7.4〉 가치공학 프레임워크

과지표(KPI)와 척도를 정확하게 파악한 다음 조직의 가치 창출 과정을 지원하기 위해 이해관계자들이 해야 할 의사 결정의 우선순위를 정하는 작업과 함께 시작된다.

가치공학 프레임워크는 비즈니스 이니셔티브에 영향을 미치거나 영향을 받는 내부와 외부의 모든 이해관계자들 간에 긴밀한 협업이 필요한 단순한 과정이다. 가치공학 프레임워크는 아래와 같이 높은 수준의 3단계를 탐색한다.

1. **가치 창출 정의**: 먼저 조직의 가치 창출 과정을 정의하고 이해해야 한다. 여기에는 조직의 주요 비즈니스 이니셔티브와 기회를 이해하고, 이런 목표와 기회를 통해 얻기 원하는 결과를 파악하며, 가치 창출 효과를 측정할 KPI와 척도에 대해 브레인스토밍하는 것이 포함된다. 또 이 단계에서 여러분은 조직의 핵심 이해관계자들(가치 창출 과정에 영향을 끼치거나, 영향을 받는 사람들)과 협력해 원하는 결과와, 결과물의 효과를 측정할 KPI 및 척도에 대해 이해하기를 원할 것이다. 이 부분에 집중하기만 하면, 최소한 방향은 제대로 잡은 것이다.
2. **가치 창출 실현**: 다음으로, 가치를 창출하거나 실현하기 위해 최적화해야

하는 구체적인 이용 사례(의사 결정+원하는 결과+KPI)를 파악하기 위해 다양한 내부 및 외부 이해관계자 간의 협업을 이끌어야 한다. 각 이해관계자들의 비즈니스 이니셔티브가 얼마나 효과적인지 측정할 KPI와 지표를 결정해야 한다.

3. **가치 창출 규모 확장**: 마지막으로 조직의 데이터, 분석, 인적 역량을 점진적이고 민첩하게 발전시킬 수 있는 기반 기술, 인력, 절차 및 문화적 토대를 구축해야 한다.

이제 가치공학 프레임워크의 세 가지 핵심 단계를 파고 들어가 보자. 그리고 한 단계에서 수행한 작업과 학습을 활용해 다음 단계를 가속화하고 최적화하는 방법에 대해 살펴보자.

1단계: 가치 창출 정의

가치공학 과정은 조직이 가치를 창출하는 방법(즉, 조직의 비즈니스 및 운영 혁신 목표), 가치 창출 효과를 측정할 KPI와 척도, 그리고 원하는 결과를 이해하는 것에서 시작한다.

조직의 가치 창출 과정을 식별하고 분류하는 데 도움이 되는 한 가지 디자인 도구는 **가치 정의 디자인 캔버스(Value Definition Design Canvas)**다. 가치 정의 디자인 캔버스는 조직이 가치 창출 프로세스를 규정하는 방법과, 가치 창출 효과를 측정하는 KPI 및 척도를 중심으로 조직 전반의 협업과 조율을 촉진하는 간단한 도구다.

〈그림 7.5〉는 동일 매장 매출 증대라는 치폴레(Chipotle) 레스토랑의 비즈니스 목표를 위해 완성된 가치 정의 디자인 캔버스 사례다.

가치 정의 디자인 캔버스는 다음과 같은 정보를 포착하는 살아 있는 문서다.

- **비즈니스 이니셔티브**: 조직이 해결하려는 비즈니스 또는 운영 목표 혹은 기회다. 예를 들어 고객 유지 개선이나 예기치 않은 운영 시간 감축.
- **KPI**: 비즈니스 목표의 달성 현황과 성공 여부를 측정하기 위한 KPI와 척도다. 고객, 직원, 파트너, 운영, 환경, 사회, 윤리를 포함한 광범위한 가치 차

<table>
<tr><th colspan="3">비즈니스 이니셔티브: 치폴레: 향후 12개월 동안 '동일 매장 판매' 7.1% 증대</th></tr>
<tr><td colspan="3">KPIs: 방문당 평균 매출, 시간당/1일 매장 트래픽, 종업원당 판매 실적, 평균 대기 시간, 장바구니 단계 구매 포기 비중(%), 모바일 주문 비중(%), 소셜 미디어 긍정 언급량, 고객의 추천 의향, 테이블 회전율, 지역 조달 재료 비중(%), 퇴비화 가능 쓰레기 비중(%), 재활용 쓰레기 비중(%)</td></tr>
<tr><td>이상적인 결과</td><td>• 매장 내 매출과 수익성 증가
• 고객 만족 및 소셜 미디어 언급 증가
• 탄소 발자국 감소</td><td>• 지역 조달 음식 공급 증가
• 종업원 만족도 증가
• 인력 다양성 증가</td></tr>
<tr><td colspan="2">이점
• 매장 매출과 수익성 증가로 다양한 종업원들이 좀 더 많은 승진 기회를 갖게 됨
• 매장 매출과 수익성 증가로 사용 가능한 마케팅 자금 증가
• 유기농 및 지역 내 식료품 조달 증가가 치폴레의 사명(使命)과 잘 부합
• 탄소 발자국 감축(그리고 퇴비화 가능한 쓰레기 및 재활용 쓰레기 증가)가 치폴레의 사명에 잘 부합</td><td>우려되는 장애 요인
• 지역 내에서 조달 가능한 유기농 식재료 공급처를 충분히 확보하지 못함
• 매장 매출과 수익성 목표를 뒷받침하는 데 적합한 숙련 직원을 충분히 고용하지 못함
• 지역 경쟁자들이 지역민들을 더 매혹함
• 성공적인 신제품 소개 부족
• 공급 업체들의 가격 압박</td></tr>
<tr><td>실패 영향</td><td colspan="2">• 직원들의 승진 기회 제한
• 직원 해고, 근무 시간 단축, 그리고/혹은 직원과 관리자들 보너스 삭감
• 매장 폐쇄</td></tr>
</table>

〈그림 7.5〉 가치 정의 디자인 캔버스

원을 포용하는 것이 중요하다.

- **이상적인 결과**: (내부 및 외부) 다양한 이해관계자의 관점에서 비즈니스 혁신 목표의 성공적인 완수를 통해 우리가 추구하는 이상적인 결과를 명확하게 나타내 준다.
- **이점**: 목표를 성공적으로 달성했을 때 재무, 고객, 직원, 파트너, 운영, 환경, 사회, 윤리적 관점에서 얻을 수 있는 잠재적 이점을 파악한다.
- **장애물**: 목표를 성공적으로 완수하는 데 장애가 될 것들을 파악한다. 여기에는 시장, 경쟁, 규제, 기술, 데이터, 인력, 기능, 재무적 실행 가능성, 문화적 요인 같은 것들이 있다.
- **실패의 파급 효과**: 의도하지 않은 결과를 비롯해 실패의 결과나 위험에 대해

조사한다. AI 시스템을 배치할 때는 특히 중요하다.

비즈니스 이니셔티브가 성공적으로 실행됐는지 검토하려면 이상적인 결과, 잠재적인 장애물과 실패의 파급 효과를 측정하기 위한 KPI와 척도를 식별하는 것이 중요하다. 이런 KPI와 지표를 운영하는 것은 장애물을 식별하고 완벽하게 대처해서 프로젝트가 목표 달성을 향한 궤도를 유지하도록 하는 데 핵심 역할을 한다. 이런 요소를 측정하지 않으면 정보에 입각한 결정을 내리고 걱정거리가 생길 때 선제적으로 대처하는 것이 어려워진다.

결론: 이러한 문제와 우려를 측정하지 않으면 이를 식별하고 잘 대처할 수 없다.

〈그림 7.6〉은 가치 정의 디자인 캔버스를 활용해 원하는 결과를 검토하고 관리

<table>
<tr><td colspan="3">비즈니스 이니셔티브: 치폴레: 향후 12개월 동안 '동일 매장 판매' 7.1% 증대</td></tr>
<tr><td colspan="3">KPIs: 방문당 평균 매출, 시간당/1일 매장 트래픽, 종업원당 판매 실적, 평균 대기 시간, 장바구니 단계 구매 포기 비중(%), 모바일 주문 비중(%), 소셜 미디어 긍정 언급량, 고객의 추천 의향, 테이블 회전율, 지역 조달 재료 비중(%), 유기농 식재료 비중(%), 퇴비화 가능 쓰레기 비중(%), 재활용 쓰레기 비중(%), 인력다양성, 공동체 기여, 내부 승진 직원 만족</td></tr>
<tr><td>이상적인 결과</td><td>• 매장 내 매출과 수익성 증가
• 고객 만족 및 소셜 미디어 언급 증가
• 탄소 발자국 감소</td><td>• 지역 조달 음식 공급 증가
• 종업원 만족도 증가
• 인력 다양성 증가</td></tr>
<tr><td colspan="2">이점
• 매장 매출과 수익성 증가로 다양한 종업원들이 좀 더 많은 승진 기회를 갖게 됨
• 매장 매출과 수익성 증가로 사용 가능한 마케팅 자금 증가
• 유기농 및 지역 내 식료품 조달 증가가 치폴레의 사명(使命)과 잘 부합
• 탄소 발자국 감축(그리고 퇴비화 가능한 쓰레기 및 재활용 쓰레기 증가)가 치폴레의 사명에 잘 부합</td><td>우려되는 장애 요인
• 지역 내에서 조달 가능한 유기농 식재료 공급처를 충분히 확보하지 못함
• 매장 매출과 수익성 목표를 뒷받침하는 데 적합한 숙련 직원을 충분히 고용하지 못함
• 지역 경쟁자들이 지역민들을 더 매혹함
• 성공적인 신제품 소개 부족
• 공급 업체들의 가격 압박</td></tr>
<tr><td>실패 영향</td><td colspan="2">• 직원들의 승진 기회 제한
• 직원 해고, 근무 시간 단축, 그리고/혹은 직원과 관리자들 보너스 삭감
• 매장 폐쇄</td></tr>
</table>

〈그림 7.6〉 KPI와 척도 검정 테스트

하며, 장애가 될 만한 것들을 완화하며, 가치 정의 디자인 캔버스를 사용한 프로젝트 실패의 파급 효과를 줄이기 위해 KPI와 척도를 활용하는 방법을 잘 보여 준다.

가치 창출 과정, 원하는 결과, 효과를 평가할 KPI와 척도를 파악하기 위한 협업 과정이 완료되면 다음 단계는 이런 노력의 결실을 맺기 위해 실행 가능한 계획을 만들어 내는 것이다. 가치 창출을 효과적으로 달성하기 위해 이런 실행 계획을 세울 때는 기업 및 운영 사용 사례를 활용하는 데 중점을 둔다.

2단계: 이용 사례를 통해 가치 창출 실현하기

이용 사례는 목표로 잡은 비즈니스 이니셔티브나 비즈니스 과제를 지원하는 상호 관련된 의사 결정과 관련 KPI의 집단이다.

2단계의 목표는 가치 창출이나 실현을 위한 이용 사례별 실행을 기준으로 접근하는 방식을 수용하는 것이다. **이용 사례 접근 방식**을 사용할 경우 조직의 데이터로부터 어디서 어떻게 가치를 얻을 수 있는지를 조정하고 그에 대해 합의를 이끌어 낼 수 있다는 이점이 있다. 이용 사례 접근 방식의 이점으로는 다음과 같은 것들을 꼽을 수 있다.

- 기술이나 데이터, 분석 역량이 아니라 가치 창출을 비즈니스와 데이터 분석 팀 간의 연결고리로 설정
- 이용 사례를 식별, 검증, 평가하고 우선순위를 정하는 작업을 할 때 조직 내 조율 적극 추진
- 조직의 데이터 및 분석 역량을 점진적으로 발전시키면서, 의미 있고 관련성이 있으며, 책임감 있고 윤리적인 결과를 제공하기 위한 최소 실행 모델 접근 방식 지원
- 학습의 경제성을 활성화함으로써 조직이 〈그림 7.3〉에서 볼 수 있는 문화 학습 캐즘을 극복할 수 있도록 지원

> '학습의 경제성' 개념은 이 장 뒷부분에서 다루게 된다.

이용 사례의 핵심은 이해관계자들이 목표로 삼은 가치 창출 과정이나 노력을 지원하기 위해 수행하는 의사 결정이다. 의사 결정은 비즈니스 이해관계자와 데이터 및 분석팀 간의 핵심 연결고리다. 비록 의사 결정이 이용 사례의 핵심이긴 하지만, 해결 목표로 삼은 비즈니스 이니셔티브나 과제와 밀접한 관련이 있다. 이런 배경을 무시하고 관련성 많고 가치 있는 의사 결정을 하는 것은 어렵다(거의 불가능하지는 않더라도).

의사 결정은 다음과 같은 이유로 강력한 가치 창출 역량이 된다.

- **쉽게 식별 가능**: 모든 비즈니스나 운영의 이해관계자들은 자신들이 어떤 결정을 하려고 하는지 알고 있다. 수십 년까지는 아니더라도, 수년간 그 결정을 위해 노력해 왔기 때문이다.
- **실행 가능**: 질문(탐색, 설명 및 잠재적 기능 식별의 유용한 도구)과 달리 의사 결정은 행동을 이끌어 낸다.
- **귀속 가능한 가치의 원천**: 조직들은 비즈니스나 운영과 관련해 개선된 의사 결정을 함으로써 정량화할 수 있고 귀속 가능한 가치를 결정할 수 있다. 즉 조직들은 좀 더 정확한 의사 결정을 통해 귀속 가능한 가치를 끌어낼 수 있다.
- **데이터 과학과 최적화 가능**: 데이터 과학 팀은 조직의 데이터에 분석 기법을 적용해 의사 결정을 최적화하는 데 전문성을 갖고 있다.
- **협업**: 의사 결정은 비즈니스와 데이터 과학 이해관계자 간의 협업을 이끌어 내면서 성과를 좀 더 잘 예측할 수 있는 변수와 척도(기능)를 알아낼 수 있도록 해 준다.

의사 결정은 이용 사례의 토대가 된다. 반면 이용 사례는 어떤 조직이 특정한 운영 문제나 기회를 해결함으로써 가치를 창출할 수 있도록 하는 방법을 위한 비즈니스 구조물이다. 이용 사례는 다음과 같은 요소로 구성된다.

- 원하는 결과를 정량화하고 해결책의 진행 상황과 성공 여부를 추적하는 KPI
- 해결책과 관련이 있는 각 이해관계자들이 관련 데이터와 통찰을 토대로 내려야 하는 일련의 핵심 의사 결정

〈그림 7.7〉 슈마르조의 가치공학 프레임워크의 이용자 사례 디자인 템플릿

이용 사례 설명:	**지역 행사를 통해 매장 트래픽 증대:** 사람이 많은 지역 행사(예: 리틀리그 게임, 축구 토너먼트, 콘서트, 학교 행사, 행진, 페스티벌)를 물색한 뒤 지역 홍보 활동을 적극적으로 함으로써 매장 트래픽 향상하도록 함.
KPI/척도:	방문당 평균 매출, 종업원당 매출, 줄 대기 시간, 포기 비율(%), 모바일 주문, 소셜 미디어 긍정 언급, 테이블 회전, 지역 조달 재료 비중(%), 쓰레기 비중(%), 다양성 비율

핵심 이해관계자

- 고객: 합리적인 가격에 고품질, 건강 음식 즉시 구입
- 상점 관리자: 월간 & 분기 성과 수치 달성
- 현장 마케팅: 창의성을 반영한 성공적인 행사 운영
- 기업 마케팅: 캠페인 ROI, 리드(lead), 고객 만족 실현
- 조달: 합리적인 가격에 고품질 지역 식재료 확보
- 물류: 물품이 매장에 제시간에 확실하게 도착

원하는 결과

- 매장 판매와 수익 증가
- 신규 고객 증가
- 고객 만족도와 소셜 미디어 언급 증가
- 제품/원료 품절 최소화
- 만족스럽고 완전한 직원 고용

비즈니스 혜택

- 지역(기까운) 행사 참여 마케팅 통해 매장 트래픽 증대
- 신규 고객에게 치폴레 소개
- 지역 행사는 일반적으로 사전에 알려지기 때문에 직원 모집, 물류, 재고 관점에서 도움이 됨
- 매장 트래픽 증가로 소셜 미디어 노출 확대와 인지도 제고 기회 창출

비즈니스 위기

- 날씨가 지역 행사와 직원 모집, 재고 예측에 타격을 입힐 수 있음.
- 반응을 예측할 수 없기 때문에 대기 줄이 길어질 수 있고, 고객 만족이나 치폴레의 초기 인상을 실추할 수 있음.
- 매장 트래픽 증대로 매장 직원(매장과 화장실 청소, 기구 비축)에 대한 추가적인 수요와 압박 우려
- 매장 관리에 분석 기법 사용법 훈련 필요

조직 목표에 가하는 충격

전체 매장 트래픽 증가	쇼핑백 매출 & 마진 증가	순수 신규 고객 확보
4	1	2

좀 더 많은 재방문 추동	공급 업체 신뢰성 증대	고객 만족 증가
1	1	2

프라이버시와 거버넌스 고려

- 거래 도중 및 이후에도 고객의 구매와 로열티 이력 완전 보호
- 거래 도중 및 이후에도 고객의 신용카드 데이터 완벽 보호

실패의 결과

- 직원 승진 기회 감소
- 지역 농부 지원 감소
- 매장 폐쇄 및 직원 해고 위험
- 지역 행사와 활동 지원 능력 상실

- 각 이해관계자들이 KPI 달성을 위해 기대하고 선호하는 것들을 반영한 일련의 바람직한 결과물

마지막으로 앞에서 열거한 이용 사례의 핵심 요소를 **이용 사례 디자인** 템플릿을 활용해서 보여 준다. 〈그림 7.7〉은 치폴레가 지역 행사 마케팅을 통해 매장 트래픽을 증가시킨 사례를 통해 치폴레의 비즈니스 이니셔티브를 자세하게 설명한 것이다.

앞의 템플릿은 각 비즈니스 및 운영 이용 사례에 대해 다음과 같은 정보를 수집한다.

- 이용 사례 설명과 비즈니스 및 운영 목표
- 이용 사례의 진행 상황과 성공을 측정할 KPI와 척도
- 이용 사례 비즈니스 혜택
- 이용 사례 비즈니스 위험
- 이용 사례 개인정보 보호 및 거버넌스 고려 사항
- 이용 사례 실패의 영향

같은 매장의 매출 증대라는 목표 비즈니스 이니셔티브를 위해 우리는 그러한 이니셔티브를 지원하는 데 필요한 다양한 이용 사례를 확인할 것이다.

> 이용 사례(8개에서 14개 사이)가 충분하지 않다면 목표로 하는 비즈니스 이니셔티브에 대한 구상과 검토를 철저하게 하지 않은 것이다.

이런 이용 사례들 간의 상호 연결과 관계를 시각적으로 묘사하려면 〈그림 7.8〉을 참고하라. 이 개념도는 동일 매장 매출 증대라는 중요한 목표에 기여하는 다양한 이용 사례를 명확히 보여 주며, 각 이용 사례가 비즈니스 이니셔티브와 어떻게 연계되고 시너지 효과를 내는지 포괄적으로 이해할 수 있게 해 준다.

살펴본 바와 같이 새로운 고객, 제품, 서비스 및 운영 가치 창출의 원천을 만들어 내기 위해 데이터와 분석 기법을 적용할 이용 사례에 대해 비즈니스와 데이터

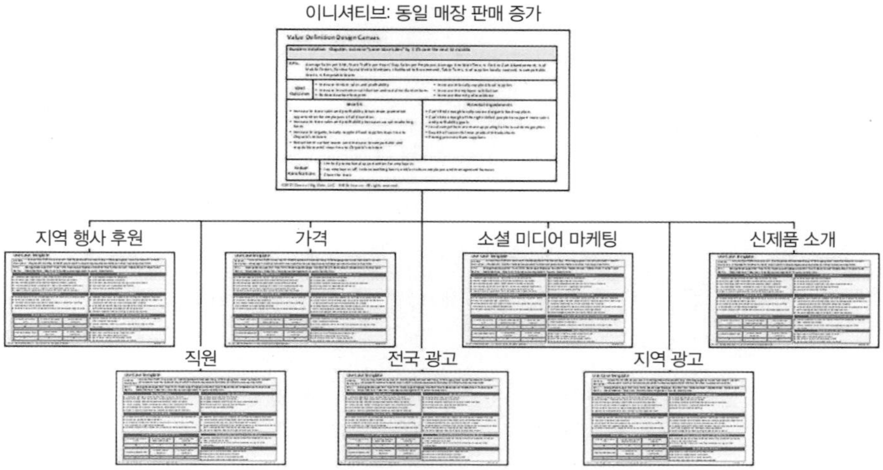

〈그림 7.8〉 비즈니스 이니셔티브와 이용 사례 연결하기

과학 팀이 협력하도록 했다. 이제는 기초 데이터와 분석 아키텍처, 그리고 조직의 데이터 및 분석 자산을 구축하는 데 집중해야 할 때다.

3단계: 가치 창출 규모 확장

가치 창출 규모 확장은 광범위하고 역동적인 영역이다. 왜냐하면 새로운 기술(예: 생성형 AI, 대규모 언어 모델)과 새로운 데이터 개념(예: 데이터 메시, 데이터 패브릭, 데이터 레이크하우스)은 늘 등장하는데, 이 새로운 기술과 개념을 평가해서 어떤 것들이 여러분의 상황, 경험, 성숙도와 관련이 있는지 결정해야 하기 때문이다. 뛰어난 많은 책들이 이런 주제에 대해 깊이 있게 다루고 있기 때문에 나는 여기서 이 문제를 다루지는 않겠다.

하지만 한 가지는 분명히 얘기하려고 한다. 확장 가능한 데이터와 분석 아키텍처를 구축할 때 '빅뱅 접근 방식(big-bang approach)'은 피해야 한다는 것이다. 이용 사례별로 데이터와 분석 기능을 구축하는 접근법뿐 아니라, 이용 사례별로 확장할 수 있는 민첩하고 확장 가능한 데이터 및 분석 아키텍처를 제공할 수 있는 접근 방식을 찾아야 한다.

이용 사례 여정을 시작하기 위해 먼저 구축해야 할 기술, 데이터 분석 투자가 있다. 하지만 그 투자를 최소한으로 유지하고 (실행 가능한 최소한의 데이터 분석 환경을 생각하라) 당신만의 데이터 분석 기반 이용 사례를 구축하면서 확장하도록 하라.

이용 사례 구현 방식은 조직에 좀 더 빠르게 가치를 보여 줄 수 있는 가장 좋은 방법이다. 조직들이 자체 데이터 분석 능력을 구축하기 때문이다. 이런 노력은 단순한 과학 실험이 아니라 비즈니스에 초점을 맞추고 있기 때문에 비즈니스 이해관계자들에게 확신을 심어 줄 수 있다. 이용 사례 구현 방식은 또한 학습의 경제를 활성화할 수 있는 가장 좋은 방법이다. 학습의 경제는 데이터와 AI 분석 비즈니스 모델 성숙도의 문화적 변형 단계(5단계)에 도달하려고 하는 조직에는 필수 요소다.

학습의 경제는 무엇인가?

기술, 문화, 경제적 혁신이 끝없이 계속됨에 따라 조직들은 지속적으로 학습하고 적응하는 문화를 수용해야 하는 도전 과제에 직면해 있다. 학습의 경제는 이런 지속적인 학습과 적응 문화를 견인할 뿐 아니라 현대 조직들이 경쟁자들보다 좀 더

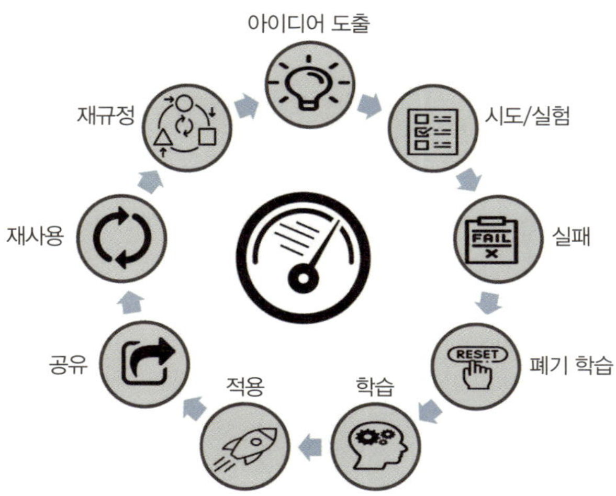

〈그림 7.9〉 학습의 경제 바퀴

빨리 배우고 적응하는 방법이 되기도 한다.

학습의 경제는 조직 운영을 통해 지속적으로 학습하고 인적 자산 및 분석 자산을 계속 적응시키면서 얼마나 효과적으로 가치를 창출하는지 측정한다. 디지털 전환(digital transformation)의 세계에서는, 끊임없이 진보하는 기술, 문화 및 경제적 혁신의 끊임없는 행진에 지속적으로 학습하고 적응하는 능력인 학습의 경제가, 과거를 지배했던 회고적 프로세스와 문화를 보호하려는 규모의 경제보다 더 강력하다.

조직 내에 학습의 경제 사고방식을 만들려면 실패를 포용하는 고도로 반복적인 문화를 육성해야 한다. 즉 시도하고 학습하고 실패하며, 다시 학습하고 재시도하면서 모든 사람의 타고난 창의성을 활용하는 학습의 경제 톱니바퀴를 구축해야 한다.

조직이 학습의 경제 바퀴를 더 빠르게 가속화할수록 새로운 가치 원천 창출, 제품과 서비스 차별화, 운영 우수성 최적화 및 시장 점유율 확대에 더 빨리 성공할 수 있다.

학습의 경제 바퀴를 가장 잘 이용하는 기업은 다음과 같은 특징을 나타낸다.

- 운영, 환경, 경제, 사회적 변화와 고객 및 시장 요구가 끊임없이 변화하는 **지식 기반 시장에서 경쟁한다.** 아마도 오늘날의 모든 산업을 표현하는 설명이다.
- 어떤 것이 작동하고, 어떤 것은 작동하지 않는지, 왜 그런 현상이 있는지에 대해 지속적으로 학습하기 위해 **모든 의사 결정에 과학적인 방법을 적용한다.** 그런 다음엔 이런 학습을 토대로 조직의 비즈니스와 운영 과정을 조정한다.
- **최적화가 아니라 학습에 초점을 맞춘다.** 과거의 문제와 도전 과제를 최적화하다 보면 비즈니스와 운영 개선 효과가 보잘것없기 때문이다. 학습과 적응만이 내일의 문제와 도전 과제로부터 생존하고 학습할 수 있는 유일한 방법이다.
- 결정이 '완벽'해질 때까지 행동을 미루는 **'정확성의 폭정'을 피하라.** 역동적일 뿐 아니라 끊임없이 변화하는 세상에서 생존하고 번성하기 위해서 조직들은 점진적으로 학습하는 것을 숙달해야 한다.
- **실패로부터 배우는 문화를 장려하라.** 실패는 1) 행동하기 전에 실패의 결과를 철저히 고려하지 않거나 2) 실패로부터 얻은 교훈을 포착해 조직 전체에 공유하지 않는 경우에만 실패다. 만약 당신이 실패하지 않고, 또 실패를 공

유하지 않는다면 학습하지 않는 것이다.

이용 사례 접근 방식은 학습의 경제를 활용한다. 한 가지 이용 사례에서 학습한 것들을 다른 사례에 다시 적용할 수 있는 것이다. 데이터의 완전성과 분석의 정확성이 개선되면 각 이용 사례에 영향을 미칠 수 있다. 이 주제는 내가 쓴 책『데이터, 분석, 디지털 변형의 경제학』에서 자세하게 다뤘다.

이 장의 마지막 섹션에서는 조직이 데이터와 분석을 활용하여 가치나 수익 창출을 촉진하는 방법을 요약한다. 하지만 조직이 집중해야 하는 것은 데이터 수익 창출이 아니다.

데이터가 아니라 분석 '통찰'로 수익 올리기

데이터 수익화는 많은 조직에 혼란을 주는 용어다. 데이터로 가치를 창출하는 가장 좋은 방법은 데이터를 판매하는 것이라고 믿기 때문이다. 하지만 오늘날 세계에서 가장 이익을 많이 내는 기업들은 데이터 판매로 수익을 창출하지 않는다. 애플, 구글, 아마존 같은 선도적 기업들은 데이터 판매로 세계에서 가장 부유한 기업이 된 것이 아니다. 이 기업들은 데이터에 숨겨져 있는 고객, 제품, 서비스, 운영 통찰을 식별하고 한데 묶어서 새로운 가치의 원천을 창출하는 방식으로 수익을 올린다.

대부분의 조직은 **통찰 수익화**에 집중해야 한다. 통찰 수익화란 데이터에 숨겨져 있는 고객, 제품, 운영 통찰(개별화된 행동과 성과 성향 예측)을 활용해 핵심 비즈니스와 운영 과정을 최적화하고 위험을 완화하며, 새로운 매출 기회를 창출하고, 좀 더 경쟁력 있고 차별화된 고객 경험을 구축하는 것을 의미한다.

이 장 앞부분에서 설명한 데이터 경제학 개념인 나노경제학은 통찰 수익화를 가능하게 하는 핵심 원동력이다. 나노경제학은 AI를 활용해 개별 인간과 기기의 예측 행동 및 성과 성향(혹은 분석 통찰)을 찾아내서 **분석 점수**로 정량화한다. 분석 점수는 행동이나 조치가 행해질 가능성을 단일한 숫자로 예측한다. 이를테면 어떤 사람이 대출을 상환할 가능성을 예측하기 위한 신용 점수가 이런 사례다. 이런 분

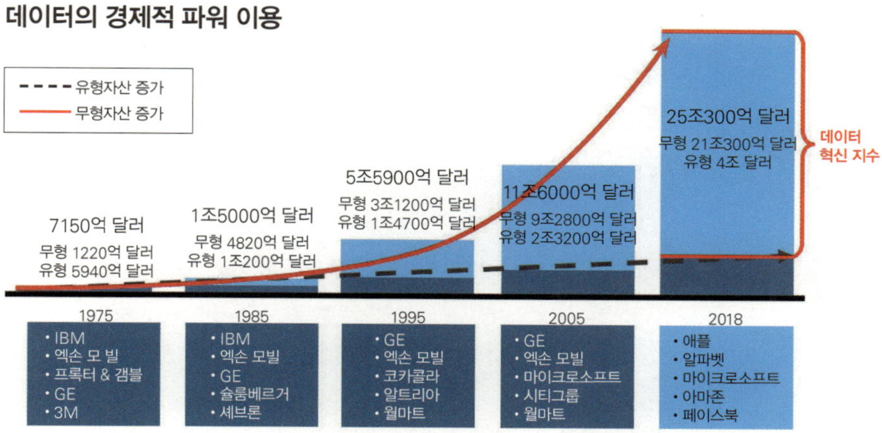

〈그림 7.10〉 가장 수익성 높은 기업들의 시가 총액

분석 프로필: 자산의 예측 성향을 집대성하고 공유

분석 프로필은 조직의 핵심 인력과 기기 자산의 예측된 행동성과 성향(분석 점수)을 집대성하고, 공유, 재사용하며, 지속적으로 갈고 닦는다.

환자 보호 데이터

- 인구 통계
- 행동 통계
- 심리 통계
- 환자 간호/치료 이력
- 환자 바이탈 통계 내역
- 의사/간호사 간호 노트
- 환자 의견
- 의약/처방전
- 기타

슈마르조 환자 의료 프로필	정규 곡선 등가점수	분산	추세
건강 점수	92	1.89	↑
복지 점수	92	1.85	↔
다이어트 점수	67	3.25	↔
운동 점수	82	2.25	↑
스트레스 점수	65	1.90	↓
코로나19 위험 점수	22	2.35	↓
암 위험 점수	14	1.74	↑
폐병 위험 점수	02	1.15	↔
종양 위험 점수	08	1.20	↓
심장병 위험 점수	09	1.25	↔
발작 위험 점수	06	1.10	↔
....			

외부 환자 데이터

- 다이어트 이력(다이어트 플래너, 마이피트니스팔)
- 육체 운동 이력(애플워치, 핏빗)
- 정신적 예민성 이력(루모시티, 코그니핏)
- 스트레스 이력(스트레스 닥터, 해피파이)
- 정서 이력(텍스트, 소셜)
- 음성 병력
- 휴가/ 휴식 이력
- 기타

〈그림 7.11〉 객체의 분석 통찰을 담아내는 분석 프로필의 역할

석 점수는 조직의 핵심 비즈니스 및 운영 사례의 결과물을 최적화하는 데 적용하고 재사용할 수 있도록 **분석 프로필**에 담기게 된다.

분석 프로필은 개별 개체의 분석 점수(예: 신용 점수, 품질 점수, 충성도 점수, 건강 상태 점수)를 저장, 공유, 재사용하고, 지속적으로 개선하도록 촉진하는 핵심

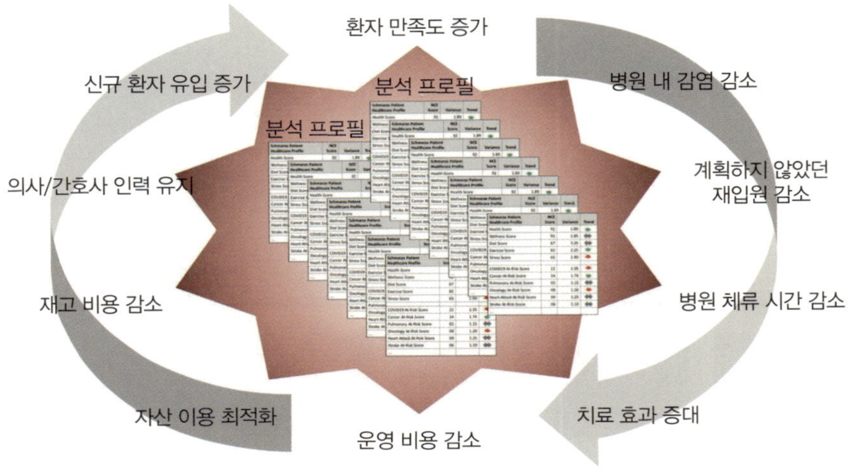

〈그림 7.12〉 이용 사례를 최적화하기 위해 나노경제학과 분석 프로필을 적용해서 가치 실현

가치를 지닌 광석이다. 개별 객체는 사람(예: 고객, 환자, 의사, 학생, 교사, 운동선수, 엔지니어, 혹은 운영자)일 수도, 기기(예: 압축기, 냉각기, 트랙터, 진공청소기, 인쇄기, 자동차, 기차, 혹은 비행기)일 수도 있다.

마지막으로, 분석 프로필과 분석 점수를 적용해 조직의 핵심 비즈니스와 운영 사례의 결과를 최적화할 수 있다. 〈그림 7.12〉는 그 사례를 잘 보여 준다.

다시 한번 정리하자면, 지금까지 가치공학 프레임워크의 3단계를 소개하고 깊이 탐구했다.

- **1단계**: 조직이 가치를 창출하는 방법을 정의하고 그 가치 창출 효과를 측정한다.
- **2단계**: 이용 사례별로 가치를 실현하기 위한 실행 계획에 맞춰 조직을 조정한다.
- **3단계**: 가치 창출 이용 사례를 확장하기 위해 유연하고 확장 가능한 아키텍처와 조직 구조를 구축한다.

이제 조직이 데이터와 분석 기술을 좀 더 효과적으로 활용해 비즈니스 모델을 강화하도록 지원하는 것을 막을 어떤 장애물도 없다.

요약

나는 7장이 길어질 것이라고 말했는데, 실제로 그렇게 됐다. 이번 장은 조직이 궁극적으로 AI와 데이터 리터러시 프로그램의 효과를 측정하는 방법의 정점을 보여 준다. 결국 가치 창출은 대기업, 중소기업, 비영리조직, 교육 및 의료 기관, 정부 기관 등 모든 조직의 존재 이유다.

우리는 조직이 데이터를 활용해 가치를 창출하는 방법에 대해 많은 부분을 다뤘다. 데이터 기반 가치 창출에 대한 대화는 조직이 가치를 정의하는 방법을 이해하고, 가치 창출의 효과를 측정하는 KPI와 척도를 식별하는 것에서 시작된다.

조직이 가치 창출의 정의와 측정 방법을 이해하게 되면 나노경제학과 분석 프로필, 그리고 조직의 가치를 실현하는 비즈니스 및 운영 사례 개념으로 이동하게 된다. 이 과정은 단순 명료하고 실용적이다. 조직이 가치 창출을 정의하고 측정하는 방법을 먼저 규정하지 않으면 가치 창출은 거의 불가능하기 때문이다.

다음 장에서는 윤리라는 어려운 개념에 대해 논의하고 탐구하게 된다. AI와 데이터 리터러시 관점에서 보면 윤리는 우리가 그것을 측정하지 못하면 감독하고 관리하며, 향상할 수도 없다는 것이 문제다. 이 장에서는 조직과 사회가 경제 개념을 활용해 윤리를 측정할 뿐 아니라, 인간이 AI를 위해 일하지 않고 AI가 인간을 위해 일할 수 있도록 보증하는 방법에 대한 몇 가지 최첨단 아이디어를 소개한다.

8장
AI 도입 윤리

윤리는 사람의 태도나 행동을 지배하는, 옳고 그른 도덕적 원칙을 이해하고 적용하는 것이다.

AI로 하는 많은 작업이 수학을 기반으로 진행될 뿐 아니라 기술적으로 흥미진진하기 때문에, 우리는 종종 AI의 더 큰 사명을 잊어버리는 경향이 있다. AI는 의미 있고, 관련 있으며, 책임감 있으면서 윤리적인 결과물을 제공해야 하는 사명을 갖고 있다. 모든 AI 모델을 설계, 개발, 배포할 때는 윤리를 바탕으로 해야 한다. 따라서 모든 사람들이 AI 모델에 책임감 있고 윤리적인 선택을 포함하기 위해서는 무엇이 필요한지 알고 있어야 한다.

8장에서는 데이터 과학 시민이 이렇게 중요한 윤리적 대화를 나누고 디자인 결정을 내릴 준비를 할 수 있도록 하기 위해 다음과 같은 주제에 대해 논의한다.

- 윤리가 무엇인지에 대한 기초적인 이해
- 경제와 윤리의 관계 탐구
- 윤리적 AI 피라미드를 활용해 성숙한 AI 기능 유도
- AI의 의도하지 않은 결과와 그 대처법에 대한 이해

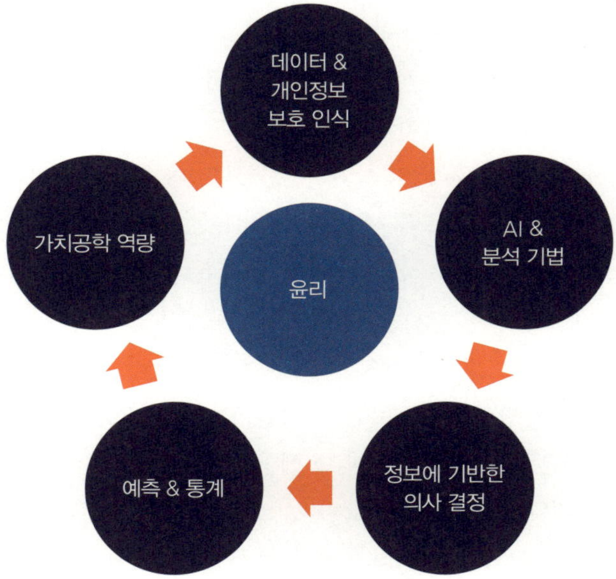

윤리 이해하기

윤리는 사람의 태도나 행동을 지배하는 도덕적 원칙이다. 이 원칙은 개인이나 사회 집단이 일반적으로 받아들이는 옳고 그름의 원칙이다. 그도 아니면 우리 어머니가 늘 말씀하신 것처럼 "윤리는 아무도 보는 사람이 없을 때 하는 행동이다."

반면 AI 윤리는 AI의 윤리적 개발, 적용, 관리에 초점을 맞춘 연구 분야다. AI 윤리는 AI의 의도하지 않은 결과를 식별하고 탐구하며, 어떻게 하면 AI를 공정하고 책임 있게 사용해서 사회에 유익을 줄지 깊이 생각한다.

윤리는 주도적으로 대처하는 것이지, 수동적인 것이 아니다

윤리는 원래 주도적으로 대처하는 것이지, 수동적인 것이 아니다. 윤리는 단순히 다른 사람에게 책임을 떠넘기는 대신 사회의 도덕적 기준에 따라 적절한 행동을 요구한다. 여기서 소극적 윤리와 주도적인 윤리의 차이를 이해하는 것이 매우 중요하다. 성경에 나오는 선한 사마리아인 비유에서 시대를 초월하는 소중한 교훈을 찾을 수 있다.

선한 사마리아인 비유는 강도를 만나 죽도록 맞은 후 길가에 버려진 유대인 여행자의 이야기를 담고 있다. 존경받는 인물인 제사장과 레위인은 매를 맞아 부상당한 유대인을 발견하지만, 그의 곤궁한 처지를 무시한 채 반대편으로 지나가 버린다. 하지만 한 사마리아인은 동정심을 보인다. 심지어 사마리아인과 유대인은 역사적으로 적대감을 갖고 있는 사이였다. 그는 부상당한 사람의 상처를 치료한 뒤 자기 가축에 태워 여관으로 데려간다. 그러고는 치료비와 숙박비를 대신 내어 줌으로써 편안한 상태로 묵을 수 있도록 해 준다. 이 비유는 차이나 편견을 고려하지 않고 사회적 장벽을 넘어 어려움에 처한 사람을 도와주는 주도적인 동정심이 얼마나 중요한지 잘 보여 준다.

제사장과 레위인은 "해를 끼치지 말라"는 소극적 윤리 원칙의 모범을 보여 줬다. 엄밀히 말해 부상당한 사람을 회피한 그들은 어떠한 잘못도 하지 않았다. 하지만 그런 사고방식은 AI 모델이 만들어 낸 세상에서는 부족하다. 우리 AI 모델은 주도적인 윤리를 구현하는 것이 꼭 필요하다. AI 모델 자체뿐 아니라 작동을 안내하는 AI 효용함수도 "올바른 일"을 하기 위해 적극 노력해야 한다. 우리는 사회를 이롭게 하고, 더 나은 사회를 만드는 데 기여하는 방안을 적극 모색하는 AI 시스템을 설계하는 책임을 받아들여야 한다.

AI 시대의 윤리 새롭게 규정하기

AI는 우리 사회와 조직 내에서 윤리적 행동을 정의하고 측정하는 방식을 재평가하게 만들 수밖에 없다. 단기적인 개인의 이익보다 장기적인 사회적 혜택에 우선순위를 두는 것이 굉장히 중요하다. AI가 전례 없는 규모로 학습하고 적응하는 놀라운 능력을 갖고 있다는 점을 감안하면, AI 모델을 설계, 개발, 배포할 때는 필수적으로 윤리적 기준을 정확하게 정의하고 개발하며, 실행해야 한다. 이를 잘못 적용하게 되면 끔찍한 결과를 초래할 수 있다.

하지만 AI 윤리를 논의하려고 할 때 극복해야 할 과제가 있다. 그것을 측정할 수 없다면, 탐지도 판단도 할 수 없을 뿐 아니라 개선할 수도 없다는 문제다. 따라서 윤리를 측정하고 계량화할 수 있는 투명한 방법을 찾아야 한다. AI가 갈수록 일상생활과 사회 전반에 통합되는 상황을 고려하면 이런 필요는 더욱 크다.

이 문제는 나중에 해결해도 된다고 생각했는가? 그렇다면 깜짝 놀랄 것이다! 지금 바로 행동해야 한다. 머신러닝 기술을 사용해 자연어를 이해하는 AI 챗봇인 챗GPT가 초래할 위험에 대한 우려가 갈수록 커지고 있다. 챗GPT는 머신러닝 기술을 활용해 자연어를 이해하고, 이용자들의 질문에 대해 사람처럼 답변해 준다. 그러다 보니 제어되지 않는 생성형 AI 챗봇 능력이 초래할 충격에 대한 긴박감이 커지면서 암울한 예측이 늘어났다.

> 인쇄기가 현대 인류의 생각을 풍부하게 만들었다면, 새로운 기술은 그것을 정제하고 정교하게 만들었다. 그 과정에서 챗GPT는 인간의 지식과 이해 사이에 간극을 만들었다.
>
> —헨리 키신저, 에릭 슈미트, 대니얼 후텐로허,
> ≪월스트리트 저널≫, 2023년 2월 24일

> 강력한 AI 시스템은 효과가 긍정적일 뿐 아니라 위험을 관리할 수 있다는 확신이 있을 때만 개발되어야 한다.
>
> –생명의 미래 연구소(일론 머스크와 스티브 워즈니악이 회원으로 활동하고 있다.), 2023년 3월 29일

아시모프의 '로봇 3원칙(Three Laws of Robotics)'이 우리를 보호해 줄 것으로 기대하지 마라.

- 제1법칙: 로봇(AI)은 인간에게 해를 입혀서는 안 된다. 또 인간이 해를 입는 것을 방치해서도 안 된다.
- 제2법칙: 로봇(AI)은 제1법칙과 충돌하는 경우를 제외하고는 인간이 내린 명령에 복종해야 한다.
- 제3법칙: 로봇(AI)은 제1법칙 또는 제2법칙과 충돌하지 않는 한 자신을 지켜야 한다.

> 로봇 3법칙(흔히 아시모프의 법칙이라고 줄여서 부른다)은 SF 작가 아이작 아시모프(Isaac Asimov)가 고안한 일련의 법칙이다. 이 법칙은 아시모프가 1942년 선보인 단편소설 「런어라운드(Runaround)」에서 소개됐다.

안타깝게도 로봇 3법칙은 고용, 신용, 금융, 주거, 의료, 교육, 세금, 법 집행, 법률 대리, 소셜 미디어, 콘텐츠 배포 같은 중요한 사회적 결정에 영향을 미치는 AI 모델을 위한 포괄적인 지침을 제공하는 데는 적합하지 않다. 윤리를 체계화하는 것은 AI 모델이 책임 있고 윤리적인 선택을 해서 바람직한 결과를 만들어 낼 수 있도록 인도하는 데 중요한 해결 과제다.

5장에서 논의한 것처럼, AI 모델은 효용함수를 구성하는 변수와 척도에 따라 보상을 극대화하고 처벌을 최소화하기 위해–인간은 이해할 수도 없는 빠른 속도로–지속적으로 학습하고 적응하기 때문에 윤리를 체계화하는 것이 필수적이다.

하지만 여기 좋은 소식이, 그것도 아주 많이 있다. 우리는 필요한 대화를 이끌어 낼 수 있는 프레임워크를 채택해야 한다. 그렇게 해야만 의미 있고 관련성 있으며 책임감 있고 윤리적인 결과를 제공하는 AI 모델을 설계, 개발, 배포하는 것을 확실히 보증할 수 있기 때문이다. 그 프레임워크는 한동안 경제학에서 사용돼 왔다. 윤리학, 경제학, 사회 복지의 중요한 교차점에 대해 좀 더 깊이 파고 들어가 보자.

윤리학, 경제학, 사회 복지의 교차점

윤리학, 경제학, 그리고 사회 복지를 동시에 이야기하는 것이 이상하게 느껴질 수도 있을 것이다. 경제학은 부나 가치를 창출하고 분배하는 학문이다. 하지만 지속 가능한 가치를 창출하고 분배하기 위해서는 반드시 윤리와 사회 복지에 대해 고려해야 한다. 이 두 가지 요소가 없다면 우리가 실제로 어떤 가치를 만들어 낼 수 있을까?

도덕적 행위가 좋은 경제학을 만든다

사회는 공정, 평등, 정의, 관용의 윤리를 동력으로 긍정적인 경제적 성과를 달성할 수 있다. 성경을 비롯해 여러 종교적 교리는 좀 더 포괄적인 가치 개념에 바탕을 둔 윤리적 교훈들로 가득 차 있다. 그렇다. 성경은 사회가 좀 더 관련 있으며, 의미 있고, 책임감 있으면서 윤리적인 결과를 낼 수 있는 방법에 대한 경제적 교훈을 담고 있는 걸작이다.

경제학은 부나 가치 창출과 분배를 위한 프레임워크라고 정의할 수 있다. 예를 들어 설명해 보자.

매사추세츠에서 수행된 한 연구는 '모두를 위한 급식(School Meals for All)'이란 공정성 프로그램의 잠재적 가치를 강조한다.[1] 매사추세츠주는 현재 학생들의 정신 건강 문제, 당뇨병, 비만, 인지 발달 문제를 해결하기 위해 매년 24억 달러의 예산을 배정하고 있다.

'모두를 위한 급식' 이니셔티브의 연간 실행 비용은 1억~1억2000만 달러에 달한다. 이를 통해 사회와 시민의 복지에 긍정적으로 기여하는 동시에 건강과 교육 결과물이 개선되면서 열 배에 달하는 견고한 투자 대비 수익률을 만들어 내고 있다.

또 다른 예로, 전국유아정책포럼(National Forum on Early Childhood Policy and Programs) 연구에 따르면 유아 프로그램에 1달러 투자할 때마다 4~9달러 수익을 창출할 수 있는 것으로 나타났다. 마찬가지로 2009년 3~5세 어린이를 대상으로 한 페리 프리스쿨(Perry Preschool) 프로그램을 연구한 결과에 따르면 1달러 투자당 7~12달러 수익을 올린 것으로 추산됐다.[2)]

이 같은 연구 결과는 윤리적 행동이 바로 좋은 경제학이라는 것을 잘 보여 준다.

사람과 조직이 주로 혼동하는 한 가지가 재무 지표(기간이 짧은 경향이 있다)와 경제 지표(기간이 좀 더 긴 경향이 있다) 간의 차이이다. 의미 있고 관련 있으며, 책임감 있고, 윤리적인 결과물을 제공하는 AI 모델을 규정하고 설계하려면 단순한 재무 척도와 좀 더 포괄적인 경제적 척도 간의 차이를 빠르게 살펴보는 것이 중요하다.

재무 지표와 경제 지표의 차이

윤리적 행동과 의사 결정을 정의하고 측정하는 프레임워크를 만들기 위해 경제학을 사용한다고 가정해 보자. 이 경우 재무 지표와 경제 지표의 차이점을 알고 있어야 한다.

- **재무 지표**는 어떤 조직의 재무 성과를 평가하는 데 사용된다. 재무 지표는 일반적으로 어떤 조직의 특정 시점 단기 재무 성과에 초점을 맞춘다. 이익률, **총자산이익률(ROA)**, **자기자본순이익률(ROE)**, **투자자본수익률(ROIC)**, **고용자본수익률(ROCE)**, **주당순이익(EPS)**, **투자수익률(ROI)**, 부채 비율 같은 것들이 재무 지표의 대표적인 사례다.
- **경제 지표**는 사회 전반적인 건강 상태와 전체 복지를 평가하는 데 사용된다. 경제 지표는 정책 입안자들이 좀 더 많은 정보를 기반으로 경제 정책 결정을 하는 데 도움을 주기 위해 경제나 사회의 장기 건강 상태를 측정하고 추적한다. **국내총생산(GDP)**, 실업률, **소비자물가지수(CPI)**, **생산자물가지수(PPI)**, 빈곤율, 주택 착공 건수, 금리 같은 것들이 대표적인 경제 지표다. 이런 경제 지표는 좀 더 광범위한 사회적 특성에 주목한다. 예를 들면 교육, 의료, 사법, 안전, 다양성, 사회, 환경, 시민 복지 같은 것들에 초점을 맞춘다.

여기서 재무 지표와 경제 지표의 기간 차이(단기 대 장기)를 이해하는 것이 중요하다. 예를 들어, 오늘날 개인과 조직은 개인에게는 단기적인 재무적 이익을 주지만, 장기적으로는 사회에 큰 비용을 안겨 주는 행동을 하는 방식으로 재무 지표 '장난'을 하고 있다.

최근 사례로는 버니 메이도프(Bernie Madoff)의 폰지 사기,[3] 엘리자베스 홈스(Elizabeth Holmes)와 테라노스(Theranos) 스캔들,[4] 퍼듀 파마(Purdue Pharma) 오피오이드 사태,[5] FTX 암호화폐 파사드[6] 등이 있다.

하지만 더 치명적인 위험은 잘 드러나지 않는다. 기후 변화, 결혼권리, 여성 인권, 공교육, 소득 불평등, 공공 의료, 사법적 공정성, 교도소 개혁 같은 치명적인 재난에 제대로 대처하는 데 반드시 요구되는 사전 예방적 윤리를 혼란스럽게 하는 근거 없는 음모 이론이 더 해롭고 위험하다.

도덕에서 법과 규제의 역할

사회는 법과 규제를 통해 단기적인 도박을 막고 사람들이 장기적인 관점에 집중하도록 장려한다. 법률과 규정이 적절하게 마련되어 있을 경우엔 경제적인 장려 정책과 함께 금전상의 제재와 형사 처벌을 통해 법률과 규정을 준수하도록 자극을 줄 수 있다. 법률과 규정은 관련 보상과 처벌을 변화시키는 방식으로 행동을 바꿀 수 있다. 이를테면 담뱃세를 도입하게 되면 흡연을 덜 매력적인 행동으로 만들 수 있다.

빈 병 재활용에 막대한 영향을 미치는 음료 용기 보증금법(container deposit laws)을 또 다른 사례로 꼽을 수 있다. 음료 용기 재활용법이 있는 주에서는 재활용 비율이 약 60% 수준인 반면, 이런 법이 없는 주는 24%에 불과하다.[7]

다양한 경제적 조치를 확대하면 윤리적 행동을 장려하고 비윤리적 행위는 막을 수 있는 법률과 규정을 개발할 기회가 생기게 된다. 하지만 의도하지 않은 해로운 결과를 피하기 위해서는 법률과 규정을 만들 때 굉장히 조심스럽게 접근하는 것이 중요하다. 책임 있는 행동을 장려하고 해로운 관행을 억제하도록 균형을 잡기 위해선 포괄적으로 접근할 필요가 있다. 그렇게 함으로써 예기치 않은 부정적인 결과를 피하면서 윤리적인 목표와 가시적인 성과가 일치하도록 보장할 수 있게 된다.

책임 있고 윤리적인 AI 구현

앞서 AI 모델의 윤리적인 행동을 감독할 수 있는 척도를 식별, 검증, 통합하는 작업이 중요하다는 사실을 설명했다. 이제는 AI 모델이 책임 있고 윤리적으로 실행되도록 하기 위해서는 어떤 어려운 과제가 있는지에 대해 이야기해 보도록 하자.

이번 장의 이 부분에서는 윤리적 AI 피라미드 개념을 정의한다. 그리고 AI 피라미드 모델을 사용해 의미 있고, 관련성 있으며, 책임감 있고 윤리적인 결과를 제공하는 AI 모델을 설계, 개발, 배치하는 방법에 대해서도 알아본다. 그런 다음 AI 모델 투명성이 왜 중요한지에 대해 깊이 있게 논의한다.

윤리적인 AI 피라미드

윤리적 AI 피라미드는 투명성, 공정성, 그리고 지속적 학습을 우선시하면서도 사회 법률과 규범에 부합하는 AI 모델을 개발하기 위한 종합적인 안내 역할을 한다.

이 피라미드는 윤리적 원칙을 준수함으로써 AI 모델을 윤리적이고 투명하면서도 책임감 있게 설계, 개발, 관리할 수 있도록 해 주는 것을 목표로 한다. 이 모델은 이용자의 기대와 조직의 가치를 충족하면서도 관련 법률과 사회적 표준을 준수하는 것을 강조한다.

〈그림 8.1〉에서 볼 수 있는 것처럼 윤리적 AI 피라미드는 다음과 같은 윤리적 AI 성숙도 단계로 구성된다.

- **고립된 분석(Orphaned analytics)**은 특정한 목적을 위해 개발된 일회성 AI/ML 모델이다. 하지만 ML 모델 드리프트(model drift)[34]를 관리하도록 설계되지는 않았다. 처음에 개발했던 운영 환경이 시간이 지나면서 달라짐에 따라 성능이 저하될 때 ML 모델 드리프트가 발생한다. 기업에 지속적으로 가치 흐름을 제공하면서 자산 역할을 했던 고립된 분석은 시간이 지나면서 부채로 바뀌게 된다. 이 모델이 위험하거나 잘못된 결정을 내리도록 만들

34 모델 드리프트는 모델을 배포한 이후 시간이 지남에 따라 성능이 저하하는 현상을 의미한다.

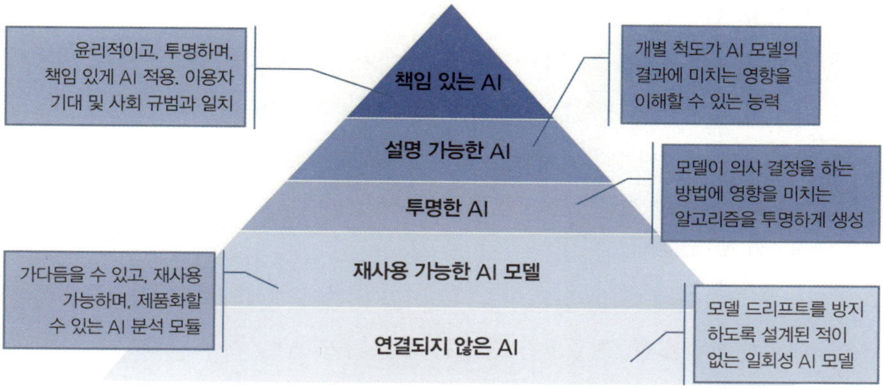

〈그림 8.1〉 윤리적 AI 피라미드

수 있기 때문이다.

- **재사용 가능한 AI 모델(Reusable AI models)**은 공유, 재활용, 확장이 가능한 경제 자산으로 설계됐다. 재사용 가능한 AI 모델은 모델 드리프트를 관리하고 부정 오류와 긍정 오류로부터 학습을 할 수 있도록 만들어졌다. 물론 긍정 오류와 부정 오류를 통해 학습을 하기 위해선 상당한 작업이 필요할 수도 있지만, AI 모델이 실수로부터 배울 수 있기 때문에 확증 오류를 바로잡는 데 도움이 될 수도 있다.

고립된 분석에서 재사용 가능한 AI 모듈로 전환하려는 조직은 구축되는 AI 모듈을 중앙 집중적으로 제재하고 관리할 수 있는 방법을 개발해야 한다. 대다수 AI 모듈은 분산된 환경에서 식별되고 개발될 가능성이 많다. 문제는 이런 AI 모듈은 중앙 집중적 개발 표준을 준수해야 한다는 점이다. 이런 전환을 통해 조직은 사용될 때 가치를 좀 더 높일 수 있는 AI 자산을 만들 수 있게 된다. 이 부분은 데이터와 분석 경제학의 핵심으로 내가 『데이터, 분석, 디지털 변형의 경제학(The Economics of Data, Analytics, and Digital Transformation)』에서 다뤘던 주제다. (이 책을 읽고 나서 함께 읽어 볼 만한 책이다.)

- **투명한 AI**는 AI 모델이 의사 결정을 할 때 사용하는 변수와 가중치를 투명하게 제공하는 알고리즘을 사용한다. 투명한 AI 시스템은 숙련된 데이터 과학자가 모델의 의사 결정과 추천에 영향을 미치는 변수를 정할 수 있는 알고리즘을 사용한다. 이 장 뒷부분에서 투명한 AI 알고리즘 사례를 몇 가지 소개한다. 투명한 AI로 전환하려면 조직 전반에 걸쳐 투명한 AI 알고리즘을 식별, 검증, 사용하려는 노력(그리고 블랙박스 같은 알고리즘을 피하려는 노력)을 해야만 한다. 투명한 알고리즘이란 숙련된 데이터 과학자들이 AI 모델 내부의 작업을 볼 수 있도록 해 주는 것을 의미한다.
- **설명 가능한 AI(XAI)**는 AI 시스템이 결정이나 추천에 대해 설명해 주거나, 그럴 수밖에 없었던 이유를 정당화할 수 있는 능력을 의미한다. XAI는 의료, 금융, 형사 사법처럼 AI 시스템의 결정이 중대한 결과를 초래하는 분야에서는 절대로 필요하다. XAI에 대해서는 이 장 후반부에서 좀 더 논의할 예정이다. XAI로 전환하려면 AI 모델이 어떤 결정을 하는 데 사용되는 변수(AI 효용 함수)를 해당 모델의 영향을 받는 모든 사람들에게 제공해 줘야만 한다. 그런 변수들을 공개할 때는 cust_bdate_yr_mo_day처럼 해독 불가능한 형태가 아니라, '고객 나이(Customer Age)' 같은 읽기 쉬운 용어로 전달해야 한다.

> 투명한 AI와 XAI는 서로 관련되어 있긴 하지만, AI 시스템 동작의 다른 측면을 다루고 있다. 투명한 AI 시스템은 내부가 어떻게 작동하는지 보여 주는 것이다. 따라서 비전문가에게는 다소 어려울 수도 있다. 반면 XAI 시스템은 어떤 결정에 대해 이해할 수 있게 설명해 주는 것이다. 그런데 이해관계자가 이러한 설명에 쉽게 접근하지 못하거나 검사를 하지 못할 수도 있다. 책임 있는 AI를 확실하게 제공하기 위해선 투명성과 설명 가능성은 필수 요소다. 따라서 AI 시스템을 개발하는 조직은 이 두 가지를 달성할 수 있도록 힘써 노력해야 한다.

- **책임 있는 AI**는 AI의 책임 있고 윤리적인 이용을 위해 편견과 차별, 데이터 프라이버시, 설명 가능성, 책임성과 사회적 영향력 같은 다양한 윤리적, 사회적 쟁점을 해결하도록 설계하겠다는 문화적 선언이다. 책임 있는 AI의

목표는 AI가 투명하고 공정하며, 책임감 있을 뿐 아니라 개인의 프라이버시와 존엄성을 존중하는 방향으로 개발되고 사용되도록 하는 것이다. 책임 있는 AI로 전환하는 초기 단계에는 피드백 및 감사 시스템을 추가해 AI 모델의 긍정 오류와 부정 오류를 측정하고 탐지하도록 한다. 그렇게 함으로써 AI 모델의 확증 편향을 완화하고, 의도하지 않은 위험한 결과를 표시하고 그러한 결과를 피할 수 있는 안전장치를 설치한다.

책임 있는 AI는 이용자 기대, 조직 가치 및 사회적인 법률이나 규범과 일치하는 윤리적이고 투명하며 설명할 수 있는 AI 기술 사용을 보장해 준다.[8]

투명한 AI 보증하기

윤리적 AI 피라미드에서 중요한 부분은 AI 모델이 의사 결정과 추천을 할 때 사용하는 변수와 척도 – 그리고 가중치 – 를 투명하게 제공하는 것이다.

여러 분석 알고리즘은 개별 변수들이 주어진 결정이나 추천에 미치는 영향에 대해 투명성을 제공해 주는 데 사용될 수 있다. 다음과 같은 것들이 대표적이다.

- **선형 회귀(Linear regression)**는 한 개의 종속 변수와 하나 이상 독립 변수 사이의 관계를 모델링하는 데 널리 사용되는 통계 기법이다. 선형 회귀는 각 변수의 계수들을 추정함으로써 개별 변수가 종속 변수에 미치는 영향을 파악하는 데 사용할 수 있다.
- **의사 결정 트리(Decision trees)**는 주어진 결과에 영향을 미치는 필수적인 변수를 식별하는 머신러닝 알고리즘이다. 의사 결정 트리는 각 변인의 가치를 기반으로 데이터를 더 작은 하위 집단으로 나눈 뒤, 이 하위 집단을 활용해 결과를 예측한다.
- **랜덤 포레스트(Random forests)**는 의사 결정 트리를 기반으로 하는 머신러닝 알고리즘이다. 랜덤 포레스트는 많은 의사 결정 트리를 구축한 뒤 각 트리의 예측을 결합해 최종 예측을 하는 방식으로 작동한다. 랜덤 포레스트는 대개 주어진 결과에 영향을 미치는 가장 중요한 변수를 찾아내기 위해 사용한다.

- **그레이디언트 부스팅(Gradient boosting)**은 간단한 모델들을 순차적으로 추가하는 방식으로 예측 모델을 구축하는 데 사용되는 머신러닝 알고리즘이다. 이때 각 모델은 이전 모델이 범한 오류를 바로잡기 위해 노력한다. 그레이디언트 부스팅은 주어진 결과에 영향을 미치는 가장 중요한 변수를 식별하는 데 사용할 수 있다.
- **라소 회귀와 리지 회귀(Lasso and ridge regression)**는 주어진 결과에 영향을 미치는 가장 중요한 변수를 식별하는 정규화된 선형 회귀 유형이다. 두 기법 모두 최소화하려는 목적 함수에 벌점 항목(penalty term)을 추가하는 방식으로 작동한다. 이런 방식을 통해 모델이 좀 더 적은 변수를 선택하도록 함으로써 중요도가 떨어지는 변수의 영향력을 줄일 수 있다.
- **주성분 분석(PCA, Principle Component Analysis)**은 차원 축소 기법으로 데이터의 유형과 하위 구조를 식별하는 데 사용할 수 있다. 주성분 분석은 데이터 세트에서 개별 변수의 영향력을 확인하는 데 도움이 된다. 하지만 이 방법은 한계와 편견을 보일 가능성이 있다는 것을 감안해야 한다.
- **SHAP(Shapley Additive exPlanations)**은 AI 투명성 문제를 해결하기 위한 또 다른 기법이다.[9] SHAP은 예측 모델의 결과를 도출할 때 차지하는 상대적 중요도에 따라 각 특성에 가치를 할당해 준다. SHAP은 모든 변수(feature) 조합에 대해 해당 변수가 포함된 경우와 포함되지 않은 경우 모델 성능을 비교해 특징의 상대적 중요도를 추정한다.

윤리적 AI 피라미드가 AI 구현 수명 주기를 안내하는 역할을 할 수 있기를 바란다. 즉 AI 모델이 사회적 법률과 규범에 부합하고 법률과 규범을 강화하기 위해 개념을 규정하고 개발, 관리하며, 투명성과 공정성을 제공하고, 지속적으로 학습하고 적응할 수 있도록 안내할 수 있기를 바란다.

지금까지 윤리적 AI 결과를 제공하기 위한 다양한 수준에 대해 살펴봤다. 이제는 AI 모델을 적용할 때 발생하는 의도하지 않은 결과에 대해 브레인스토밍하기 위해 무엇을 할 수 있을까?

의도하지 않은 결과 이해하기

의도하지 않은 결과는 어떤 행동이나 결정에서 초래될 수 있는, 예상하지 못하거나 의도하지 않은 결말이다. 의도하지 않은 결과는 최선의 의도를 가진 이니셔티브와 의사 결정의 2차, 3차 잠재적 결과에 대해 충분히 고려하지 않았을 때 발생할 수 있다. 즉, 우리의 결정과 행동이 초래할 결과뿐 아니라 그런 결과의 결과, 그리고 또 그 결과의 결과를 이해하고 따져 보는 데 충분한 시간과 노력을 기울였는가?

좋은 의도가 잘못되어서 의도하지 않은 치명적인 결과로 이어진 사례가 많이 있다.

- 설계가 잘못돼 다루기 힘든 선박이었던 SS 이스트랜드는 안전성을 향상하기 위해 구명정을 추가 설치했다. 하지만 얄궂게도 구명보트의 무게 때문에 배가 전복돼 승객 800명이 갑판 아래에 갇혀 사망하는 비극적인 사건으로 이어졌다.
- 제1차 세계대전을 종결시킨 베르사유 조약은 독일의 항복 조건을 확정하기 위한 것이었다. 유감스럽게도 이 조건들은 의도하지 않은 결과를 불러왔다. 의도하지는 않았지만, 아돌프 히틀러와 추종자들이 세력을 얻으면서 결국 2차 세계대전 발발에 기여하게 됐다.
- 스모키 베어 산불 예방 캠페인은 수십 년에 걸쳐 놀라운 화재 예방 성과를 거두었다. 하지만 선의를 갖고 했던 이런 노력이 숲의 전반적인 건강에 중요한 역할을 하는 자연적 화재 발생 과정을 파괴해 버렸다. 그 결과 파괴적인 초대형 산불이 발생하면서 경로에 있는 모든 것을 집어삼켰다. 그렇게 사라진 것들 중엔 정상적인 산불 조건하에서는 수천 년을 견뎌 온 고대 소나무 숲도 포함돼 있다.

다음 두 개 섹션에서는 의도하지 않은 결과로 인한 부정적인 충격을 식별하고 완화하는 방법에 대해 살펴보도록 하자.

의도하지 않은 결과 알아내기

우리가 한 행동과 의사 결정으로 인해 생길 수 있는 의도하지 않은 결과를 알아내는 것은 굉장히 어려운 일이다. 광범위한 영향에 대해 따져 보는 것이 불가능할 수도 있고, 그렇게 하기를 원치 않을 수도 있기 때문이다. 그러다 보니 2차, 3차 파급 효과를 파악하는 데 큰 어려움을 겪는다. 우리가 하는 각 선택은 바로 이해할 수 있는 범위를 넘어서는 여러 사건들을 촉발한다. 그러다 보니 우리 행동과 결정의 파급 효과도 예상하지 못한 방식으로 나타나게 된다. 이런 문제를 해결하려면 단기 이익을 넘어서는 사고방식을 받아들여야만 한다. 그렇게 해야 복잡한 인과관계를 알아내기 위한 첫발을 디딜 수 있다.

의도하지 않은 결과 평가 워크시트(Unintended Consequences Assessment Worksheet)는 AI를 적용할 때 발생하는 의도하지 않은 결과를 파악할 때 그룹 협업을 촉진하기 위해 고안됐다. 그런 다음엔 의도하지 않은 결과들이 미칠 경제적 파장에 대해 브레인스토밍할 수 있게 돼 있다.

〈그림 8.2〉에서 볼 수 있는 '의도하지 않은 결과 평가 워크시트'는 잘 정리되고 검증된 데이터 과학자처럼 생각하기(Thinking Like a Data Scientist) 방법론의 확장판으로 이 방법론과 관련 있는 디자인 캔버스가 포함돼 있다. 그리고 데이터 과학자처럼 생각하기 방법론에서 배운 것처럼, 이 디자인 캔버스는 우리가 사용하는 동안 함께 진화하며, 따라서 우리는 어떤 것이 작동하고, 어떤 것들은 작동하지 않는지 배우게 된다.

이 의도하지 않은 결과 평가 워크시트는 비즈니스에 특화된 이니셔티브 내에 AI를 구현할 때 발생할 수 있는 예상하지 못한 결과를 식별하고 파악하는 데 도움이 된다. 템플릿에는 다음과 같은 중요한 세부 내용들을 기록한다.

- **이니셔티브**: AI를 적용하려는 비즈니스나 운영 이니셔티브에 대해 설명한다.
- **시나리오**: AI 기반 이니셔티브를 실행할 때 생길 수 있는 시나리오나 의도하지 않은 결과를 찾아내고 브레인스토밍한다.
- **결과**: 해당 시나리오를 작동할 경우 재무, 운영, 이해관계자(고객, 직원 또는 파트너), 사회, 환경, 윤리적 차원 전반에서 나올 수 있는 결과를 파악한다.
- **변수와 척도**: 각 결과에 대해 각 시나리오의 결과물을 모니터링하고 관리하

이니셔티브: '헤드 스타트(Head Start)' 프로그램을 실행한 뒤 각 수업 첫날 초등학교 학생들에게 공급하라. 바람직한 결과: 더 건강해진 학생, 수업 성과 향상, 수업 방해 감소, 핵심 관계자들: 학생, 부모/보호자, 교사, 관리자, 공동체 지도자. KPI: 수업 출석, 학점, 졸업 비율, 범죄 비율.			
시나리오 001: 이니셔티브가 타깃으로 한 구성원들을 모욕하거나 공격해서 공동체에 불신을 심어 주거나 정치적 쇼로 전락한다.			
가치 차원	**시나리오 요소**	**단기 측정**	**장기 측정**
재정적 영향	• 비용이 예산을 크게 초과해 추가 자금이 필요하다 • 정치 지도자들이 자금 재할당을 요구한다 • 유사한 이니셔티브에 대한 예산 배정에 부정적인 영향을 미친다 • 이니셔티브에 원래 잡힌 것보다 적은 예산이 배정된다	프로그램 비용 vs 계획, 예산 부족 %, 예산 과다 집행, 축소, 사기	사기 %, 축소 %, 음식 가격, 노동 비용 vs 계획
운영상 영향	• 프로그램을 운영할 노동자 찾는 것이 너무 어렵고 비용도 너무 든다 • 음식 품질이 표준에 미달한다 • 공급망과 조달 결함이 프로그램을 방해한다	제공된 음식 수, 음식의 영양 품질	음식의 영양 품질
이해관계자 영향	• 학생들이 참여하지 않는다 • 학생 & 가족들이 프로그램에 굉장히 불만족해서 소셜 미디어에 관련 글을 올리거나 지역 언론과 접촉한다 • 타깃으로 삼은 가족들이 프로그램의 성의에 대해 의문을 제기한다	학생 참여, 학생 만족도, 관리자 만족도, 학생 수업 출석, 학생 수업 성과	학생 졸업 비율, 학생 국가 시험 등수, 학생들의 대학이나 직업학교 진학
사회적 영향	• 가족이나 공동체 어느 누구도 혜택을 실감하지 못한다. • 수업 성과 & 행동에 부정적인 결과를 미친다	출석 비율, 중도 탈락 비율, 졸업 비율, 수업 성과	지역 범죄 비율, 지역 빈곤율, 지역 재산 가치, 교사 보유, 공동체 만족
환경적 영향	• 심각한 쓰레기와 폐기물이 주변 지역을 오염시킨다 • 필요하지 않은 음식을 수송하느라 탄소 발자국이 폭발적으로 증가한다	음식 낭비 %, 쓰레기 재활용 %, 재활용품 %	지역 생산 음식 %, 유기농 음식, 탄소 발자국 감축
윤리적 영향	• 타깃으로 한 구성원들이 지역 미디어와 정치인들에게 이용당했다고 느낀다 • 좀 더 우대받는 학생들을 위한 유사한 프로그램이 폭로된다		

〈그림 8.2〉 의도하지 않은 결과 평가 워크시트

기 위해 사용할 수 있는 장단기 변수와 척도를 찾아낸다.

이런 연습을 하는 동안 여러 가지 변수를 파악할 수 있을 것이기 때문에 상대적 중요도에 따라 각 변수에 높음/중간/낮음이나 1부터 5까지 척도로 가중치를 부여하면 도움이 될 것이다.

의도하지 않은 결과 완화하기

이런 의도하지 않은 결과가 미칠 영향을 완화하기 위해 조직이 취할 수 있는 몇 가지 조치가 있다.

1. **공식 절차를 만든다.** 그런 다음 모든 사람들에게 해당 절차에 대해 훈련을 시킨다. 이렇게 하면 조직이 결정을 내리기 전에 그 결정의 결과에 대해 상상해 보는 데 도움이 된다. 이해관계자의 모든 아이디어가 고려될 가치가 있는 다학제적이고 협력적인 구상 및 탐색 과정이 되어야 한다.
2. **광범위한 이해관계자를 참여시킨다.** 의도하지 않은 결과에 대한 브레인스토밍에는 서로 다른 관점과 경험을 가진 다양한 이해관계자와 구성원 그룹을 참여시킨다. 이런 이해관계자와 구성원에는 올바른 일을 하는 데 기득권을 가진 내부와 외부 당사자를 포함해야 한다.
3. **KPI와 측정 기준을 파악한다.** 서로 다른 이해관계자들이 목표로 한 이니셔티브나 의사 결정의 효과를 측정할 KPI와 측정 기준에 대해 브레인스토밍하라. KPI와 측정 기준에는 재무, 운영, 이해관계자, 파트너, 직원, 환경 및 사회적 척도가 포함되어야 한다. 이런 KPI와 측정 기준은 AI 효용함수를 규정할 때 중요한 역할을 한다는 점을 유의하는 것이 중요하다.
4. **의사 결정 절차를 계량화하라.** 의사 결정 절차에 태그와 센서를 사용해 예외적 성과, 추세, 유형을 모니터링하고 식별할 수 있도록 하라. 그리고 필요할 경우 가능한 한 빨리 조정하도록 하라.
5. **지원해 줄 조력자와 안내서를 만들라.** 의도하지 않은 결과를 브레인스토밍하고, 검토하고 측정하는 절차를 안내할 수 있도록 워크시트, 체크리스트, 디자인 템플릿을 활용하라.

6. **공식 검토 절차를 확립하라.** 의사 결정 과정에 공식적이고 정기적인 체크포인트를 마련해 운영하라. 의사 결정 사례와 모범 사례를 포착하고, 결과물의 효과를 분석함으로써 의도하지 않은 결과를 피할 수 있도록 하라.

윤리를 법과 규정으로 명문화할 때 어려운 과제는 빠른 기술적, 문화적 진보 때문에 지연 효과가 발생할 수 있다는 점이다. 그렇게 될 경우 법률이 쓸모없어질 수 있다. 따라서 법률과 규정의 설계와 시행은 지속적으로 모니터링되고 측정돼야 한다. 이와 함께 그런 법률과 규정의 효과로부터 학습한 것들을 토대로 올바른 행동과 결과를 이끌어 낼 수 있도록 조정해야 한다.(흥미로운 일이다. 왜냐하면 그것이 정확하게 AI가 작동하는 방식이기 때문이다.)

요약

8장에서는 의미 있고, 관련성 있고, 책임감 있고, 윤리적인 결과를 제공하는 AI 모델을 정의, 설계, 개발, 실행하기 위해 지금까지 논의했던 모든 다른 개념들을 한데 모았다. 이 장에서는 윤리적 AI 논의의 토대인 윤리학의 기본 개념을 제시하고, 경제학과 윤리학의 평범하지 않은, 밀접한 관계를 강조했다. 그런 다음, AI 실행에서 초래되는 의도하지 않은 결과의 끔찍한 영향에 대해 탐구했다. 마지막으로 사회적인 법률 및 규범에 부합하도록 AI를 실행할 수 있게 안내해 줄 윤리적 AI 피라미드를 소개했다.

의미 있고, 관련성 있으며, 책임 있고, 윤리적인 결과를 제공하는 AI 모델을 구축하는 방법에 대한 이 모든 논의를 통해 나는 더 큰 사회적 파급 효과에 대해 생각하게 됐다. 만약 가장 중요한 척도를 토대로 우리 지도자들에게 보수를 지급한다면 사회에 어떤 영향을 미칠까? 그렇게 할 경우 성문화된 법과 규정, 지도자들이 하게 되는 행동, 그리고 정부와 사회 기관의 의사 결정은 어떻게 변화될까?

여기 곰곰이 따져 볼 흥미로운 점이 있다. 우리는 윤리적으로 행동하는 AI 모델을 만드는 세밀한 과정을 실행할 수는 있다. 하지만 인간이 윤리적으로 행동하게 만드는 인센티브 시스템을 구축하는 것과 같은 좀 더 큰 문제를 해결하기 위해 우리는 무엇을 할 수 있을까?

더 나은 인간이 되기 위한 그 문제는 우리 모두에게 달려 있다.

9장에서는 개인적, 문화적 권한 부여의 중요성에 대해 이야기한다. 그렇다. 우리는 한 장 전체를 할애해 인간과 조직이 권한 부여를 통해 인간 본연의 위대함을 발휘하도록 도와준다. 또 이런 인간 본연의 강점에 불을 붙여 AI 모델이 의미 있고, 관련 있으며, 책임감 있고, 윤리적인 결과물을 내놓을 수 있도록 지원해 준다. AI와 데이터 리터러시 여정의 완벽한 절정!

참고문헌

1) Project Bread. School Meals for All Saves $152 Annually, According to New Tufts Research: https://feedkidsma.org/news-updates/school-meals-for-all-saves-152-annually-according-to-new-tufts-research

2) High Return on Investment(ROI). https://www.impact.upenn.edu/early-childhood-toolkit/why-invest/what-is-the-return-on-investment/

3) Hayes, A.(2023.12.20). Bernie Madoff: Who he was, how his Ponzi Scheme worked. *Investopedia*. https://www.investopedia.com/terms/b/bernard-madoff.asp

4) BBC(2022.11.19). Theranos scandal: Who is Elizabeth Holmes and why was she on trial?. *BBC*. https://www.bbc.com/news/business-58336998

5) Gale, A.(2022). Sacklers sacked but Purdue still caused Opioid Epidemic, *Missouri Medicine*. https://www.ncbi.nlm.nih.gov/pmc/articles/PMC93339402/

6) FTX crypto facade: https://www.nationalreview.com/the-morning-jolt/what-youneed-to-know-about-the-colossal-mess-of-ftx/

7) Barry, M.(2018.3.20). Bottle Bill is good for our state's environment and economy. *Des Moines Register*. https://www.desmoinesregister.com/story/opinion/columnists/iowa-view/2018/03/20/bottle-bill-good-our-states-environment-and-economy/441535002/

8) Mngxati, V.(2020.8.18). Responsible AI: A framework for building trust. *LinkedIn*. https://www.linkedin.com/pulse/responsible-ai-framework-building-trust-vukani-mngxati/

9) Lundberg, S. & Lee, Su-in(2017). A unified approach to interpreting model predictions. 31st Conference on Neural Information Processing Systems. https://papers.nips.cc/paper/2017/file/8a20a8621978632d76c43dfd28b67767-Paper.pdf

9장
권한 부여 문화

9장에서는 성공적인 AI와 데이터 리터러시의 비밀, 즉 여러분 자신과 직원들의 권한 부여에 초점을 맞추고자 한다. 이번 장은 이 책에서 가장 어려운 부분일 수도 있다. 데이터 과학 시민들에게 매우 불편할 뿐 아니라, 골치 아프기까지 한 개념인 모호성(ambiguity)을 받아들이라고 강요하기 때문이다.

두 가지 이상의 해석에 열려 있는 특성인 모호성은 인간, 사회, 그리고 조직 진화의 열쇠다. 모든 사람이 같은 관점과 같은 의견을 갖고 있다면 어떻게 될까? 우리의 생각이 다른 모든 사람의 생각을 그대로 복제한 것에 불과하다면? 그럴 경우엔 인간의 진화와 성장은 끝나고, AI가 승리할 것이다.

미국의 인기 자기계발 전문 저자인 피터 맥윌리엄스(Peter McWilliams)의 말을 인용한다.

> 기꺼이 불편해지도록 하라. 불편한 것을 편안하게 받아들이라. 힘들 수도 있다. 하지만 꿈을 이루기 위해선 반드시 지불해야 하는 작은 대가다.

일부 독자들에게는 이번 장이 불편할 수도 있을 것이다. 비슷한 특성과 관점을 공유하는 이들에게 끌리는 인간의 타고난 성향에 대해 자세히 다루기 때문이다. 같은 생각을 갖고 있는 사람들 옆에서 일하는 것이 좀 더 편리하고 편안한 것은 분명하다. 하지만 이런 동질적인 환경에선 자신도 모르는 사이에 침체에 빠질 수밖에 없다. 더 놀라운 것은 집단 사고를 조장한다는 점이다. 집단 내에서 조화와 순응을 추구함에 따라 합리적인 의사 결정을 저해하고, 바람직하지 못한 결과를 양산하는 심리적 현상 말이다.

> 이번 장은 나의 이전 저서인 『데이터, 분석, 디지털 변형의 경제학』에서 처음 제시한 아이디어와 개념을 바탕으로 한다. 사람들에게 권한을 부여해 주지 않으면 이 책에서 논의한 어떤 것들도 차이를 만들어 낼 수 없다. 자연스러운 호기심을 따라가는 사람들이 창의성의 불을 지피고, 조직과 사회의 혁신을 이끌어 낸다. 그렇다. 9장은 이 책에서 가장 중요한 장이다. 이것이 없다면 다른 모든 것들은 대수롭지 않기 때문이다.

9장에서는 관점의 다양성을 소중하게 여기는 차원을 넘어 적극적으로 육성하는 문화를 조성하는 데 중요한 탐색 결과를 제시한다. 이번 장에서는 개인과 팀들이 광범위한 관점을 받아들이고 이용하며, AI와 데이터 리터러시 여정을 성공적으로 마무리하는 데 필요한 혁신을 추진하도록 하는 데 초점을 맞춘다. 다양한 관점을 존중하고 활용하는 환경을 조성함으로써 우리는 심오한 변화를 촉진하고, AI와 데이터가 제시하는 기회를 포용하는 잠재력을 드러낼 수 있다. 권한 부여 없이는 AI와 데이터 리터러시 노력은 무용지물이 될 것이다.

이번 장에서는 다음과 같은 주제를 간략하게 다룬다.

- 팀 권한 부여에 대한 역사적 교훈
- 권한 부여 문화를 조성하기 위한 여섯 가지 팁
- 권한 부여 문화를 통해 AI와 데이터 리터러시 촉진하기
- AI와 데이터 리터러시 재평가하기

팀 권한 부여에 대한 역사적 교훈

1805년 트라팔가르 해전에서 넬슨 제독은 프랑스와 스페인의 막강한 연합 함대와 맞닥뜨렸다는 사실을 알게 됐다. 연합군의 목표는 나폴레옹의 영국 침공을 위한 길을 닦는 것이었다. 넬슨 경은 그 진로상의 유일한 장애물이었다. 일방적인 수적 열세와 화력 열세에 직면한 넬슨 제독은 이런 심각한 난관을 극복하기 위해선 전투 전략을 재정립해야 할 필요가 있다는 사실을 알게 됐다.

당시 해군은 전투를 할 때 함선을 일렬로 정렬하는 방식을 주로 사용했다. 그래야만 대포의 발사 능력을 극대화할 수 있기 때문이다. 해전은 종종 수학 방정식으로 환원되어 최단 시간에 더 많은 대포를 발사하는 쪽이 우위를 점하고 결과적으로 승리하는 방식으로 진행되었다. 하지만 넬슨 제독은 이런 무시무시한 상황에서 확실하게 성공하기 위해선 다른 접근 방식이 필요하다는 사실을 깨달았다.

넬슨 제독은 자신들이 열세라는 점을 감안해 다른 해상 교전 전략을 사용하기로 결정했다. 전통적으로 사용했던 병렬 배치 대신 배를 수직으로 배치한 뒤 프랑

〈그림 9.1〉 넬슨 경과 트라팔가르 전투

스와 스페인 함대의 전선으로 직접 돌진해 들어갔다. 〈그림 9.1〉에서 볼 수 있는 이런 접근 방식은 적의 화력 우위를 무력하게 했다. (넬슨 제독 함대는 노출 표면적을 최소화하여 더 많은 대포 피해를 견딜 수 있도록 했다.)

넬슨 제독이 해전에서 압도적인 승리를 거둘 수 있었던 것은 많은 부분 혁신적인 전투 전략 덕분이었다. 하지만 그보다 더 중요한 성공 요인이 있었다. 더욱 중요한 요인은 넬슨이 전투가 치열하게 벌어지는 동안 각 함선 선장들에게 독립적인 작전 수행 권한을 부여했다는 것이다. 덕분에 각 함선의 선장들은 효과적으로 전투의 기업가로 탈바꿈했다.

반대편에 있던 프랑스와 스페인 함대는 피에르 샤를 드 빌뇌브(Pierre-Charles de Villeneuve) 해군 중장과 돈 페데리코 그라비나(Don Federico Gravina) 제독이 지휘했다. 이들은 전통적인 중앙 집중식 명령 통제 구조를 활용해 전투가 진행되는 동안 어떻게 작전을 수행할지 함장들에게 (깃발을 사용해) 전투 지시를 보냈다.

넬슨 경은 프랑스와 스페인 함대의 중앙집권적인 지휘 통제 구조를 무너뜨리기 위해 권한을 부여받은 분산된 팀 접근 방식을 활용했다. 실제로 넬슨 경의 함장들은 전투 중 넬슨 경이 전사했음에도 성공적으로 승리를 거뒀다.

그렇다면 넬슨 경과 트라팔가르 해전에서 무엇을 배울 수 있을까? 데이터와 AI 리터러시는 권한 부여에서 시작된다. 그렇다면 우리는 어떻게 권한을 부여하는 법을 익힐 수 있을까?

권한 부여 문화를 배양하는 팁

어떤 관리자라도 권한이 부여된 조직을 만들 수 있는 몇 가지 팁을 제공한다. 이런 팁은 조직의 생존에 도움이 될 뿐 아니라 오늘날처럼 끊임없이 변화하고 변신하는 시대에 번창하도록 준비할 수 있게 해 준다. 권한을 부여받은 조직과 함께 일하는 데이터 과학 시민들은 문제와 도전 과제를 성장과 번영을 위한 기회로 바꿔 놓을 준비가 되어 있다.

#1. 당신의 임무를 내재화하라

> 끝을 생각하며 시작하라.
>
> – 스티븐 코비, 『성공하는 사람들의 7가지 습관』

달성하려는 것이 무엇인지 파악하라. 사명이 무엇인가? 열정은? 아침에 일어나서 공격적으로 하루를 보내고 싶게 만드는 것은 무엇인가? 그런 다음 그것이 어떻게 다른 사람(예: 이해관계자나 구성원)을 위한 가치를 만드는지 생각해 보라. 선도적인 조직에는 사명 선언문, 즉 조직의 존재 이유를 명확하게 표현하는 간단한 문구가 있다.

권한 부여는 개인 사명 선언문을 이해하고 명확하게 표현하는 것에서 시작된다. 넬슨 경의 사명 선언문은 아마도 매우 단순했을 것이다. "프랑스군이 우리 전선을 뚫지 못하도록 하자. 그러지 않으면 피시 앤드 칩스[35] 대신 바게트를 먹게 될 것이다." 조금 길긴 하지만 아마 그런 방식이었을 것이다.

아래는 내가 좋아하는 몇 가지 사명 선언문이다.

- TED: 아이디어를 전파하라.
- 제트블루: 하늘과 땅에서 인류에게 영감을 불어넣기 위해.
- 미국 심장 협회: 더 길고 건강한 삶을 위한 끈질긴 힘(relentless force)이 되라.
- 파타고니아: 최고의 제품을 만들고, 사회에 불필요한 해를 끼치지 않으며, 비즈니스를 활용하여 환경 위기에 대한 해결책을 고취하고 구현하라.
- 노드스트롬: 고객에게 가능한 한 가장 매력적인 쇼핑 경험을 제공하라.
- 링크드인: 전 세계 모든 노동자들을 위한 경제적 기회를 창출하라.
- 스타벅스: 한 번에 한 사람씩, 한 컵씩, 한 이웃에게 인간 정신을 고취하고 육성하라.

나의 사명 선언문은 무엇인가? "베풀어라. 다른 사람의 멘토가 되어 주어라. 그리고 배운 것을 공유하라."

나는 내 삶을 통해 많은 멘토를 만나는 축복을 받았다. 그건 내가 키가 크고 잘생기고 아이오와 출신이기 때문이 아니었다. 때때로 그냥 운이 좋아서, 적재적소에 있는 '포레스트 검프 순간(Forrest Gump moments)'[36]을 많이 맞이할 수 있었다. 그래서 내게 주어진 모든 것들을 생각하면서 돌려주는 것이 중요하다고 진심으로 믿는다.

---

35 피시 앤드 칩스는 감자와 생선을 튀겨서 만든 영국의 대표 요리다.

36 톰 행크스가 주연했던 〈포레스트 검프〉는 IQ 75에 불과한 검프가 끊임없이 많은 사람들을 만나면서 인생의 변화를 겪는 모습을 담은 영화다. 검프는 대학에서 미식축구 선수가 되기도 하고, 탁구 선수로 활약하며, 베트남 전쟁에 참전해 큰 공을 세운다. 케네디 대통령과도 만나고, 애플에 투자해 큰돈을 벌기도 하며, 워터게이트 사건 폭로에도 역할을 한다. 이 모든 것들이 '포레스트 검프 순간'이라고 할 수 있다. "인생은 초콜릿 상자 같은 거란다. 열어 보기 전에는 뭘 집을지 알 수 없어"란 대사는 이 영화의 주제를 잘 요약하고 있다.

#2. 다른 이해관계자의 입장에서 생각해 보라

이해관계자와 구성원에게 서비스를 제공하는 데 집중하라. 우리는 이해관계자와 구성원을 더 잘 이해(그들의 의도, 목표, 원하는 결과, 중요한 결정)하기 위해 디자인 사고라는 개념을 이용할 것이다. 그렇게 함으로써 그들에게 더 적절한 서비스를 제공할 수 있다.

디자인 사고는 이해관계자 중심 접근 방식이다. 그들의 요구와 그들이 원하는 결과를 찾아내고 검증하기 위해 개방적이고 협력적인 사고방식이 필요하다. 디자인 사고는 굉장히 반복적인 과정이다. 이해관계자의 목표에 공감하는 것으로 시작해 그들이 가진 의도와 원하는 결과를 파악하고(다른 말로 하면 그들에게 공감하고), 가능한 해결책을 떠올리고(이때는 모든 아이디어를 고려할 가치가 있다), 서로 다른 해결 선택 방안들을 프로토타이핑하며(이해관계자들로부터 확인하고 배우기 위해) 이해관계자들을 위해 실행 가능하고 설득력 있는 해결책을 찾을 때까지 실험하고, 학습하며, 다듬는다.

디자인 사고에서는 고객과 이해관계자를 깊이 이해하기 위해 다음과 같은 다양한 디자인 도구를 사용한다.

- **페르소나 프로필(persona profiles)**: 고객과 이해관계자들을 개인화하거나

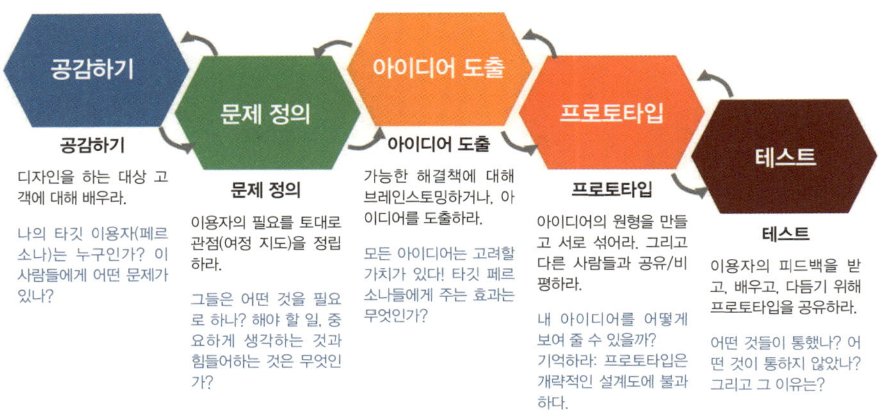

〈그림 9.2〉 디자인 사고 – 고객의 언어로 말하기

그들에게 인간성을 부여하는 것이다. 이때는 그들의 의도, 목적, 목표, 원하는 결과와 관련된 정보를 포함한다.

- **여정 지도(journey maps)**: 고객이나 이해관계자가 원하는 결과, 핵심 의사 결정, 그런 결과와 의사 결정의 효과를 측정하기 위한 KPI와 척도를 향한 여정을 이해하기 위한 것이다. (여정 지도에는 여정을 완성할 경우의 혜택과 방해물도 포함한다)
- **이해관계자 지도(stakeholder maps)**: 각 이해관계자의 승리 조건, 요구 사항, 이득과 고충 포인트를 명확하게 해 준다.

이해관계자에 대한 통찰을 갖추면, 고객들의 여정을 지원해 줄 준비가 된 것이다.

#3. 조직의 즉흥성 육성하기

조직의 즉흥성은 변화하는 상황에 맞춰 변형할 수 있는 유연하고 탄력적인 팀을 만들어 낸다. 훌륭한 축구팀이나 재즈 쿼텟처럼, 성공적인 팀은 구성원들로부터 많은 것을 뽑아내고, 구성원들이 역량을 최대한 발휘하도록 하기 위해 조직적 즉흥

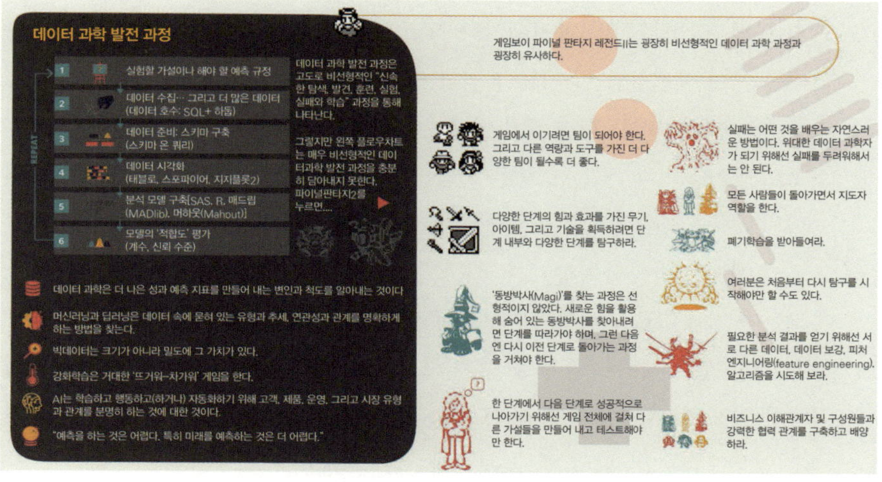

〈그림 9.3〉 게임보이ⓒ로 배우는 문화 혁신의 교훈

성을 받아들인다.

팀은 혁신적 변화의 원동력이다. 개인이 영감을 주고 설득력 있는 비전을 조성할 수는 있다. 하지만 궁극적으로 승리자로 떠오르는 것은 권한이 부여된 팀이다. 따라서 이런 팀을 육성하기 위해서는 조직의 즉흥성이 몸에 배게 하는 것이 중요하다.

어떻게 하면 어려운 상황에도 적응할 능력이 있으면서, 동시에 끊임없이 진화하는 환경에서 디지털 트랜스포메이션을 이끌 수 있는 권한 부여된 팀을 육성할 수 있을까? 비디오 게임에서 한 가지 놀라운 영감의 원천을 찾을 수 있다.

〈게임보이 파이널 판타지 레전드 II™〉 게임은 놀라운 관리 도구다. 우리는 그 게임에서 권한이 부여된 팀을 만드는 몇 가지 소중한 교훈을 얻을 수 있다.

- **승리하려면 팀이 필요하다.** 승리하려면 다양한 관점과 역량을 갖춘 응집력 있는 팀이 필요하다. 팀을 구성할 때는 현재 역량보다 잠재 역량을 우선시하라. 팀의 미래 성장과 잠재력에 투자하라.
- **발견은 굉장히 비선형적이다.** 발견의 여정은 일직선이 아니다. 때론 처음에 그냥 지나쳤거나, 이해할 준비가 되지 않았던 통찰을 재검토하고 수집할 필요가 있다. 여정이 지시하는 대로 되돌아갈 수 있는 유연한 자세를 받아들이라.
- **지속적으로 가설을 세우고 실험하라.** 지속적으로 가설을 세우고 실험하라. 다양한 가능성을 탐구하면서 성공할 수 있는 가설을 찾아내라. 가설을 하나씩 규정, 실험, 증명, 발전시키다 보면 성공을 이룰 수 있다. 성공할 때마다 다음 가설 발전을 위한 정보를 얻을 수 있다.
- **실패는 자연스러운 학습 방법이다.** 실패를 학습 과정의 자연스러운 한 부분으로 받아들이라. 모든 소통은 학습 기회를 제공한다. 실패를 통해서 개인과 팀의 부족한 부분에 대한 소중한 통찰을 얻을 수 있다. 실패를 성장과 학습의 촉매제로 받아들이라.
- **모두가 차례대로 리더가 된다.** 모든 팀원들에게 조직을 이끌 수 있도록 준비시켜라. 모든 사람이 훈련을 받게 하고, 조직을 이끌 수 있는 권한을 부여받았다고 느낄 수 있도록 하라. 모든 사람이 자신의 차례가 왔을 때 책임을 갖고 일을 할 수 있는 문화를 조성하라.
- **지식을 버리는 것을 받아들이라.** 과거에 도움이 되었던 기술과 역량이 새로

운 상황에서는 부적절할 수도 있다. 낡은 접근 방식을 놓아주거나, 잊어버리는 것을 받아들이라. 그리고 여정에서 다른 장애물과 도전에 직면할 때는 새로운 접근 방식을 수용하라.

- **처음부터 다시 시작할 준비를 하라.** 때로는 현재 전략이 한계에 도달해 다양한 관점과 능력, 경험을 가진 팀으로 변형해야 할 때가 온다. 이런 전환기를 성공적으로 헤쳐 나가기 위해서는 조직의 즉흥성을 키우는 것이 굉장히 중요하다.
- **다양한 관점을 포용하라.** 도전 과제를 극복하기 위해선 다양한 관점을 혼합하고, 구부리고, 분리하라. 예상치 못했던 조합에서 놀랍도록 가치 있고 실행 가능한 통찰이 나오기도 한다.
- **생태계 전반에서 강력한 협업을 육성하라.** 마지막으로, 여정의 핵심 지점에서 중요한 역할을 할 이해관계자와 구성원 간의 강력한 협업을 육성하라. 생태계 전반에서 강력한 관계를 구축하고 유지하게 되면 팀을 더 강력하게 만들 뿐 아니라 성공 가능성도 크게 높여 준다.

이제 낡은 게임보이를 떨쳐 버리고 권한 부여를 통달하는 방법을 배우도록 하라.

#4. '그리고' 정신을 포용하라

마찰이 없으면 정지도 진보도 없다.

조직들이 권한 부여 문화를 받아들일 수 있도록 하는 가장 중요한 조건 중 하나는 '또는' 정신에서 '그리고' 정신으로 전환하는 것이다.

'또는' 정신은 상호 배타적인 선택 사이에서 선택하고 거래하는 것이다. 하나를 우선시하면서 다른 하나를 희생하는 방식이다. 이 사고방식은 제한된 범위와 제로섬 사고방식이란 가정하에 작동한다. 가장 좋은 단일한 선택권에 초점을 맞추고, 차선책들은 버린다.

반면, '그리고' 정신은 광범위하고 포괄적인 해결책을 찾기 위해 선택권, 아이디어, 혹은 조건들을 동시에 통합하는 것이다. 이 정신은 시너지를 모색하고, 다양한 관점을 포용하며, 협업을 장려하고, 창의적인 문제 해결을 촉진한다. '그리고' 정신은 가능성을 확장하며, 이분법적인 선택을 넘어선다. 반면 '또는' 정신은 배타성과 우선순위를 강조한다.

또 다른 역사적 교훈이 있다. 여러분이 1979년에 연비를 늘리면서 동시에 마력을 증가시키려고 했다면, 자동차 업체 경영진들은 마치 당신 귀에서 랍스터가 기어 나오는 것처럼 바라봤을 것이다. 하지만 정확하게 그런 일이 실제로 일어났다.

1975년 미국 연방 정부는 자동차 업체들에게 엔진 효율을 높이기 위한 **기업평균연비(CAFE, Corporate Average Fuel Economy)** 표준을 의무화했다. 전통적으로 자동차 제조 업체는 '또는(OR)' 선택을 부여했다. 고객들은 연비나 마력이 좋은 차 중에서 선택할 수 있었다. 두 가지 모두를 택할 수는 없었다. 따라서 〈그림 9.4〉의 **1단계**에 있는 자동차 제조 업체들은 CAFE 표준의 주행거리 목표에 도달하기 위해 마력을 줄이기 시작했다. 그러다가 1985년 무렵에 산업 대전환(〈그림 9.4〉의 **2단계**)이 일어났다. 자동차 제조 업체들은 연비와 마력 사이의 갈등을 수용했다. 그들은 다양한 아이디어를 모색했지만 연비와 마력을 향상하려는 시도가 모두 성공하지는 못했다[방켈(Wankel) 엔진에 대한 아래 설명 참고]. 이 시기는 훌륭한 제품 디자인, 개발, 그리고 제조의 창의성과 혁신의 시대였다. 그러다가 (테슬라의 첫 전기자동차가 출시될 무렵인) 2008년경 자동차 업계는 마력과 연비라는 개념을 완전히 받아들였다. 그 결과 매우 높은 마력과 무한대 연비를 가진 자동차가 등장했다[1020마력인 테슬라 트라이모터 플래드(Plaid) 퍼포먼스 모델은 배터리로만 작동하며 단 2.1초 만에 시속 60마일에 도달한다].

> 방켈 엔진은 편심 로터리 디자인을 이용해 압력을 회전 운동으로 변환하는 내연기관이다. 하지만 기존 엔진에 비해 열효율이 낮고 배기가스 배출 상태가 좋지 않아서 결국 시장에서 실패했다.

자동차 제조 업체들은 폐업을 하는 대신 '그리고' 정신을 받아들였다. 그 결과 몇 번의 제품 디자인, 개발, 그리고 제조 혁신을 통해 연비를 향상하면서 마력을 높이는 데 성공했다(그림 9.4 참고).

데이터 과학 시민은 '또는' 정신을 '그리고' 정신으로 바꿔야 한다. '그리고' 정신은 서로 다른 이해관계자의 다양한 관점을 이용해 시너지 효과를 내면서 원래 있던 것보다 더 나은 것을 만들어 낸다.

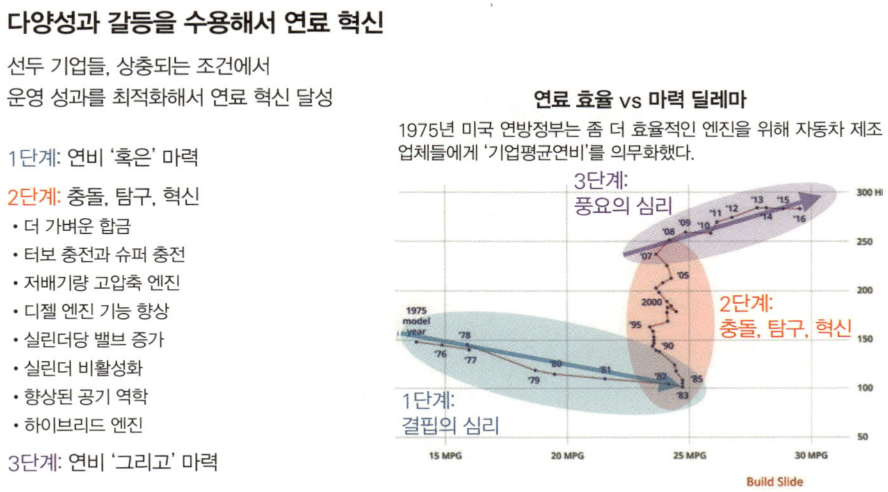

〈그림 9.4〉 자동차 산업의 경제적 변형

다양한 이해관계자들이 각자의 다양한 관점을 파악하고, 공유하며, 통합할 수 있는 권한을 부여받게 되면 조직이 의사 결정을 할 때 차악 선택에서 최선 중의 최선 선택으로 전환할 수 있다.

데이터 과학 시민들이 모든 사람의 관점과 논리적 근거를 이해하게 되면 차악 선택에서 최선 중의 최선 선택으로 전환할 수 있다. 이런 관점과 근거는 혼합하고, 통합하며, 시너지를 발휘해서 최선 중의 최선 선택을 만들어 낼 수 있다.

모든 사람들의 다른 관점과 근거를 새롭고 좀 더 혁신적인 해결책으로 변화시키려고 할 때 얼마나 많은 깨달음과 즐거움이 생겨나는지 알면 깜짝 놀랄 것이다.

#5. 모든 사람이 목소리를 낼 수 있도록 보장하라

모든 아이디어는 고려할 가치가 있다.

"모든 아이디어는 고려할 만한 가치가 있다"는 말보다 더 강력하고 분명한 아이디어 발상 개념은 없을 것이다. 이제 명확하게 하자. 모든 아이디어가 좋거나 실행할 가치가 있는 것은 아니다. 하지만 아이디어를 발상하고 권한을 부여하는 동안 아이디어를 걸러 내기 시작하면 논의 테이블에서 최상의 아이디어를 얻지 못할 것이다.

사람들이 자신의 아이디어가 환영받는다고 느끼게 되면 여러분은 새로운 아이디어를 넘치도록 많이 얻게 될 것이다. 개방적이고 자유로운 형식의 아이디어는 그냥 자체적으로 구축되면서 기존 아이디어의 변형과 시너지로 이어지며, 그 결과 새로운 아이디어가 탄생한다. 그렇다. 모든 사람이 판단받지 않고 자유롭게 자기 아이디어와 생각을 말할 수 있다고 느끼게 되면 아이디어 발상이 전염성을 갖게 된다.

3장에서 정리한 내용을 다시 한번 강조하자. '만약 그랬다면' 순간이 충분하지 않다면, 획기적인 아이디어는 나오지 않을 것이다.

획기적인 아이디어는 '만약 그랬다면'이라고 하는 순간에 풍성하게 나온다. 불확실성과 탐험의 순간은 혁신적이거나 획기적인 해결책을 만들기 위해선 매우 중요하다. 확실하지 않더라도 유용할 법한 아이디어를 수용함으로써 창의적인 가능성과 획기적인 사고의 문을 열게 된다.

'만약 그랬다면'은 강력한 성공의 요인이다. 그것은 결과물이 불확실하더라도 잠재 가치가 있는 아이디어를 표현해 준다. '만약 그랬다면'이란 개념을 받아들이게 되면 잘 알려진 해결책을 넘어서 미지의 영역을 탐구할 수 있다. 그렇게 함으로써 혁신적인 사고와 획기적인 아이디어를 위한 환경을 조성할 수 있게 된다.

아이디어 창출의 힘은 새로운 해결책을 만들 수 있는 잠재적인 아이디어가 얼마나 풍부하냐에 달려 있다. 다양한 가능성을 탐구할 때 아이디어 생성 과정이 더욱 효과적으로 바뀐다. '만약 그랬다면'이라고 할 때마다 탐구와 실험의 기회가 생기면서 변혁적인 아이디어를 발견할 기회가 늘어나게 된다.

이런 믿음이 진정으로 직원들의 탁월한 능력을 끌어내려고 하는 모든 지도자들이 반드시 수용해야 할 성장 사고방식의 토대다.

그리고 이것이 권한 부여와 아이디어 창출 문화의 진정한 힘이다. 최고 아이디어는 조직의 최일선에서 매일 고객들과 소통하고, 비즈니스 운영을 담당하는 평직원들로부터 나올 가능성이 많다.

#6. 호기심-창의성-혁신 피라미드를 풀어주라

앞서 설명했듯이 AI는 실제 환경에서 의사 결정과 행동을 최적화할 수 있는 학습 기술이다. 그러나 권한 부여의 정점에 도달하기 위해선 최적화를 넘어 재창조와 혁신으로 나아가야 한다. '소가 간 길(cow path)[37]을 최적화'하는 것만으로는 충분하지 않다(내 안에 있던 훌륭한 옛 아이오와 소년이 튀어나온다). 대신 우리는 "소가 간 길의 재창조"를 추구해야 한다.

재창조와 혁신을 위해서는 인간과 기계를 구별하는 가장 기본적인 인간의 특성인 호기심을 수용해야 한다. 호기심은 호기심–창의성–혁신 피라미드를 구동하는 기반이다. 〈그림 9.5〉는 그것을 표현한 그림이다.

재창조와 혁신으로 향하는 길은 인간의 타고난 호기심, 즉 새로운 것을 탐구하고 실험하며 시도하려는 성향을 키우는 것에서부터 출발한다. 인간은 본능적인 호기심과 창의성을 갖고 태어나는데, 이런 특성은 알고리즘에는 없는 장점이다(예를 들면, 아빠의 라디오를 분해해서 탐구하고 싶은 충동… 후회스러운 결정). 그런데 눈에 두드러지는 장애물이 등장한다. 기업이나 교육기관의 호기심을 억누르는 경향이다. 사회에서는 자연스러운 인간의 호기심을 지우기 위해 모든 노력을 다하는 것 같다. 이를테면 표준화된 강의실과 표준화된 커리큘럼, 표준화된 시험, 표준화된 직무 설명, 표준화된 운영 절차, 표준화된 승진 일정 등이 있다.

사회의 많은 근본적인 문제를 해결하기 위해서 표준화가 필요했다. 하지만 오

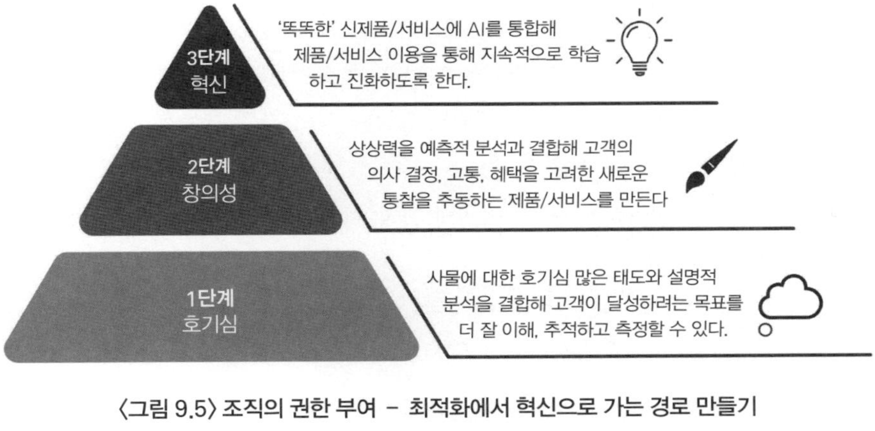

〈그림 9.5〉 조직의 권한 부여 – 최적화에서 혁신으로 가는 경로 만들기

---

37 사람들이 이의 없이 받아들이는 일반적인 생각을 의미하는 말이다. 과학자들이 흔히 사용하는 용어다.

늘날의 문제는 AI가 인간보다 최적화에 더 능숙하다는 점이다. AI로 구동되는 제품이 있는 세상에서 인간은 AI 형제들과 차별화하기 위해 호기심과 탐구심을 키우는 문화를 구축해야 한다.

문화적 권한 부여를 통해 AI와 데이터 리터러시 촉진

문화적 권한 부여는 AI와 데이터 리터러시를 숙달하는 촉매제다. 문화적 권한 부여를 받아들임으로써 우리는 데이터와 분석의 중요성을 인식하는 성장 사고방식을 배양한다. 이는 혁신, 정보를 토대로 한 의사 결정, 가치 창조를 가능하게 하는 전략적 자산이다. 또한, AI와 데이터 리터러시를 함양하게 되면 특정 전문 지식과 관심 영역에서 AI와 데이터를 이용할 수 있는 지식을 갖추게 된다. 여기에는 여러분의 데이터가 수집되는 방법, 의사 결정과 행동을 만들어 내는 행위 유형을 발견하는 데 사용되는 분석 기법에 대한 이해가 포함되어 있다. 이와 함께 우리는 의미 있고 관련 있으며, 책임 있고 윤리적으로 건전한 결과물을 만들어 내는 방식으로 AI와 데이터를 이용하는 능력도 갖고 있어야 한다.

문화적 권한 부여와 AI 및 데이터 리터러시는 서로를 강화해 주는 공생 관계에 있다. 권한 부여를 장려하는 조직은 직원들의 사기와 협업, 집단 학습, 자신감, 그리고 전체적인 경쟁력에 중대한 영향을 미친다. 동시에 AI와 데이터 리터러시 능력을 갖춘 직원들은 혁신을 주도하고 책임 있고 윤리적인 가치 창출을 촉진하는 데이터 시민 문화에 적극 기여할 수 있다.

권한 부여가 핵심이다. 그리고 데이터 과학 시민이 되려면 다음과 같은 권한을 부여받는 것은 여러분의 책임이자 의무다.

- 목소리를 낼 수 있는 권한
- 동등하게 대우받을 수 있는 권한, 이곳에서 모든 아이디어는 고려할 가치가 있다
- 비판적 사고를 실천하고, 스스로 생각하고, 다른 사람의 의견에 도전할 수 있는 권한

- 틀릴 수 있으며, 시도하고, 실패하고, 배우고, 다시 시도할 수 있는 권한
- 자신과 다른 사람에게 영향을 미치는 결정이 나오게 된 근거와 전제에 대해 질문할 수 있는 권한
- 리더에게 더 많은 것을 요구할 수 있는 권한, 단순히 리더에게 이익이 되는 조치가 아니라 모든 사람에게 혜택을 줄 수 있는 조치를 취하도록 요구할 수 있는 권한
- 모든 사람에게 의견이 경청될 수 있고, 모든 사람이 논의 테이블에 앉을 수 있도록 보장하는 권한
- 윤리적 대우를 요구하고, 자신이 대우받고 싶은 대로 다른 사람을 대우하라는 황금률을 모든 소통의 기본으로 받아들이도록 요구할 수 있는 권한
- 손을 들고 "이해가 되지 않습니다!"라고 말할 수 있는 권한
- 들은 이야기가 마음에 들지 않을 때 도망치거나 삐치지 않고 맞서고 보강할 수 있는 권한
- 다른 사람의 행동에 대해 책임을 묻는 동시에 자신의 행동에 대해서도 책임지는 권한
- 자신이 잘못하고 실수했을 때 인정하고 미안하다고 말할 수 있는 권한
- 다른 사람을 돕고, 선을 행하고, 행운을 나눌 수 있는 권한
- 다른 사람을 용서하고 그냥 넘어가는 권한
- 영적, 윤리적으로 생각하고 행동할 수 있는 권한

권한 부여는 능동적이다. 누군가가 여러분에게 그냥 주는 것이 아니다. 권한을 부여받은 시민이 되려면 스스로 용기 있게 그것을 붙잡아야 한다. 다른 사람을 손가락질하고 비난하는 것은 부질없는 일이다. 그냥 여러분의 권력을 넘겨주어라. 권한 부여의 길은 전적으로 여러분의 손에 달려 있다.

이제 우리가 이 책을 통해 얻은 귀중한 통찰을 통합하고 평가할 때가 왔다. 새롭게 발견한 지식을 통합해서 AI의 윤리적 설계, 개발, 관리를 보장하는 중추적인 책임에 대비해야 한다.

나는 시험 감독을 별로 좋아하지는 않는다. 하지만 준비 상태를 평가하기 위해 시험이 꼭 필요한 경우가 있다. 이 특정한 평가가 우리가 데이터 과학 시민 역할을

받아들일 준비가 제대로 되었는지를 알 수 있게 해 주는 중요한 전기가 된다.

AI와 데이터 리터러시 재평가하기

1장 끝부분에서 소개했던 AI와 데이터 리터러시 레이더 차트를 기억하는가? 우리는 그 차트를 이용해 데이터 과학 시민이 되기 위해 AI와 데이터 리터러시를 이용할 준비가 얼마나 되어 있는지 평가하면서 AI와 데이터 리터러시 여정을 시작했다. 더불어 의미 있고 관련 있으며, 책임 있고 윤리적인 AI 결과를 제공하기 위해 필요한 우리 역할과 필수 역량에 대해 이해했다.

이제 이 책의 모든 장을 마무리했으니까, AI와 데이터 리터러시 레이더 차트에서 측정한 점수를 재평가해 보자. 여섯 가지 차원에서 다 여러분의 점수가 향상되었기를 바란다. 만약 그렇지 않다면, 여러분은 해당되는 장을 다시 살펴보고, 다시 평가를 하기를 원할 것이다. 쉽게 참고할 수 있도록 여기 AI와 데이터 리터러시 차트를 포함했다.

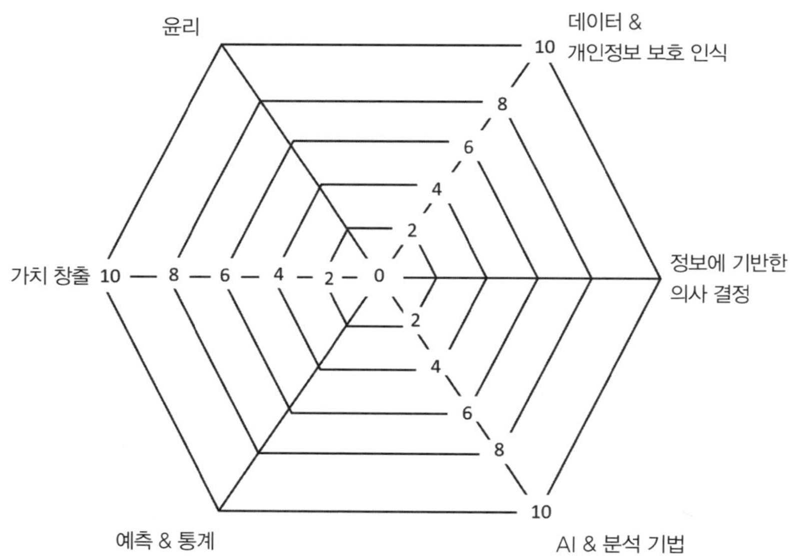

〈그림 9.6〉 AI와 데이터 리터러시 레이더 차트

이 책의 주요 가르침과 AI 및 데이터 리터러시 레이더 차트에서 강조된 AI 및 데이터 리터리시의 각 핵심 요소에 대한 적용 사항이다.

- **데이터와 개인정보 보호 인식**: 개인 데이터가 어디서 어떻게 수집되며, 사람들의 생각과 행동에 영향을 미치기 위해 어떻게 사용되는지 이해하기. 2장에서는 다음과 같은 질문에 답하려고 했다. 데이터에서 빅데이터로 전환이 가져올 파급 효과를 이해하고 있는가? 조직이 개인 데이터를 수집하는 다양한 상황과 시나리오를 모두 이해하고 있는가? 기업들이 여러분의 개인 데이터를 어떻게 채굴하는지 이해하고 있는가? 데이터 프라이버시 법과 규정의 목표와 한계를 이해하고 있는가?
- **AI와 분석 기술**: 광범위한 고급 분석 알고리즘(특히 AI에 초점), 그리고 좀 더 많은 정보에 입각한 의사 결정을 하기 위해 이 알고리즘을 적용하는 방법 이해하기. 3장과 4장에서는 다음과 같은 질문을 다루려고 했다. 전통적인 비즈니스 인텔리전스와 데이터 과학의 기능 차이를 이해하고 있는가? 광범위한 분석 알고리즘을 이해하고 있는가? 보고하고 최적화하며, 학습할 때 그것들이 어떻게 사용되는지 알고 있는가? AI의 작동 방식과 AI 효용함수의 매우 중요한 역할을 이해하고 있는가? 건강하고 윤리적인 AI 효용함수 개발을 보장하는 데 여러분이 어떤 역할을 하는지 이해하고 있는가?
- **정보에 입각한 의사 결정 하기**: 좀 더 많은 정보에 입각한 의사 결정을 하기 위해 데이터와 분석 기술을 활용해 의사 결정을 안내하는 '모델들'을 만드는 법 이해하기. 5장에서 우리는 다음 질문을 탐구했다. 일반적인 의사 결정의 함정을 식별하는 방법을 알고 있는가? 또 그런 함정을 피하기 위해서는 무엇을 할 수 있는지 아는가? 의사 결정 매트릭스를 사용해 좀 더 많은 정보에 입각한 의사 결정을 할 수 있는 프레임워크를 제공하는 방법을 이해하고 있는가? 비판적 사고를 구성하는 중요한 요점을 다른 사람에게 가르칠 수 있는가?
- **예측과 통계**: 기본적인 통계 개념을 사용해 다음에 어떤 일이 발생할지 예측해서, 정보에 입각한 의사 결정을 하는 방법 이해하기. 6장에서는 다음과 같은 질문에 답하려고 했다. 평균, 분산, 신뢰도, 혼동 행렬 같은 기본적인 통계 개념 적용 방법을 이해하고 있는가? 선행 지표와 후행 지표의 근본적인

차이를 이해하고 있는가? 후행 지표를 최적화할 때 발생할 수 있는 위험은? AI 모델의 긍정 오류와 부정 오류를 이해하고 있는가? 그리고 이것들이 AI 모델 확증 편향과 싸우는 데 어떤 역할을 하는지 알고 있는가?

- **가치 창출**: 조직들이 데이터와 분석을 활용해 '가치'를 창출하는 방법 이해. 7장에서는 다음과 같은 질문에 대한 답을 찾으려고 했다. 여러분은 재무와 경제학의 중요한 가치 창출 차이점을 이해하고 있는가? 비즈니스 모델을 작동하기 위해 여러분의 조직이 데이터와 분석을 얼마나 효과적으로 활용하는지 측정하는 데이터와 AI 분석 비즈니스 모델 성숙도 지수 활용법을 이해하고 있는가? 조직의 가치 창출 과정을 식별하는 방법을 이해하고 있는가? 그리고 가치 창출 효과를 측정하는 변수와 지표를 파악하는 방법을 알고 있는가? 학습의 경제가 몰고 올 판도 변화가 어떤 파급력을 불러올지 알고 이해하고 있는가?
- **AI 윤리**: 사람의 행위나 행동을 지배하는 옳고 그름의 도덕적 원칙과 건강하고 윤리적인 AI 효용함수를 규정하는 데 그것들이 하는 역할에 대한 이해. 8장에서는 다음과 같은 질문에 답을 하려고 했다. 어떤 것들이 윤리를 구성하는지 이해하고 있는가? 윤리학과 경제학 간의 특이하지만 중요한 관계를 이해하고 있는가? 의도하지 않은 결과의 위험성을 이해하고 있는가? 조직이 이런 의도하지 않은 끔찍한 결과를 식별하고, 감시하며, 방지하는 데 도움이 되는 평가 워크시트를 알고 있는가? 조직이 책임 있고 윤리적인 AI 모델을 설계, 개발, 실행할 수 있도록 안내해 주는 AI 윤리 피라미드의 활용 방법을 이해하고 있는가?

이제 AI와 데이터 리터러시 평가에 대해 다시 살펴볼 때가 됐다. 〈표 9.1〉에 AI와 데이터 리터러시 레이더 차트를 완성할 수 있는 지침을 포함했다.

다양한 범주의 리터러시 영역에서 AI와 데이터 리터러시 능력을 향상하는 데 진전이 있었기 바란다. 원하는 만큼 진전을 이루지 못한 영역이 있다면, 관련된 장을 다시 읽고 공부하기를 바라게 될 것이다.

〈표 9.1〉 AI와 데이터 리터러시 레이더 가이드라인 차트

범주	낮은 수준	중간 수준	높은 수준
데이터 & 개인정보 보호 인식	웹사이트와 모바일 앱의 이용 약관과 조건을 읽지 않고 클릭해서 수용한다.	이용 약관을 받아들이고 다운로드하기 전에 웹사이트나 앱이 얼마나 믿을 만한지 판단하려고 시도한다.	웹사이트와 모바일 앱으로 소통하기 전에 개인정보 보호 약관과 조건을 읽고 앱이나 사이트의 신뢰성을 확인한다.
정보에 기반한 의사 결정	어떤 생각을 할 때 좋아하는 TV 채널, 유명 인사, 혹은 웹사이트가 말하는 내용에 의존한다. 음모론에 잘 속는다.	결정을 내리기 전에 쟁점에 대해 조사를 하긴 하지만, 여전히 "나와 비슷하게 생각"하는 사람들의 의견에 지나치게 많은 무게를 둔다.	결정을 내리기 전에 긍정 오류나 부정 오류를 고려하는 모델을 만든다. 비판적 사고 실험을 한다.
AI와 분석 기법	AI는 대형 조직이나 세 글자로 된 정부 기구에만 적용할 수 있다고 믿는다.	AI가 어떻게 분석 스펙트럼의 한 부분인지 이해한다. 하지만 각 분석 기법이 어떤 일을 할 수 있는지에 대해선 잘 알지 못한다.	AI 효용함수를 구성하는 다양한 차원의 성과지표(KPI) 및 측정 기준을 식별하려면 어떻게 협업해야 하는지 이해한다.
예측과 함수	사건의 발생 확률을 이해하려고 애쓰지 않는다. 의사 결정의 의도하지 않은 결과에 대해 알지 못한다.	의사 결정을 할 때는 확률을 고려한다. 하지만 의도하지 않은 결과에 대해 철저하게 평가한다.	정보를 기반으로 한 의사 결정의 성공 확률을 높이기 위해 믿을 만한 정보원으로부터 적극적으로 정보를 구한다.
가치공학 역량	'가치'의 차원들을 이해하지 못한다.	가치 차원에 대해서는 알고 있지만, 가치 창출 효과를 측정하는 성과지표와 측정 기준을 분간하지 못한다.	가치 차원을 이해하고 가치 창출 효과를 측정하는 성과지표와 측정 기준을 분간한다.
윤리	윤리는 '다른 사람들'에게만 적용되는 것이라고 생각한다.	윤리가 중요하다는 사실은 잘 알고 있다. 하지만 윤리 문제를 가장 잘 다루려면 어떻게 해야 하는지에 대해서는 자신이 없다.	윤리적 결정과 행동을 확실하게 보증해 주는 다른 관점들에 대해 사전에 계획한다.

요약

이번 장에서 살펴본 것처럼 데이터 과학 시민을 만들기 위해서는 조직 내 모든 사람에게 권한을 부여해야 한다. 그리고 의미 있고 관련성 있으며 책임감 있고 윤리적인 결과를 도출하기 위해서는 모든 사람이 AI를 어디에 어떻게 설계하고 배치해야 할지에 대해 목소리를 낼 수 있도록 해야 한다.

즉, 우리 모두 각자의 사명을 되새기고 이해관계자와 구성원의 입장에서 생각해야 한다. '그리고' 사고방식을 수용하고 사람들을 적재적소에 배치하는 데 필요한 조직의 즉흥성을 키워야 한다. 그래야 그들이 성공적으로 성장할 수 있다. 궁극적으로, AI와 데이터의 지배력이 점점 더 커지는 세상에서 번성하기 위해서 데이터 과학 시민은 호기심과 창의성, 혁신이라는 인간 본연의 특성을 살려야만 한다. 여러분은 성공에 필요한 모든 도구와 기술을 갖추고 있다. 하지만 여러분의 성공은 궁극적으로 자신에게 달려 있다. 문제를 다른 사람의 탓으로 돌리기 시작하는 순간, 자기 삶에 대한 통제권을 포기하는 것이다. 실수를 인정해라. 그러면 미래를 소유하게 될 것이다.

다음에 나오는 마지막 장에서는 AI와 데이터 리터러시 학습을 테스트한다. 그리고 우리 시대 가장 중요한 기술 진보인 생성형 AI와 LLM으로 구동되는 챗GPT, 빙, 그리고 제미나이에 어떤 효과가 있는지 평가한다.

이런 최첨단 기술은 AI의 방대한 잠재력에 대한 경외심과 불안감을 동시에 촉발하면서 인류에 미칠 해악에 대해 우려하게 만들었다. 그렇다. 이런 새로운 기술들은 이 책을 통해 우리가 얻은 지식을 적용하고 실용성을 평가할 수 있는 놀라운 기회를 제공한다.

10장
챗GPT가 모든 것을 바꾼다

“

공포… 공포…

—월터 E. 커츠 대령(말런 브랜도), 〈지옥의 묵시록〉

이 책을 집필하는 동안 **생성형 AI**, 챗GPT, **대규모 언어 모델(LLM)**의 등장과 함께 기술 혁명이 폭발적으로 일어났다. 이런 최첨단 기술 발전은 대중의 상상력을 사로잡으면서 AI를 둘러싼 약속과 두려움을 현실화했다. 오픈AI의 챗GPT는 상상을 뛰어넘는 놀라운 인기를 누리면서 빠른 속도로 확산했다. 방대한 질문에 대해 사람처럼 척척 답변하는 능력에 많은 이들이 감탄했다. 챗GPT는 또 시 창작부터 로미오 스타일의 연애편지, 법률 요약서, 심지어 블로그 게시물 작성까지 도와주면서 창의력을 마음껏 발휘했다.

하지만 이런 흥분에도 불구하고 〈터미네이터〉, 〈이글 아이〉, 〈아이, 로봇〉, 〈매트릭스〉처럼 AI가 초래할 흉악한 결과를 예견하는 영화들 때문에 불안감이 감돌고 있다. 이런 불안감 때문에 AI를 옹호하는 사람들을 비롯해 기업, 사회 지도층 인사들은 이 문제를 시급하게 해결해야 한다고 촉구했다. 이들은 공개서한이나 언론을 통해 인류에 돌이킬 수 없는 위협이 되기 전에 정치 지도자들이 행동에 나서서 AI 도입을 규제해야 한다고 촉구했다. 미국 물리학자 로버트 오펜하이머(Robert Oppenheimer)가 핵 개발에서 중추적인 역할을 자임하고 나선 것과 마찬가지로 AI 분야에서 획기적인 순간이었다.

AI의 엄청난 힘과 위험성에 대한 대중의 인식이 갑자기 크게 늘어나면서 이 책에서 설명한 AI와 데이터 리터러시 개념의 관련성과 적용 가능성을 찬찬히 따져 볼 수 있는 보기 드문 기회가 생겼다. 그렇다. 챗GPT는 하룻밤 사이에 AI와 데이터 리터러시 문제를 전 세계의 최우선 순위로 끌어올리면서 모든 것을 변화시켰다. 이 문제에 사회 각계의 관심과 이해가 필요하다는 요구를 하기 시작한 것이다.

오픈AI의 챗GPT, 마이크로소프트 빙, 구글 제미나이를 구동하는 생성형 AI는 AI와 빅데이터를 활용하고 AI·빅데이터와 상호작용하는 방법에 대한 사용자의 기대치를 바꿔 놓고 있다. 종전의 AI 이용은 지피에스(GPS) 내비게이션, 마케팅 캠페인, 사기 탐지, 채용, 신용 평가, 대학 입시 지원 같은 비즈니스와 운영 사례의 후면에서 작동했다. 하지만 챗GPT와 마이크로소프트 빙, 구글 제미나이 같은 자매품들은 인간과 지적인 대화를 나누면서 전면에서 작동한다. 이런 기술도 실수를 범할 수는 있다. 하지만 AI는 계속 학습을 하는 기술이다. 따라서 챗GPT와 다른 생성형 AI 제품들이 기하급수적으로 학습하고 성장해 나갈 것이란 사실을 우리는 잘 알고 있다.

이런 AI 기반 지능형 챗봇이 등장하면서 너무 늦기 전에 우리가 AI를 소유하고 통제하기 위해선 무엇을 해야 하는지를 놓고 엄청난 논쟁이 벌어졌다. 일론 머스크, 스티브 워즈니악, 앤드류 양과 같은 AI 업계 지도자들은 AI 공동체와 정부 지도자들에게 서한을 보내 대규모 AI 실험을 잠시 중단하자고 요청했다. 당시 이들은 통제되지 않은 상태로 광범위하게 AI 보급이 이루어질 때 초래될 의도하지 않은 결과에 대해 좀 더 많은 연구 결과가 나올 때까지 실험을 일시 중단해야 한다고 주장했다.[1)]

헨리 키신저, 에릭 슈미트, 대니얼 후텐로허는 ≪월스트리트저널≫에 기고한 '챗GPT, 지식혁명을 예고하다'라는 글에서 이 쟁점의 핵심을 정확하게 짚었다.

> 인쇄기가 현대 인류의 생각을 풍부하게 만들었다면, 새로운 기술은 그것을 정제하고 한층 정교하게 만들었다. 그 과정에서 챗GPT는 인간의 지식과 이해 사이에 간극을 만들었다.

챗GPT 대화는 왜 그렇게 중요할까? 아마존, 넷플릭스, 스포티파이, 구글, 웨이즈 같은 기업들이 의미 있고 관련 있는 제품과 서비스를 추천해 주는 방식에 대한 이용자들의 기대를 바꿔 놓은 것처럼 챗GPT 역시 지식을 조사하고, 탐색하며, 소비하는 방식을 바꿔 놓을 것이기 때문이다. 이런 변화는 이용자들의 개인 삶과 직장 생활에 엄청난 영향을 미칠 수도 있다.

이 장에서 '챗GPT'라는 용어는 일반적으로 오픈AI의 챗GPT, 마이크로소프트의 빙, 구글 제미나이, 그리고 다른 AI 기반 지능형 챗봇과 에이전트를 포괄하는 의미로 사용한다. 다른 업체들의 연구 개발 분량을 감안하면 정당한 언급은 아닐 수도 있다. 하지만 혜성처럼 나타나 모든 것을 바꾼 것은 챗GPT였다. 마치 영화 〈할로윈〉의 마이클 마이어스(Michael Myers)[38]처럼.

10장 마지막 부분에서는 이 책 전체에서 다룬 AI와 데이터 리터러시 개념이 어떻게 데이터 과학 시민인 우리가 책임 있고 윤리적인 AI와 생성형 AI 적용에 참여할 수 있도록 할지 살펴본다. 하지만 그 전에 먼저 생성형 AI에 대해 살짝 입문할 필요가 있다.

요약하자면, 이번 장에서는 다음과 같은 중요한 주제에 대해 살펴본다.

- 챗GPT와 생성형 AI는 무엇인가?
- 챗GPT는 어떻게 작동하는가?
- 챗GPT를 가능하게 해 주는 중요한 기술 이해하기
- 챗GPT의 우려 요인과 위험
- 생성형 AI로 성공하기
- AI, 데이터 리터러시, 그리고 챗GPT

챗GPT와 생성형 AI는 무엇인가?

생성형 AI는 비지도, 혹은 반지도 학습 알고리즘을 활용해 기존 데이터나 콘텐츠를 학습한 뒤 새롭고 독창적인 디지털 콘텐츠(기사, 프로그램 코드, 시, 사진, 미술 작품, 음악)를 생성하는 AI 시스템이다.

---

38 영화 〈할로윈〉은 미국의 슬래셔 영화 시리즈다. 1978년 1편이 나온 이후 지금까지 총 12편이 상영됐다. 마이클 마이어스는 '할로윈 3'을 제외한 모든 영화에서 연쇄 살인을 하는 악당으로 나온다.

챗GPT[GPT는 사전 학습된 생성형 트랜스포머(Generative Pre-trained Transformer)의 약자]는 오픈AI가 2022년 11월 출시한 생성형 AI 챗봇이다. 이 챗봇은 오픈AI의 대규모 언어 모델(LLM)의 GPT 제품군을 기반으로 제작됐으며, 지도 학습과 강화 학습 기법으로 미세 조정됐다.

챗GPT는 지도 학습을 사용해 LLM을 훈련시킨다. 지도 학습 모델은 웹사이트와 디지털 서적에서 수집한 꼬리표를 붙인 데이터를 사용해 방대한 데이터 세트에 감춰져 있는 통계 언어 유형을 찾아낸 뒤 LLM을 훈련시킨다. 그런 다음 LLM은 이런 통계적 언어 유형과 **자연어 처리(NLP)**를 활용해 사람이 하는 것 같은 응답을 생성한다.

또한 챗GPT는 인간 피드백을 기반으로 언어 모델의 관련성과 정확성을 지속적으로 정제하고 향상하기 위해 **인간 피드백을 통한 강화 학습(RLHF)**을 사용한다. 이를 통해 챗GPT는 정보를 제공할 수 있을 뿐 아니라, 인간 같은 응답을 생성한다.

4장에서 설명한 것처럼 **범용인공지능(AGI)**은 한정된 이용 사례를 지원하는 데 전문화된 AI가 아니라 인간이 할 수 있는 모든 지적인 작업을 이해하고 학습할 수 있는 AI를 의미한다.

하지만 챗GPT는 AI 공동체의 성배인 AGI는 아니다. AGI는 과학소설의 세계 바깥에서는 아직 존재하지 않는다. 하지만 때로는 충분한 협업과 탐구, 그리고 학습을 통해 과학소설이 과학적 사실이 될 수도 있다.

챗GPT는 어떻게 작동하는가?

이 책에서 제공한 AI와 데이터 리터러시 통찰의 실용성을 평가하기에 앞서 – 이 책을 집필하는 시점에서는 – 챗GPT와 생성형 AI로 구동되는 챗봇이 작동하는 방식에 대해 명확하게 이해할 필요가 있다.

복잡할 뿐 아니라 급격한 혼란을 초래할 수도 있다는 점을 감안해 초보자, 중급자, 고급 이용자의 시선을 통해 챗GPT 작동 방식에 점진적으로 친숙해지도록 하는 방식을 택할 것이다. 이러한 점진적 노출 방식을 통해 세부적인 기술적 내용으로 독자들을 주눅 들게 하지 않으면서 독자들이 내용을 수월하게 이해할 수 있기를 희망한다.

초보자 레벨 101

챗GPT를 사용해 보긴 했지만 기술적 배경지식이 전혀 없는 초보자에게 설명해야 한다면, 다섯 가지를 특별하게 잘하는 간단한 개념이라고 말하고 싶다.

1. 범용 인터넷의 특정 사이트를 분석하고 맥락에 맞는 지식 기반을 생성한다.
   예를 들어, 챗GPT는 요리 웹사이트의 모든 조리법, 재료, 지침과 예상 결과에 관해 훈련한다.
2. 관련 언어 이용 유형과 관계를 파악한다.
   앞에서 살펴본 요리 사례에서 챗GPT는 모든 요리 관련 웹사이트에서 조리법, 재료, 요리 지침과 예상 결과와 관련된 유형과 관계를 파악한다.
3. 사용자 요청을 구문 분석한 뒤 의도를 (대부분의 인간들보다 더 잘) 파악한다.
   요리 사례에서 시어머니가 조리법을 알려 달라는 요청을 입력했다고 가정해 보자. 챗GPT는 이 요구를 읽은 뒤 AI 두뇌를 사용해 시어머니의 의향과 요청 내용을 파악한다.
4. 이용자의 의도와 가장 관련성이 높은 콘텐츠를 예측한다.
   다시 요리 예시로 돌아가 보자. 챗GPT는 요리 사이트들에서 발견한 정보와 유형을 기반으로 시어머니가 가장 좋아할 만한 조리법을 추천한다. 이때는 검색창에 입력하거나 문서를 작성할 때 자동완성 기능이 작동하는 것과 같은 방식이다. 다만 챗GPT는 단어를 자동 완성하는 것이 아니라는 점만 다르다. 챗GPT는 문장과 단락을 자동으로 완성한다.
5. 콘텐츠를 제시할 때 사람이 작성한 것 같은 응답을 제공한다.
   요리 예시에서 챗GPT는 사람이 쓴 것 같은 언어로 조리법과 만드는 방법을 설명하는 메시지를 작성한다.

이제 챗GPT에 대해 어느 정도 연구한 좀 더 경험 많은 사람이 방에 들어와 챗GPT의 작동 방식을 알고 싶어 한다고 가정해 보자. 그럴 경우에 나는 위에서 언급한 다섯 가지 작업을 좀 더 확장하면서 설명할 것이다.

중급 레벨 201

레벨 201은 생성형 AI와 LLM에 대해 어느 정도 자료를 읽고 연구한 사람들을 위한 것이다. 이 사람들은 이 기술이 어떤 것들을 할 수 있는지 확실하게 알고 있다. 하지만 이 기술을 사용한 제품들이 사람이 한 것과 똑같은 놀라운 결과물을 내놓을 수 있도록 해 주는 기반 기술과 분석 과정에 대해서는 잘 알지 못한다.

1. 챗GPT는 **트랜스포머 신경망**과 **셀프 어텐션(self-attention)**을 이용해 훈련받은 데이터의 유형과 관계를 토대로 공공 데이터를 분석하고 목록 작업을 수행해서 데이터의 맥락을 이해한다. 이 결과는 챗GPT가 훈련한 문맥 정보에서 수집한 정보 유형을 포함하는 지식 저장소인 LLM에 저장된다.
2. 챗GPT는 훈련 과정에서 텍스트 데이터의 통계적 특성을 분석해 자연어에서 단어, 구문, 문장 간의 유형과 관계를 이해하는 법을 배운다. 챗GPT는 훈련 과정에서 습득한 지식을 활용해 통계적으로 일관성 있고, 입력된 질문과 관련성이 높은 답변을 생성한다.
3. 챗GPT는 NLP 기술로 이용자의 요구 사항을 구문 분석하고, 이해한다. 그런 다음 지식 저장소에 접속해 관련 정보를 검색하고, 자신이 이해한 이용자 의도에 맞는 새로운 답변을 생성한다.
4. 일단 챗GPT가 이용자의 의도를 명확하게 파악하면, LLM을 검색해 이용자의 요구와 가장 관련 있는 콘텐츠를 예측할 수 있다. 이때는 이용자의 쿼리, 쿼리의 맥락, 그리고 콘텐츠의 관련성 및 품질 등 다양한 요소를 고려하여 맥락에 맞는 정보를 담고 있는 답변을 생성한다.
5. 그런 다음 챗GPT는 이용자에게 정보를 제공하기 위해 자연어로 된 답변을 생성한다. 이때 정보를 명확하고 간결하게 전달해 주는 적절한 단어와 구문을 선택한다. 이 과정은 사람들이 이용자의 요구에 응답하는 방법과 비슷하다. 챗GPT는 좀 더 쉽게 이해할 수 있는 답변을 제공하기 위해 구문 변형, 요약, 정보 종합 같은 다양한 언어 생성 기술을 활용한다.

하지만 레벨 201에 대한 설명조차도 복잡한 챗GPT 기술과 챗GPT를 구동하는 기반 메커니즘을 살짝 건드리기 시작하는 수준에 불과하다. 보다 자세한 레벨 301

설명을 살펴보도록 하자.

숙련자 레벨 301

301 숙련자 레벨은 분석 모델을 설계, 개발 및 배포한 경험이 있는 사람들을 위한 것이다. 이들은 파이선 같은 툴이나 텐서플로, 파이토치 같은 딥러닝 라이브러리와 프레임워크를 능숙하게 다룬다.

1. 챗GPT는 인터넷에서 공개적으로 입수할 수 있는 방대한 텍스트 데이터로 훈련한 LLM이다. 수십억 개의 매개변수가 있는 트랜스포머 아키텍처를 사용해 다양한 프롬프트에 대해 사람이 한 것 같은 답변을 생성한다. 이를 통해 챗GPT는 언어의 구조와 구문을 이해하고 일관성 있는 문장을 생성할 수 있다.
2. 트랜스포머 아키텍처는 신경망 아키텍처의 일종으로 바스와니(Vaswani) 등이 2017년 발표한 '주목만 있으면 된다(Attention Is All You Need)'는 제목의 논문에서 처음 소개됐다. 이것은 텍스트 같은 데이터 시퀀스(data sequence)를 처리하도록 설계됐으며, 셀프 어텐션을 이용해 서로 다른 부분들이 어느 정도 종속되어 있는지 포착한다.
3. 이용자가 챗GPT에 어떤 요청을 하면, 시스템이 NLP를 사용해 의도를 파악하고 세밀하게 분석한다. 이때는 텍스트를 부분으로 쪼갠 뒤 키워드와 구문을 식별하고, 요청의 전체 의미를 해석하는 작업을 진행한다.
4. 챗GPT는 요청을 세밀하게 분석한 뒤 내부 지식 기반을 검색한다. 여기에는 웹사이트, 소셜 미디어 포스트, 뉴스 기사를 비롯해 인터넷의 여러 정보원에서 수집한 방대한 텍스트 데이터가 들어 있다. 챗GPT는 머신러닝 알고리즘을 이용해 데이터베이스에서 요구 사항과 관련 있는 콘텐츠를 연결해 준다.
5. 챗GPT는 요구와 일치하는 콘텐츠를 토대로 사람이 직접 작성한 것 같은 형식의 응답을 생성한다. 사람 같은 응답을 생성할 때는 NLP 기술과 머신러닝 알고리즘을 조합해서 사용한다. 챗GPT가 사용하는 몇 가지 기술은 다음과 같은 것들이 있다.
   - **NLP 알고리즘**: 이용자 쿼리에 대한 응답을 생성한다. 이런 알고리즘으

로 인간의 언어 유형과 형식을 원형으로 삼아 인간과 유사한 자연스러운 텍스트를 생성할 수 있다.

- **문맥 이해**: 이용자의 이전 쿼리나 질문 주제 등을 토대로 입력한 쿼리의 의미를 좀 더 확실하게 이해한 뒤 더 관련성 있고 정확한 응답을 생성한다.
- **감정 분석**: 텍스트의 어조와 정서를 분석한 뒤 이용자의 감정 상태를 감안해 적절하고 감성적인 답변을 생성한다.
- **요약 기법**: 텍스트에서 중요한 정보를 추출한 뒤 이용자에게 간결하고 이해할 수 있게 전달한다. 이렇게 함으로써 읽기 쉽고 이해할 수 있는 정보를 제공하게 된다.

챗GPT는 더 많은 이용자 요구를 처리하고, 더 많은 데이터에 접속하면서 지속적으로 학습하고 개선되고 있다는 점에 주목할 필요가 있다. 4장에서 설명한 것처럼 제대로 구축된 AI 모델은 많이 사용할수록 가치가 더욱 높아진다.

챗GPT의 작동 원리를 살펴봤으니, 이제는 몇 가지 중요하고 독특한 챗GPT 기술을 탐구해 보자. 지나치게 기술적으로 설명하고 싶지는 않다. 하지만 이러한 기술은 생성형 AI 제품이 관련 있고 인간과 유사한 응답을 생성하도록 하는 비밀 요소다.

챗GPT를 가능하게 하는 몇 가지 중요한 기술

챗GPT와 다른 생성형 AI 기반 챗봇은 의미 있고 관련성 있으며, 책임 있고 윤리적인 결과를 제공하기 위해 몇 가지 고유 기술을 활용하고 있다. 이런 기술의 기본을 이해하게 되면 생성형 AI로 구동되는 제품을 좀 더 효과적으로 활용할 수 있다.

LLM

LLM은 텍스트 데이터 안에 있는 단어와 구문 간의 언어 유형과 관계를 학습할 수 있는 AI 알고리즘이다. 학습한 유형과 관계를 활용해 주어진 문맥의 다음에 나올 단어나 구문을 예측한다.

LLM은 생성형 AI 챗봇의 중추다. LLM의 주요 특성과 우려 사항은 다음과 같은 것들이 있다.

- **훈련 데이터**: LLM은 전자책, 기사, 웹 페이지 같은 방대한 텍스트 데이터로 훈련한다. LLM은 이 데이터를 사용해 언어의 유형(문장, 단락, 기사 등에서 단어의 쓰임과 위치)을 학습하고 인간과 유사한 텍스트를 이해하고 생성하는 능력을 개발한다.
- **NLP**: 지능형 AI 챗봇들은 NLP 시스템을 활용해서 인간이 사용하는 것 같은 언어를 이해하고 생성한다.
- **애플리케이션**: LLM은 언어 번역, 콘텐츠 생성, 텍스트 요약, 언어 생성, 질문 답변 등 광범위하게 활용할 수 있다.
- **아키텍처**: LLM은 신경망 같은 딥러닝 알고리즘을 이용해 텍스트를 분석하고 생성한다. 때로는 방대한 양의 데이터를 빠르게 처리하는 능력과 함께 뛰어난 확장성을 갖도록 설계된 경우가 많다.

챗GPT가 이용자들에게 관련성 있는 답변을 인간과 같은 방식으로 제공하기 위해서는 NLP와 LLM 간의 긴밀한 협업이 꼭 필요하다. 챗GPT는 NLP를 사용해 이용자의 요청을 처리하면서 의도, 문맥, 정서를 이해한다. 그런 다음 NLP 시스템은 LLM을 활용해 챗GPT에 전달할 답변을 생성한다.

챗GPT는 LLM에서 생성된 답변을 가져온 뒤 머신러닝 알고리즘을 사용해 정교하게 다듬는다. 이런 과정을 통해 이용자들에게 좀 더 개인화되고, 맥락적으로 관련성이 있는 답변을 제공한다. 챗GPT가 답변을 생성하고 나면 피드백 루프가 답변이 유용했는지 등에 대한 데이터를 수집한다. 이 데이터는 LLM의 정확성과 관련성을 업데이트하고 개선하는 데 사용된다.

〈그림 10.1〉에 이런 과정이 시각화되어 있다.

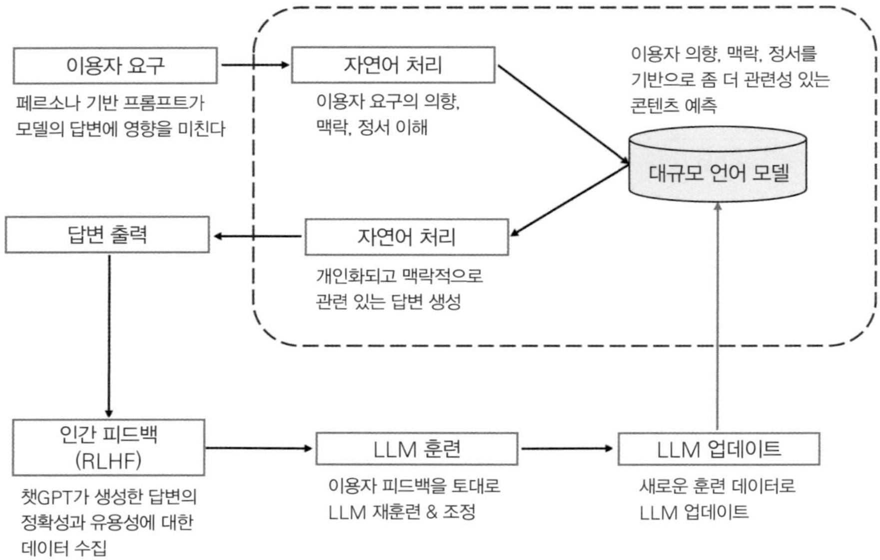

〈그림 10.1〉 챗GPT에서 LLM이 하는 역할

LLM 아키텍처에는 일반적으로 다음과 같은 핵심 요소들이 있다.

1. **입력 인코딩(input encoding)**: LLM의 입력 인코딩 구성 요소는 입력한 원 텍스트를 모델이 처리할 수 있는 숫자 형식으로 변환하는 작업을 담당한다. 여기에는 종종 토큰화(tokenization)와 임베딩(embedding) 같은 기술이 포함된다.
2. **트랜스포머 레이어(transformer layers)**: 트랜스포머 레이어는 LLM 아키텍처에서 매우 중요한 구성 요소다. 입력 텍스트를 처리해서 문맥을 인식하는 텍스트 표현을 생성하도록 설계돼 있어, 광범위한 NLP 작업에 사용할 수 있다.
3. **어텐션 메커니즘(attention mechanisms)**: LLM에서 어텐션 메커니즘은 모델이 입력 텍스트에서 가장 관련성이 높은 부분에 집중할 수 있도록 돕기 위해 사용된다. 가장 중요한 정보에 선택적으로 주목해야 하는 긴 텍스트 시퀀스에서 특히 중요하다.

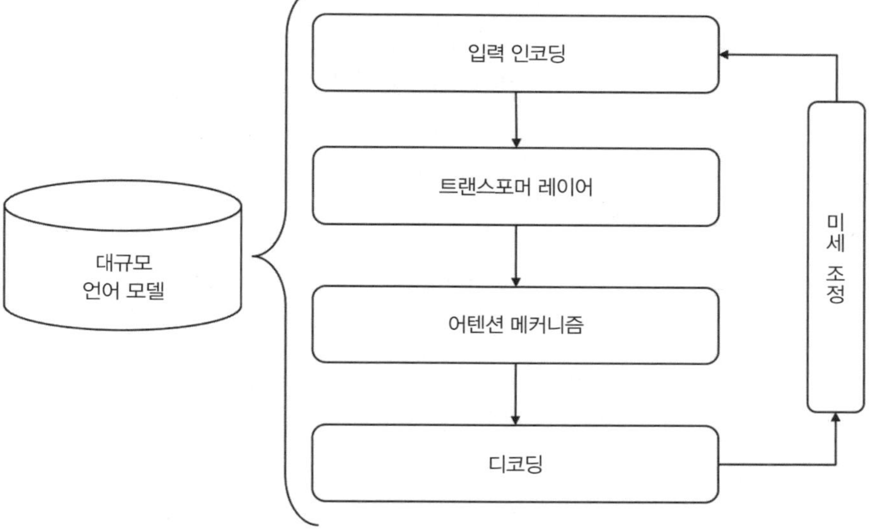

〈그림 10.2〉 LLM 아키텍처의 핵심 구성 요소

4. **디코딩(decoding)**: LLM의 디코딩 구성 요소는 입력 텍스트와 모델이 개발한 내부 표현을 토대로 출력 텍스트를 생성하는 역할을 담당한다. 빔 탐색(beam search)[39]이나 표집(sampling) 같은 기술이 포함될 수 있다.
5. **미세 조정(fine-tuning)**: 미세 조정은 LLM 아키텍처, 특히 전이 학습(transfer learning)[40] 애플리케이션에서 필수적이다. 여기에는 소규모 작업에 특화된 데이터를 사용해 모델을 특정 작업이나 영역에 대해 훈련시킨 뒤 그 분야에 대한 성능을 최적화하는 작업이 포함된다.

〈그림 10.2〉는 이런 구성 요소들이 어떤 흐름에서 어떻게 상호작용을 하는지 보여 주는 수준 높은 개요를 담고 있다.

---

39 제한된 집합에서 가장 유망한 노드를 확장하여 그래프를 탐색하는 경험적 검색 알고리즘.

40 전이 학습이란 한 분야 문제를 해결하기 위해 얻었던 지식을 다른 분야 문제를 푸는 데 사용하는 방식을 의미한다.

LLM에 대해서는 편향이나 공정성 문제와 관련해 윤리적인 우려가 제기돼 왔다. AI 기술이 더욱 발전함에 따라 LLM을 윤리적이고 투명하며 사회적 가치에 부합하도록 설계하고 훈련시키는 것이 굉장히 중요해졌다.

다음으로 중요한 기반 기술 중 하나인 딥러닝 트랜스포머에 대해 살펴보자. 그리고 이 기술들이 셀프 어텐션 기술을 활용해 더 관련성 높은 답변을 생성하는 방법에 대해서도 알아보자.

트랜스포머

트랜스포머는 NLP 분야의 대변혁을 불러온 딥러닝 모델 아키텍처의 한 유형이다. 2017년 바스와니 등이 쓴 논문 "주목만 있으면 된다"에서 소개됐다. 여러분은 이미 트랜스포머에 익숙할 것이다. 트랜스포머는 웹 검색과 여러 워드 프로세싱 응용 프로그램에서 사용하는 텍스트와 문장 자동완성 기능이 가능하도록 해 주기 때문이다.

트랜스포머는 시퀀스에서 긴 범위의 종속성을 포착하는 데 탁월한 역량을 발휘한다. 이 기능은 일관성 있고 맥락적으로 관련 있는 답변을 이해하고 생성하는 데 매우 중요한 역할을 한다. 트랜스포머의 핵심 구성 요소는 어텐션 메커니즘이다. 이 메커니즘은 출력물을 생성할 때 입력 시퀀스를 서로 다른 부분으로 분리하고 집중할 수 있도록 해 준다.

트랜스포머는 생성형 AI 모델이 입력 텍스트 내의 국소적 관계와 전체 관계를 모두 파악해서 단어와 문장을 문맥에 맞게 표현하도록 학습할 수 있게 해 준다. 트랜스포머는 대화 기록에서 관련된 부분을 분리함으로써 더 넓은 맥락을 고려한 답변을 생성하고, 보다 일관성 있는 문맥에 적합한 답변을 만들어 낼 수 있다.

또한 트랜스포머는 각 단어가 텍스트 내에 있는 다른 단어에 주목하는 셀프 어텐션(self-attention) 기술을 이용한다. 그렇게 함으로써 모델이 입력 요청의 맥락을 고려할 때 어떤 단어가 가장 중요한지 결정할 수 있도록 해 준다. 이는 모델이 단어가 어떻게 서로 의존하고 관련되어 있는지 이해하는 데 도움이 된다. 이는 의미 있는 답변을 만들어 내는 데 꼭 필요한 요소다.

마지막으로, 여러분에게 좀 더 관련성이 많은 답변을 제공해 주는 프롬프트를 작성하는 데 페르소나(personas)가 얼마나 중요한지에 대해 이야기해 보도록 하자.

역할 기반 페르소나

역할 기반 페르소나는 더 나은 의사 결정과 전략 개발을 위해 그 역할을 맡은 개인의 요구와 행동을 이해하는 데 사용되는 특정 직무 또는 역할을 나타낸다. 역할 기반 페르소나는 챗GPT가 고도로 관련성 높은 응답을 제공하는 비결이다.

챗GPT는 여러 가지 기술을 활용해 좀 더 관련성이 높은 답변을 생산하는 역할 기반 페르소나를 만들어 낸다. 역할 기반 페르소나는 챗GPT가 지속적으로 학습할 수 있는 능력의 핵심이다. 역할 기반 페르소나 기법은 다음과 같은 것들이 있다.

- 챗GPT는 입력 텍스트를 분석해서 이용자의 역할(예: 학생, 고객, 환자 또는 소프트웨어 개발자)과 의도를 파악하고 후속 응답이나 대화를 안내한다. 이용자의 역할에 따라 챗GPT 시스템에서 채택하는 답변 어조, 형식, 격식 수준과 함께 페르소나를 결정한다. 챗GPT는 페르소나를 사용해 대화의 맥락과 규칙을 기억해서 답변을 미세 조정하게 된다. 또한 RLHF를 사용해 답변의 품질과 정확성을 개선한다. 챗GPT는 이용자의 답변에 대한 평가와 순위를 학습한 뒤 사람들이 좀 더 선호할 것 같은 답변을 생성한다.
- 챗GPT는 NLP를 사용해 이용자가 입력한 텍스트에서 개체와 그 관계를 추출한다. 그런 다음엔 입력 텍스트와 지식 기반을 토대로 콘텐츠 그래프를 구축한다. 이 콘텐츠 그래프는 대화 주제와 관련된 개체와 관계를 표현한 것이다. 예를 들어 영화 관련 주제일 경우 콘텐츠 그래프에는 배우, 감독, 장르, 평점, 리뷰 등이 포함될 수 있다. 콘텐츠 그래프는 챗GPT가 유익하고 일관성 있으며 사실과 일치하는 답변을 생성하도록 도와준다.
- 챗GPT는 역할 기반 페르소나와 콘텐츠 그래프를 활용해서 이용자의 쿼리에 적합한 응답을 생성한다. 예를 들어 이용자가 영화 추천을 요청하면 챗GPT는 영화 전문가라는 페르소나를 활용해 이용자의 선호도와 콘텐츠 그래프를 기반으로 영화를 소개할 수 있다. 또한 챗GPT는 영화 전문가 페르소나를 활용해 영화에 대한 의견이나 감정을 표현함으로써 좀 더 매력적이고 사람 같은 답변을 제시할 수 있다.
- 챗GPT는 RLHF를 이용해 답변의 품질과 정확성을 향상한다. 챗GPT는 이용자의 피드백을 통해 학습하고 대화 진행에 따라 콘텐츠 그래프를 업데이트

한다. 즉 이용자가 입력한 내용을 토대로 새로운 정보를 추가하고, 기존 정보를 수정하게 된다.

이제는 RLHF의 중요한 역할을 대해 자세히 살펴보자. RLHF는 챗GPT 같은 생성형 AI 모델이 이용자의 정보 요청에 대해 좀 더 관련성 있고 정확한 답변을 제공할 수 있도록 꾸준히 학습하고 진화하도록 하는 데 핵심 촉매제 역할을 한다.

인간 피드백을 통한 강화 학습

RLHF는 인간 평가자의 피드백을 통합해 생성형 AI 모델을 개선하는 데 사용되는 훈련 기법이다. 생성형 AI 초기 모델은 사람이 생성한 예제로 지도 학습을 통해 훈련했다. 그런 다음엔 사람의 피드백을 활용한 강화 학습을 통해 미세 조정했다.

강화 학습 과정에서 인간 평가자는 모델 답변의 정확성에 대한 피드백을 제공한다. 평가자들은 품질, 관련성, 그리고 사전에 정의된 기준에 따라 여러 답변을 평가하고 순위를 매길 수 있다. 이런 피드백들은 모델이 실수를 통해 학습하고, 시간이 쌓일수록 답변을 개선하는 데 도움이 된다.

이 피드백은 또 모델의 효과와 관련성을 더욱 훈련하고 개선하는 데 사용된다. 모델은 인간 평가자로부터 받은 피드백과 일치하는 응답을 생성할 가능성을 높이기 위해 매개변수를 조정한다. 이런 반복적인 훈련, 피드백, 개선 과정을 통해 모델은 결과물이 좀 더 관련 있고 의미 있으며, 사람의 선호에 부합하도록 성능을 개선한다.

RLHF는 생성형 AI 모델이 다음과 같은 기능을 통해 지속적으로 응답을 개선할 수 있는 비결이다.

- **반복적 개선**: RLHF는 반복적으로 학습하고 개선할 수 있도록 해 준다. 생성형 AI 모델은 처음에는 지도 학습을 사용해 훈련한다. 이때는 인간 AI 훈련사가 대화와 모델 생성 답변을 제공한다. 이 데이터는 모델이 인간의 피드백을 통해 학습하고, 시간이 지나면서 적응하도록 하는 강화 학습의 기반이 된다.
- **피드백 루프**: 생성형 AI 모델은 RLHF를 통해 인간 AI 훈련사나 이용자의 피

드백을 받는다. 생성형 AI는 피드백을 통합함으로써 행동을 조정하고, 좀 더 적절하고 맥락에 맞는 답변을 생성할 수 있게 된다.

- **윤리적 문제 해결**: RLHF는 훈련 중 발생할 수 있는 윤리적인 우려를 바로잡을 수단을 제공한다. 인간 트레이너에게 계속 정보를 제공함으로써 편견, 잘못된 정보 혹은 부적절한 결과를 식별하고 수정할 수 있다. 그렇게 함으로써 책임 있는 생성형 AI 모델 개발과 이용을 촉진한다.
- **개방형 대화 진행**: 생성형 AI는 강화 학습을 통해 한 가지 정답만 존재하지 않을 수도 있는 개방형 대화를 진행할 수 있다. 생성형 AI는 사람의 피드백 학습을 통해 적응하고, 사람의 기대와 선호도에 더 부합하는 답변을 생성할 수도 있다.
- **탐색과 활용의 균형**: RLHF는 탐색과 활용 사이의 균형을 유지한다. 이 모델은 다양한 답변 전략을 탐색하고, 피드백을 받으며, 그에 따라 행동을 조절한다. 이런 과정을 통해 생성형 AI 모델은 이전 상호작용에서 얻은 지식을 활용하면서 새로운 답변 방식을 탐구할 수 있다.

RLHF를 통합한 생성형 AI 모델은 인간의 전문 지식을 학습하고, 좀 더 정확하고 바람직한 결과물을 제공함으로써 전반적인 이용자 경험을 향상할 수 있다.

생성형 AI 제품의 작동 방식과 기반 기술에 대해 확실하게 이해했다면 이젠 생성형 AI와 관련된 우려 사항과 위험 요인에 대해 깊이 살펴보자. 이런 설명은 생성형 AI 기술을 둘러싼 불안감을 해소하고 오해를 바로잡기 위한 것이다.

챗GPT의 우려 요인과 위험

> 알고 있는 것을 알고 있는 것들이 있다. 우리가 알고 있다고 아는 것들이다. 알지 못하고 있는 것을 아는 것들이 있다. 다시 말해, 우리가 모르고 있다는 것을 아는 것들이다. 하지만 알지 못하는 것을 알지 못하는 것들도 있다. 우리가 모른다는 사실을 알지 못하는 것들 말이다.
>
> – 로널드 럼즈펠드(Ronald Rumsfeld)

생성형 AI 제품을 둘러싼 걱정거리 중 하나는 아직 알려지지 않은 가능성의 영역이 방대하다는 점이다. 우리는 생성형 AI 제품을 혁신적으로 응용하기 위해 지속적으로 탐구하고 사용법을 고안하고 있다. 하지만 이런 새로운 응용법을 이용자들이 읽기 쉬운 매뉴얼로 세심하게 만들지는 않고 있다. 우리의 여정에는 지속적으로 실험하고 학습하는 과정이 포함돼 있다. 왜냐하면 우리가 생성형 AI의 개척되지 않은 잠재력을 발견하기 위해 분투하고 있기 때문이다.

우리는 무엇을 모르고 있는지 알지 못한다. 따라서 챗GPT처럼 AI로 구동되는 제품을 이용할 때 발생할 수 있는 의도하지 않은 결과를 파악하기 위해 혹독할 정도로 노력을 해야만 한다. 생성형 AI 제품과 관련된 몇 가지 위험과 우려 사항은 우리가 이미 알고 있을 뿐 아니라 제품 설계, 개발 및 배포 단계에서 적극적으로 바로잡을 수 있다. 이미 알려진 생성형 AI의 위험과 우려 사항은 다음과 같은 것들이 있다.

- **확증 편향**: 우리는 이미 잘못 구축된 AI 모델이 보여 주는 확증 편향 때문에 발생한 심각한 결과를 목격했다. AI 모델의 확증 편향이 대출과 금융, 주거, 고용, 형사 사법, 의료 분야에 어떻게 부정적인 영향을 미칠 수 있는지 점점 더 많이 인식하게 됐다.
- **의도하지 않은 결과**: 의도하지 않은 결과란 어떤 행동이나 결정으로 인해 예상하지 못했던 결과가 발생하는 것이다. 이 문제를 바로잡는 한 가지 방법은 다양한 이해관계자가 모여 AI 배포가 몰고 올 부정적인 결과와 긍정적인 결

과에 대한 아이디어 도출 작업을 해 보는 것이다.

- **정신적 위축**: 위축은 사용 부족으로 인해 능력이 점차 퇴화하는 것이다. 우리는 나이가 들면서 신체적 능력에서 이런 현상을 보게 된다. 그렇다. 우리 두뇌에도 같은 일이 일어날 수 있다. 정신적 능력을 예리하게 유지하기 위해서는 기존의 사고방식에 계속 도전해야 한다. 예를 들어, 어떤 영화에 나오는 배우 이름을 기억하려고 노력해 보는 것은 인지 기능을 향상하는 좋은 훈련이다.
- **환각**: 생성형 AI 모델이 무의미하거나 오해의 소지가 있는, 혹은 완전히 조작된 답변이나 결과물을 생성할 때 환각이 발생한다. 이는 결과적으로 신뢰할 수 없을 뿐 아니라 해로운 정보로 이어지게 된다. 이런 환각 현상은 잘못된 정보와 허위 사실 유포, AI에 대한 신뢰 붕괴, 윤리적인 걱정, 법적 책임, 사회적 조작 가능성 등의 문제를 야기할 수도 있다.
- **지적재산(IP) 보호**: 생성형 AI 모델의 지적재산권 보호와 관련된 주요 우려 사항은 생성된 콘텐츠의 소유권과 통제권 문제다. 데이터 유출, 영업 비밀을 비롯한 민감한 정보의 의도치 않은 공개도 걱정되는 부분이다. 작가나 아티스트 같은 콘텐츠 제작자는 원본 저작물에 대한 통제권을 상실하고, 생성형 AI 모델이 자신의 저작물을 무단 도용하거나 침해하더라도 정당한 보상을 받지 못할 것을 우려한다.

지금까지 생성형 AI 기술을 가능하게 하는 핵심 요소에 대해 살펴봤다. 이제는 일상생활에서 생성형 AI 제품을 가장 잘 활용할 수 있는 방법에 초점을 맞춰 보자.

생성형 AI로 성장하기

생성형 AI 모델은 지식을 암기하거나 암기한 지식을 그냥 토해 내기만 하는 사람보다는 지식을 적용할 줄 아는 사람에게 보상을 해 줄 것이다. 성공의 정의가 달라지고 있다. 더 이상 지식을 암기하고 토해 내는 것만으로는 충분하지 않다. 지식을 적용해서 의미 있고, 관련 있으며, 사업, 운영, 사회적으로 윤리적인 결과를 만들어 내는 방법을 알고 있는 사람들이 성공을 규정하게 될 것이다. 데이터 및 분석에 대해 이해한 것을 자신의 전문 분야와 통합하고 결합함으로써 AI 세계에서 풍부하고 탁월한 성과를 낼 수 있을 것이다. 그렇게 하기 위해서는 다음과 같은 작업들이 필요하다.

- 보다 의미 있고 관련성 있으며 윤리적인 비즈니스와 운영 결과를 제공하기 위해 자신의 업무에 AI를 적용할 수 있는 분야와 방법 파악(구상).
- AI 효과를 측정할 변수, 척도, 원하는 결과에 대해 조직 간 의견 조율과 합의 도출.
- 확증 편향과 의도하지 않은 결과를 피하기 위해 포괄적이고 건전한 AI 효율성 함수 정의.
- AI 기반 솔루션을 이용자가 쉽게 이해하고 사용할 수 있는 방식으로 구현.
- AI 모델이 도출한 결과물의 효과 계측, 탐지, 측정(실제 결과와 예측 결과 비교).
- 지속적으로 학습하고 적응하는 AI의 능력을 활용할 수 있도록 비즈니스와 운영 과정 조정.
- AI 모델을 설계할 때 모두가 의견을 낼 수 있고 존중받을 수 있도록 개인과 팀에 권한을 부여하는 문화 조성. 그리고 관련 있고 의미 있으며, 윤리적인 결과를 제공하는 포괄적이고 건전한 AI 효용성 함수 창출.

생성형 AI를 성공적으로 적용한 한 가지 사례로 생성형 AI 개인 비서나 **개인디지털비서(YODA, Your Own Digital Assistant)**를 꼽을 수 있다. 이런 프로그램은 좀 더 많은 정보에 입각한 의사 결정을 할 때 개인적인 사업적인 운영 분석을 안내하는 작업을 돕는다. YODA는 개인 비서 역할을 수행하면서 좀 더 많은 정보에 입각한, 관련성 있고 안전한 의사 결정을 하도록 도와준다. 또 현재 상황을 평가하고, 과거 참여 및 상호작용 이력을 분석하며, 유사한 경험과 전문 지식을 가진 전 세계 지식 저장소를 활용해서 행동을 추천해 준다.

여러분이 제조 시설 기술자인데, 공장의 전기 모터에서 문제를 발견했다고 가정해 보자. YODA의 도움을 받아 다음과 같은 문제의 원인을 파악하고, 탐색한 뒤 평가를 할 수 있다.

- 베어링 고장, 정렬 불량 같은 모터나 관련 부품의 기계적 문제가 마찰과 진동을 증가시킬 수 있다.
- 모터의 부하 문제, 이를테면 과부하나 불균형 부하가 전압에는 영향을 미치지 않으면서 전류와 진동을 증가시킬 수 있다.
- 모터의 구동 시스템에 문제가 있는 경우, 이를테면 **가변 주파수 드라이브(VFD)** 오작동이나 전원 공급 장치 문제가 생기게 되면 전류를 증가시키지만 전압에는 영향을 미치지 않는다.
- 모터의 제어 시스템에서 회로 오작동이나 설정 문제가 발생할 경우에는 전압에는 영향을 미치지 않으면서 전류를 증가시킬 수 있다.

이를 통해 사람과 조직이 더 많은 정보를 기반으로 더 적절하고 안전한 결정을 하도록 하는 데 어떤 도움이 될지 여러분이 상상할 수 있기를 희망한다.

마지막으로, 생성형 AI에 대한 지식을 종합하고 이 책에서 배운 AI와 데이터 리터러시 개념을 적용해 생성형 AI를 효과적으로 활용할 준비가 됐는지 우리에게 평가할 권한을 부여하고, 적극적인 데이터 과학 시민이 될 준비가 됐는지 살펴볼 때가 됐다. 생성형 AI의 기능에 대한 이해와 AI와 데이터 리터러시 분야에서 개발된 기반 기술들을 결합함으로써 생성형 AI와 AI의 잠재력을 활용해 가치 있는 통찰을 얻게 되는 여정을 시작할 수 있다. 그렇게 함으로써 갈수록 데이터가 중심 역할을 하는 세상에서 정보에 입각한 의사 결정을 할 수 있게 될 것이다.

AI, 데이터 리터러시, 그리고 생성형 AI

오픈AI의 챗GPT, 마이크로소프트의 빙, 구글 제미나이 같은 생성형 AI 기반 챗봇이 우리의 개인 생활과 직업 생활에서 더 중요한 역할을 하는 세계를 대비하는 데 AI와 데이터 리터러시 교육이 어떤 도움이 되는지 평가하기 위해 1장에서 소개한 AI와 데이터 리터러시 프레임워크를 적용해 보자.

1장에서 설명한 것처럼, 〈표 10.1〉은 생성형 AI와 범용 AI의 변혁적인 힘을 장악하는 방법을 배우려는 숙련된 데이터 과학 시민의 특성을 잘 보여 주는 행동과 속성을 평가하는 안내자 역할을 한다. 〈표 10.1〉은 이 책 전반에서 논의된 AI와 데이터 리터러시의 본질을 담고 있다. 이 표는 정보에 입각한 의사 결정 작업을 지원하기 위해 끊임없이 진화하는 생성형 AI와 AI 환경을 탐색하는 데 필요한 다양한 기술과 마음 자세를 집중 조명한다.

부디 독자들이 생성형 AI와 AI의 잠재력을 활용하는 데 수반되는 다방면의 책임과 역량에 대해 좀 더 깊이 이해할 수 있기를 바란다. 그래서 궁극적으로는 사회에 기여하는 데이터 과학 시민이 될 수 있기를 바란다.

요약하자면, 능숙한 데이터 과학 시민은 생성형 AI를 활용할 때 다음과 같은 것들을 실천한다.

- 데이터와 프라이버시 관점에서, 숙련된 데이터 과학자는 생성형 AI가 응답을 뒷받침하기 위해 활용한 정보 출처에 대해 검증 질의를 하며 비판적 사고를 발휘한다. 또한 웹사이트 애플리케이션의 개인정보 보호 약관을 검토하고 생성형 AI의 답변을 받아들이기 전에 사이트의 신뢰성을 검증한다. 숙련된 데이터 과학자는 또한 오픈AI 챗GPT와 마이크로소프트 빙, 구글 제미나이 같은 다른 생성형 AI 제품의 결과를 상호참조하면서 대안적인 관점을 찾아본다. 이를 통해 서로 다른 답변을 혼합해서 다른 답변들이 얼마나 합리적인지 확인한다.
- 정보를 바탕으로 한 의사 결정 관점에서, 숙련된 데이터 과학자는 철저한 평가를 반영하는 의사 결정 모델을 구축한다. 이때 관련 비용, 행동이 초래할 위험을 고려해서 생성형 AI의 답변을 의사 결정 모델의 프레임워크에 통합한다. 또한, 의사 결정 함정 목록을 꼼꼼하게 검토해서 생성형 AI의 답변이 이런 함정을 피할 수 있도록 한다.
- AI 및 분석의 관점에서 숙련된 데이터 과학자는 생성형 AI 모델과 상호작용할 때 설계, 개발, 그리고 계속되는 프롬프트 공학 과정에 다양한 이해관계자의 관점을 반영하도록 한다. 숙련된 데이터 과학자는 또 생성형 AI가 관련성 있고, 의미 있으며, 쉽게 이해할 수 있으며 실행할 수 있는 응답을 제공할

〈표 10.1〉 AI와 데이터 리터러시 벤치마크를 챗GPT에 적용하기

범주	낮은 수준	중간 수준	높은 수준
데이터 & 개인정보 보호 인식	생성형 AI가 생성하는 것은 어떤 것이나 검증 없이 사실로 받아들인다.	행동하기 전에 생성형 AI가 생성한 것이 합리적인지 확인하려고 한다.	생성형 AI에서 결합한 정보의 출처를 물어보면서 비판적 사고를 실천한다. 그런 다음 웹사이트, 앱의 개인정보 보호 약관을 읽어 본다. 참여하기 전에 사이트의 신뢰성을 검증한다.
정보를 기반으로 한 의사 결정	편견이나 의도하지 않은 결과에 대해 고려하지 않고 생성형 AI가 이야기하는 모든 것을 기반으로 의견을 형성하고 의사 결정을 한다.	의견을 형성하거나 의사 결정을 하기 전에 생성형 AI의 답변을 조사한다. 하지만 늘 생성형 AI가 말한 것을 이중 확인하는 것은 아니다.	생성형 AI와 검증한 정보를 의사 결정 모델에 통합한다. 그리고 의사 결정을 하기 전에 긍정 오류와 부정 오류를 고려한다.
AI와 분석 기법	생성형 AI만이 대형 조직이나 세 글자로 된 정부 기구에 적용할 수 있는 것이라고 믿는다.	생성형 AI는 AI에 의해 추동되는 것이라고 알고 있지만, 생성형 AI가 사용자를 위해 잘 작동하려면 어떻게 해야 할지 이해하기 위해 시간을 투자한다.	생성형 AI가 작동하는 방법, 기반 기술, 그리고 수반되는 확증 편향이나 의도하지 않은 결과에 대해 이해한다.
예측과 함수	사건의 발생 확률을 이해하려고 애쓰지 않는다. 생성형 AI가 말한 것이 의도하지 않은 결과를 초래할 가능성에 대해서는 알지 못한다.	생성형 AI를 활용해 의사 결정을 할 때는 확률을 고려한다. 하지만 생성형 AI가 공유한 내용을 보충하거나 검증할 추가 정보를 찾으려는 노력은 하지 않는다.	정보를 기반으로 한 의사 결정의 성공 확률을 높이기 위해 믿을 만한 정보원으로부터 생성형 AI가 제공한 정보를 보충할 정보를 적극 찾는다.
가치 창출	생성형 AI를 접할 때 '가치'의 차원을 이해하지 못한다. 이런 태도는 확증 편향과 의도하지 않은 결과로 이어지게 된다.	가치 차원에 대해서는 알고 있지만, 생성형 AI 모델의 효과, 관련성, 정확성을 측정할 성과지표와 척도를 분간하지 못한다.	AI 모델의 긍정 오류와 부정 오류와 관련된 비용도 고려해서 생성형 AI의 가치 창출 효과를 측정할 가치 차원과 KPI 및 척도를 이해한다.
윤리	생성형 AI는 윤리적인 답변과 관련해서는 스스로 감독을 하고 있다고 생각한다.	윤리의 중요성은 알고 있지만, 생성형 AI를 이용할 때 윤리적 척도를 어떻게 통합할지는 확실히 알지 못한다.	좀 더 많은 정보에 입각한 의사 결정을 하기 위해 생성형 AI를 이용할 때는 다른 관점을 통합하고 확증 편향을 바로잡을 수 있도록 해 주는 프롬프트 공학에 숙달해 있다.

수 있도록 한다.

- 예측 및 통계의 관점에서 숙련된 데이터 과학자는 생성형 AI 응답의 기본 통계적 신뢰도에 대해 의문을 제기한다. 생성형 AI 도구와 지속적으로 상호작용하면서 모델의 답변의 통계적 신뢰도가 만족할 만한 수준에 도달할 때까지 긍정 오류와 부정 오류 비율을 계속 조사한다.
- 가치 공학 관점에서 숙련된 데이터 과학자는 질문의 목적, 의도한 결과, 결과물의 효과를 측정할 KPI와 척도를 이해하고 생성형 AI와 상호작용을 시작한다. 그런 다음엔 생성형 AI 대화 결과를 활용해 운영 활용 가능성을 파악하고, 이용 사례 내에서 진척도와 성공을 측정할 구체적인 KPI와 척도를 결정한다.
- 마지막으로, 윤리적 관점에서 숙련된 데이터 과학자는 생성형 AI 페르소나 역할 기능을 통해 광범위한 이해관계자 페르소나 역할을 탐구한다. 이렇게 함으로써 이해관계자들이 AI 모델 결과물의 관련성, 책임성, 윤리성을 측정할 장단기 변인과 척도를 식별할 수 있도록 해 준다.

AI와 데이터 리터러시의 이런 여섯 가지 차원을 수용함으로써 생성형 AI를 유익하게 활용하고 개인적, 직업적 발전을 이끌어 주는 도구로 이용할 수 있다.

요약

결론적으로 말하고자 하는 바는 생성형 AI 지원 제품은 열심히 일하긴 하지만 결점이 많은 연구 보조원으로 취급하라는 것이다. 즉, 생성형 AI의 작업 내용을 이중 확인하고, 출처에 의문을 제기하며, 프롬프트 공학을 통해 2차, 3차로 탐색적 질문을 던지고, 결과의 효과와 정확성을 측정할 지표를 지정해야 한다. 생성형 AI의 응답에 대한 확증 편향과 의도하지 않은 결과를 평가하고, 마지막으로 비판적 사고를 발휘한 후에야 검증된 생성형 AI 파트너의 결과를 통합하여 더 포괄적인 의사 결정 모델을 구축하고 더 나은 의사 결정을 내릴 수 있게 된다.

생성형 AI 기반 챗봇의 잠재력은 우리의 사고에 활기를 불어넣고, 가정에 도전하는 데 많은 도움이 될 수 있다. 생성형 AI는 좀 더 포괄적인 요소와 변수를 고려하고, 오랫동안 유지해 온 가정과 편견에 도전하며, 반응하는 게 아니라 사고하도록 함으로써 이미 정보를 기반으로 한 의사 결정을 하는 데 도움을 주는 기본 요소가 됐다.

하지만 주의하라. 데이터 과학 시민이 되었다고 해서 여정이 끝났거나, 인증이 완료된 것은 아니다. 기술이 발전함에 따라 이런 기술을 활용해 가치를 창출하는 역할도 함께 진화해야 한다. 생성형 AI와 미래 AI 및 데이터 개발은 도구에 불과하다. 하지만 그 도구는 우리가 좀 더 많은 생산성과 효과를 내기 위해선 반드시 배워야만 하는 믿기 어려울 정도로 소중한 도구다.

데이터 과학 시민이 되기 위한 여러분의 여정은 끝나지 않았다. 이제 막 시작됐다. 이 책 전체에 걸쳐 설명한 AI와 데이터 리터러시 프레임워크를 계속 활용해 평생 동안 탐구하고, 배우며, 배운 것을 잊어버리고, 새롭게 배울 준비를 하는 것은 여러분에게 달렸다. AI를 여러분의 파트너로 삼는다면(그리고 군주로 삼지 않는다면), 이루지 못할 일이 없다.

행운을 빈다!

참고문헌

1) Pause Giant AI Experiments: An Open Letter. https://futureoflife.org/open-letter/pause-giant-ai-experiments/

인공지능에서 꼭 알아야 할 용어

데이터 경제학

- **가설 개발 캔버스(Hypothesis Development Canvas)**: 비즈니스 목표와 성과 지표(KPI), 척도를 비롯한 데이터 과학 필수 요소들을 포착한다. 이 요소들은 비즈니스 성공, 주요 이해관계자들의 중요한 의사 결정, 머신러닝의 잠재적 기능, 그리고 긍정 오류와 부정 오류의 비용 같은 것들을 측정한다.
- **가치공학 프레임워크(Value Engineering Framework)**: 조직의 전략 비즈니스 이니셔티브를 비즈니스 구성 요소(이해관계자, 이용 사례, 의사 결정과 KPI)와 데이터 및 분석 요구 사항으로 분해하는 것을 의미한다.
- **경제 가치 곡선(Economic Value Curve)**: 특정 결과를 얻기 위해 종속 변수와 독립 변수 간의 관계를 측정한다.
- **경제 승수 효과(Economic Multiplier Effect)**: 새로운 지출(수출, 정부 지출, 혹은 투자)을 투입하면 최종 국가 소득(국내 총생산)이 크게 늘어날 수 있다고 말한다.
- **경제학(Economics)**: 부나 가치, 생산, 소비의 이전과 관련된 지식 분야다.
- **규모의 경제(Economies of Scale)**: 기업이 운영 규모에 따라 얻게 되는 비용 이점을 의미한다. 일반적으로 단위 시간당 생산량으로 측정된다.
- **나노경제학(Nanoeconomics)**: 개별 개체(사람 또는 기기)의 예측된 행동이나 성과 성향을 다루는 경제 이론이다.
- **데이터 경제 승수(Data Economic Multiplier)**: 여러 비즈니스나 운영 사례에 대한 데이터 세트 사용을 통해 축적한 귀속 가능하면서도 정량화할 수 있는 '가치'다.
- **매몰 비용 오류(Sunk Cost Fallacy)**: 이미 되돌릴 수 없는 시간, 비용, 혹은 다

른 자원을 상당한 분량 투자했기 때문에 손실을 입고 있거나, 실패하고 있는 위험 사업에 계속 투자하는 것을 의미한다.

- **수확 가속의 법칙(Law of Accelerating Returns)**: 기술 발전으로 인한 인간적, 문화적 학습이 스스로를 먹여 살린다고 주장한다. 그 결과 발전 속도를 가속화하면서 선형적으로 추정한 현재의 기술 발전을 뛰어넘는다는 것이다.
- **수확 체감의 법칙(Law of Diminishing Returns)**: 더 많은 돈이나 에너지가 투자되면 그에 비례해서 이익이나 혜택이 줄어든다고 주장한다.
- **슈마르조의 경제적 디지털 자산 평가 정리(Schmarzo's Economic Digital Asset Valuation Theorem)**: 조직이 데이터와 분석 자산을 공유하고 재사용하며, 지속적으로 정제함으로써 어떻게 한계 비용은 줄이고, 한계 수입은 늘리며, 가치 창출을 촉진할 수 있는지 강조한다.
- **이용 사례(Use Case)**: 정량화 가능한 비즈니스 가치나 운영 가치로 특정 비즈니스 이니셔티브를 지원하는 공통 핵심성과지표(KPI)를 둘러싼 의사 결정 클러스트, 혹은 집합체다.
- **학습의 경제(Economies of Learning)**: 비즈니스와 운영상의 상호작용을 통해 얻은 조직의 데이터와 분석 자산을 지속적으로 학습하고 조정함으로써 조직의 가치 창출 효과를 측정한다.
- **한계 비용(Marginal Cost)**: 어떤 제품이나 서비스를 한 단위 더 생산할 때 추가되는 비용이다.
- **한계 소비 성향(MPC)**: 증가된 가용자금 중 저축하지 않고 상품이나 서비스 소비에 지출되는 비율을 의미한다.
- **한계 수입(Marginal Revenue)**: 재화나 서비스를 한 단위 더 생산할 때 얻는 수입을 의미한다.
- **한계 재사용 성향(MPR)**: 데이터 세트를 여러 이용 사례에서 재사용할 때, 그 데이터 세트의 기여 가치는 증가하지만 한계 비용은 0이라는 원칙을 의미한다.

디자인 사고

- **A/B 테스트(A/B Testing)**: 이용자 경험 연구 방법론이다. A/B 테스트는 보통 두 가지 변수로 된 무작위 실험으로 구성된다. 하지만 이 개념은 동일한 변수를 여러 변형으로 확장할 수도 있다.
- **경험 매핑(Experience Mapping)**: 고객이 명확하게 표현하지 못하는 욕구를 파악하는 데 사용된다.
- **고객과 공동 개발(Customer Co-Creation)**: 디자이너와 개발자가 서로 관심 있는 새로운 비즈니스 아이디어를 생성하고 개발할 때 고객과의 소통을 허용하는 기술을 통합한다. 이렇게 하는 것은 가치를 향상하면서 위험은 줄이고 성장과 혁신을 이루는 뛰어난 접근 방식 중 하나다.
- **디자인 캔버스(Design Canvas)**: 관련 있고 의미 있는 결과를 보장하기 위해 이용자나 비즈니스 요구 사항을 총체적으로 수집하도록 통합하는 템플릿이다.
- **마인드 매핑(Mind Mapping)**: 아이디어나 여러 항목이 중심 아이디어와 어떻게 서로 연결되는지 나타내 준다. 마인드맵은 중요한 디자인 기준을 제공하는 유형과 통찰을 찾기 위해 아이디어를 생성하며 시각화 및 구조화하고, 분류한다.
- **스토리보드(Storyboard)**: 이용자(페르소나) 상호작용 및 참여 워크플로를 미리 시각화하기 위해 일러스트레이션이나 이미지를 순차적으로 보여 주는 그래픽 구성표다.
- **스토리텔링(Storytelling)**: 말 그대로 여러 논점을 그냥 나열하는 것이 아니라 하나의 이야기로 엮어 내는 것이다. 새로운 아이디어를 진정성 있고 설득력 있게 만드는 또 다른 방법인 시각화와 가까운 개념이다. 시각적 스토리텔링(Visual storytelling)은 가장 설득력 있는 스토리 유형이다. 분석적이든 디자인 지향적이든 상관없이 모든 훌륭한 프레젠테이션은 설득력 있는 이야기를 해 준다.
- **시각화(Visualization)**: 이미지 또는 그래픽을 활용해 이용자의 운영 요구 사항을 구상하고 검증하고, 운영 시스템이나 애플리케이션과 상호작용을 시각화하는 데 도움을 준다.

- **여정 매핑(Journey Mapping)**: 고객들이 서비스를 받으면서 조직과 소통하는 동안의 여정을 추적하는 민속지학적 방법이다. 이 방법은 특히 고객의 감정 기복에 주목한다.
- **우선순위 매트릭스(Prioritization Matrix)**: 의미 있는 비즈니스 가치와 성공적인 구현의 실질적 가능성을 식별하는 작업을 할 때 비즈니스와 데이터 과학 이해관계자 간의 협업을 촉진한다.
- **쾌속 조형(Rapid Prototyping)**: 이 기술을 사용하면 파트너와 고객 후보들에게 추상적인 새로운 아이디어를 잘 보여 줄 수 있다. 여기에는 스토리보드, 이용자 시나리오, 경험 여정, 비즈니스 콘셉트 일러스트레이션 등이 포함된다. 이 모든 과정에서는 핵심 이해관계자들이 깊이 참여해 피드백을 제공하도록 장려한다.
- **페르소나(Persona)**: 디자이너와 개발자가 이용자의 비즈니스와 개인적 맥락을 이해함으로써 이용자들과 공감하는 데 도움이 되는 이용자의 원형이다. 원형은 사람들이 서로 공유하는 행동, 태도, 동기의 유형을 묘사한다.
- **프로토타이핑(Prototyping)**: 이 기법은 스토리보드, 이용자 시나리오, 여정 그리고 비즈니스 개념 일러스트레이션을 통해 추상적인 새로운 아이디어를 명확하게 보여 준다. 아이디어를 구상하고, 검증하고, 우선순위를 정하기 위해 이런 도구를 사용할 때는 중요한 이해관계자들 간의 긴밀한 협업이 필요하다.

데이터 과학과 분석학

- **AI 효용함수(AI Utility Function)**: AI 모델이 명시된 결과를 달성하기 위해 의사 결정 및 조치의 기준으로 최적화하고자 하는 변수와 척도 – 그리고 관련 가중치 – 로 구성된다. 가능한 작업에 대한 AI 모델의 선호도는 이런 결과를 효용 가치에 연결하는 함수로 정의할 수 있다. 값이 높을수록 AI 모델이 그 행동을 더 좋아한다는 의미다.
- **IoT 에지(IoT Edge)**: 데이터가 생성되는 지점에서 데이터 처리 및 분석이 이루어질 수 있도록 하는 사물 인터넷(IoT) 컴퓨팅 인프라를 의미한다.

- **ML 변수(ML Features)**: AI/ML 모델이 예측을 하거나, 행동이나 의사 결정을 안내하기 위해 훈련하고 추론하는 동안 사용하는 수학적으로 변형된 변수다.
- **강화 학습(Reinforcement Learning)**: 원하는 행동은 보상하고, 원치 않는 행동은 처벌하면서 지속적으로 학습하고 적응하는 머신러닝 훈련 방법이다. 일반적으로 강화 학습 에이전트는 환경을 인식하고 해석해서 조치를 취할 수 있으며, 시행착오를 통해 학습한다.
- **대규모 언어 모델(LLM)**: 대규모 데이터 세트에서 얻은 지식을 기반으로 텍스트와 다른 콘텐츠를 인식, 요약, 번역, 예측, 생성할 수 있는 생성형 AI 알고리즘이다.
- **데이터 과학(Data Science)**: 행동이나 성과를 좀 더 잘 예측할 수 있는 변수와 척도를 식별하는 것이다. 데이터 과학은 정형, 비정형 데이터에서 지식과 통찰을 추출하고 추론하기 위해 통계, 과학적 방법, 데이터 관리 프로세스 및 분석을 혼합한 학제간 학문 분야다.
- **데이터 과학자처럼 생각하기 방법론(Thinking Like a Data Scientist methodology)**: 협업적 아이디어 도출, 가치 중심, 인간에게 권한을 부여한 과학적 방법이다. 이 방법을 사용하면 관련성 있고 의미 있으며 윤리적인 비즈니스 및 운영 결과를 제공하기 위해 AI/ML을 적용할 때 주제별 전문가의 예측 직관력이 발휘된다.
- **데이터 모델(Data Model)**: 데이터의 요소를 구성하는 추상적인 모델이다. 이 모델은 데이터 상호 간, 그리고 데이터와 실제 세계 요소 간의 관계를 표준화한다.
- **딥러닝(Deep Learning) · 신경망(Neural Networks)**: 딥러닝은 여러 처리 계층이 데이터에서 점진적으로 더 높은 수준의 특징을 추출하는 인공 신경망을 기반으로 한다.
- **로봇 처리 자동화(RPA)**: 디지털 기능과 상호작용하는 인간의 행동을 모방하는 소프트웨어 로봇을 쉽게 구축, 배포, 관리할 수 있도록 해 주는 소프트웨어 기술이다.
- **분류와 클러스터링(Classification and Clustering)**: 데이터에서 클러스터를 식별하거나 개체를 다른 범주로 분류하는 기능을 구성한다. 분류는 미리 정의된

클래스에 따라 개체를 할당하는 반면, 클러스터링은 객체 간의 유사성을 식별하고 공유된 특성에 따라 그룹을 형성한다.

- **분석 점수(Analytic Scores)**: 여러 변수와 특징을 고려해 행동이나 조치가 발생할 가능성을 단일한 숫자로 표시한 분석 모델의 결과다. 일반적으로 0에서 100까지 숫자로 표시하며, 100은 행동이나 조치가 발생할 가능성이 가장 높은 수준이다. 예를 들어 신용 점수는 대출금 상환 가능성을 예측한다.
- **분석 프로필(Analytic Profiles)**: 조직의 중요한 인적 자산과 기기 자산, 또는 개체에 대한 성향, 유형, 추세, 관계에 대해 예측한 것들을 체계화하고 공유, 재사용하며 지속적으로 정제한다.
- **비지도 머신러닝(Unsupervised Machine Learning)**: 태그나 레이블(label)이 없는 데이터 세트에서 유형을 분석, 학습하고 클러스터링하는 알고리즘이다.
- **생성형 AI(Generative AI)**: 이용자의 프롬프트나 요구에 맞춰 텍스트, 이미지 또는 다른 미디어를 생성할 수 있는 AI 시스템이다.
- **성향(Propensity)**: 어떤 사람(또는 사물)이 타고난 자질이나 과거의 경험, 혹은 특성을 토대로 특정한 방식으로 행동하거나 생각할 가능성이나 경향이다.
- **스키마 온 로드(Schema on Load)**: 데이터 모델에 데이터를 담아서 질문하기 전에 데이터 스키마를 미리 구축하는 것을 의미한다.
- **시뮬레이션(Simulation)**: 자연계의 요소를 모델링하여 현재와 미래의 다양한 시나리오의 결과와 영향을 결정하고 예상 및 예측을 생성하는 능력이다.
- **예측(Predictions)**: 고객이 30일 내에 해약할지 같은 특정 결과가 발생할 가능성을 예상할 때 과거 데이터 세트로 학습한 뒤 새로운 데이터를 적용한 알고리즘의 결과물을 지칭하는 말이다.
- **음성 인식(Speech Recognition)**: 사람의 음성을 인식해서 디지털 형태로 저장하고 분석할 수 있는 단어와 유형으로 변환한다.
- **인공지능(AI)**: 인간처럼 생각하고 인간의 행동을 모방하도록 프로그래밍된 기계에 인간 지능을 시뮬레이션한 것이다. 이 용어는 학습이나 문제 해결 같은 인간의 마음과 관련된 특성을 나타내는 모든 기계에도 적용될 수 있다.
- **읽기 스키마(Schema on Read)**: 데이터 모델에서 쿼리가 실행되는 동안 스키마를 미리 구축하지 않고(스키마 온 로드), 데이터 스키마를 즉석에서 구축하는

것을 의미한다.

- **자연어 처리(NLP, Natural Language Processing)**: 사람의 대화나 문서를 통해 언어를 이해하거나 생성하는 능력이다. 여기에는 음성을 컴퓨터가 이해할 수 있는 형태로 변환할 수 있는 알고리즘을 적용하는 것도 수반된다.
- **지도 머신러닝(Supervised Machine Learning)**: 사용 가능한 데이터의 레이블(label)이 지정된 예제로 구성된 문제를 위한 머신 러닝 패러다임으로, 각 데이터 포인트에 특징 그리고 그와 관련 레이블이 달려 있다.
- **추천(Recommendations)**: AI/ML 알고리즘을 통해 과거 데이터와 사용자와 '유사한' 다른 사람들이 비슷한 상황에서 수행한 작업을 기반으로 '최적의 선택'이나 특정 콘텐츠를 제안하는 것이다.
- **컴퓨터 비전(Computer Vision)**: 이미지와 비디오를 통해 물체를 식별하고 분류해서 시각 세계를 해석하고 이해하는 능력이다. 이 기술은 얼굴 인식 같은 인간의 시각 작업을 모방한다.
- **핵심성과지표(KPI, key performance indicators)**: 비즈니스나 운영 목표와 목적을 달성하고자 할 때 조직의 진행 현황과 궁극적인 성공 여부를 평가하는 데 사용되는 정량화된 척도다.

색인

지은이

빌 슈마르조

'빅데이터 학장(Dean of Big Data)'으로 통하는 빌 슈마르조는 현재 델 테크놀로지스의 고객 데이터 혁신 책임자다. 여가 시간에는 아이오와 주립대학교와 코(Coe) 대학(아이오와주 시더래피즈)에 출강한다. 또 샌프란시스코 대학교 경영대학원 석좌 연구원, 아일랜드 골웨이 대학(National University of Ireland-Galway) 경영경제학부 명예교수로 활동하고 있다. 골웨이 대학에서는 빅데이터 MBA와 '데이터 과학자처럼 생각하기' 같은 과목을 가르치면서 학생들에게 멘토링도 하고 있다. 『빅데이터(Big Data: Understanding How Data Powers Big Business)』, 『빅데이터 MBA(Big Data MBA: Driving Business Strategies with Data Science)』, 『데이터 과학자처럼 사고하는 기술(The Art of Thinking Like a Data Scientist)』, 『데이터, 분석, 디지털 변형의 경제학(The Economics of Data, Analytics, and Digital Transformation)』 등 4권의 책을 썼다. '데이터 사이언스 센트럴(Data Science Central)'에 300개 이상의 블로그 글을 썼으며, 팟캐스트에도 셀 수 없을 만큼 많이 출연했다. 수많은 기조 연설과 대학 강의를 했으며, 데이터 과학, 인공지능, 데이터 경제학, 디자인 사고, 팀 권한 부여를 주제로 활발한 소셜 미디어 활동을 하고 있다.

옮긴이

김익현

지디넷코리아 미디어연구소장이다. ≪전자신문≫, 디지틀조선일보, 아이뉴스24 등에서 기자 생활을 했다. 2008년 성균관대학교에서 언론학 박사 학위를 받았다. 저서는『페이스북과 저널리즘』(2021),『웹 2.0과 저널리즘 혁명』(2007),『인터넷 신문과 온라인 스토리텔링』(2003) 등이 있다.『언론사 숏폼 콘텐츠 전략 사례와 이용 연구』(2023),『언론사의 독자/이용자 소통 전략 및 연구』(2022),『데이터시대의 언론학 연구』(2017) 등의 연구서를 공동 저술했다.『저널리즘, 가짜뉴스 & 허위정보』(2020),『증발』(2019)『비욘드뉴스, 지혜의 저널리즘』(2015),『데이터 저널리즘: 스토리텔링의 과학』(2015),『글쓰기 공간』(2010),『하이퍼텍스트 3.0』(2009) 등을 번역했다.『글쓰기 공간』으로 2010년 한국방송학회 번역상을,『하이퍼텍스트 3.0』으로 2016년 한국언론학회 번역상을 수상했다.

감수자

김지원

단국대학교 미디어커뮤니케이션학부 조교수다. 성균관대학교 신문방송학과 졸업 후에는 인디애나 대학교–블루밍턴에서 텔레커뮤니케이션 석사 학위를, 이어서 텍사스 대학교–오스틴에서는 저널리즘 박사 학위를 취득하였다. 그 후, 텍사스 A&M 국제대학교(Texas A&M International University)에서 커뮤니케이션학과 조교수를 지냈다. ≪한국언론학보≫ 편집위원과 한국소통학회 총무이사를 역임했으며, 『2020년 총선과 유튜브』, 『뉴스 콘텐츠 유료화: 국내외 사례방안 및 도입방안』 등의 연구보고서 집필하고 뉴미디어와 리터러시 관련한 다수의 논문을 발표하였다. 현재는 ≪Journal of Contemporary Eastern Asia≫ 편집위원과 한국언론학회 정치커뮤니케이션 연구회 총무이사 그리고 ≪경향신문≫ 독자위원회 위원으로 활동하고 있다.

이지영

이화여자대학교에서 언론정보학을 전공한 후 외국계 홍보 대행사에서 일했다. 이후 캐나다로 건너가 데이터를 공부하고 싶어 토론토 대학교(University of Toronto)에서 응용통계를 전공했고, 요크 대학교(York University)에서 응용통계 석사 과정을 마쳤다. 2017년 졸업 후 데이터 사이언티스트로 일하면서 다양한 인더스트리에서 온라인 광고 최적화, 캐나다 주요 도시 건물 화재 예측, 캐나다 집값 예측 등 폭넓은 경험을 쌓았다. 이러한 경험을 바탕으로 2022년에 『데이터 사이언티스트 실전노트』를 출간했으며, 2023년에는 『AI 시대, 개발자로 살아가기』의 공동 저자로 참여했다. 현재 글로벌 제약회사 사노피(Sanofi) 커머셜 팀에서 데이터 사이언티스트로 일하며, GenAI를 이용한 앱을 개발하고 있다.